Ursula Sarrazin
Hexenjagd

Ursula Sarrazin

Hexenjagd

Mein Schuldienst in Berlin

Diederichs

MIX
Papier aus verantwortungsvollen Quellen
FSC® C014496

Verlagsgruppe Random House FSC-DEU-0100
Das für dieses Buch verwendete FSC®-zertifizierte Papier *Munken Premium Cream* liefert Arctic Paper Munkedals AB, Schweden.

Umschlaggestaltung: Weiss | Werkstatt | München
unter Verwendung eines Motivs © shutterstock
Druck und Bindung: GGP Media GmbH, Pößneck
Printed in Germany
ISBN 978-3-424-35076-0

www.diederichs-verlag.de

Inhalt

Vorwort

Seit zu Beginn des Jahres 2011 die öffentlichen Anwürfe gegen mich und meine Amtsausführung als Lehrerin die Gemüter erregten, wurde ich immer wieder darauf angesprochen, ob ich nicht über meine Erfahrungen ein Buch schreiben wollte. Das taten nicht nur Journalisten, sondern auch Menschen in meinem näheren Umfeld, deren Meinung ich hoch schätze. Meine Erlebnisse im Berliner Schuldienst sind sicher nicht alltäglich, das hoffe ich doch zumindest, aber, abgesehen von den Veröffentlichungen, die ja nur wegen meines Namens so »interessant« waren, können sie im Prinzip jedem x-beliebigen Lehrer oder Lehrerin zustoßen, wenn Kollegen, Vorgesetzte und Eltern so reagieren wie in meinem Falle. Auch deshalb habe ich dieses Buch geschrieben, nämlich für meine Kollegen. Manche von ihnen sind arg blauäugig und wissen gar nicht, welcher Unrat sich über ihren Häuptern zusammenbrauen kann. Manche spüren ihre Unwissenheit und reagieren übervorsichtig, wo beherzter Mut nötig wäre oder auch nur ein wenig Standvermögen. Manche werden krank, weil sie keine Strategien kennen und haben, um mit Repressalien umgehen zu können. Lehrer wissen in aller Regel auch nicht, was eine Verwaltung darf, was nicht und was sie tun muss oder tun sollte. Diese Unsicherheit ist kein guter Ratgeber für vernünftiges Verhalten und fundierte Entscheidungen.

Dieses Buch ist auch ein Tatsachenbericht. Dazu habe ich die Sachverhalte und Vorgänge klar benannt und exakt dargestellt. Dabei handelt es sich zum Teil um sehr problematisches, fragwürdiges Verhalten von Vorgesetzten und Kollegen. Es ist mir nicht leichtgefallen, dies zu schildern und die handelnden oder eben gerade nicht handelnden Personen der Öffentlichkeit preiszugeben. Deswegen stehen auch nur Vorgänge in diesem Buch, die belegt sind. Meine hauptsächliche Absicht war es, Missstände aufzudecken, an denen unser Schulsystem krankt, vielleicht ein wenig zu ihrer Lösung beizutragen, und nicht, andere zu verletzen. Als Missstand empfinde ich es auch, dass es Eltern von meinen Vorgesetzten generell zugebilligt wurde, in der Anonymität gegen mich zu wirken, dieselben Vorgesetzten es aber zuließen, wenn nicht gar unterstützten, dass ich öffentlich mit vollem Namen bloßgestellt wurde. »Bei der Führung fehle es in manchen Fällen an der Charakterstärke, die Macht angemessen zu verwalten«, sagte Bernhard Bueb einmal. Das musste ich leidvoll erfahren.

Ich habe mir viel Zeit gelassen. Das Buch erscheint eineinhalb Jahre nach den geschilderten Vorfällen, Zeit genug für Vorgesetzte, in irgendeiner Form zu reagieren. Als ich zu schreiben begann, im September 2011, lagen die Vorgänge, um die es in diesem Buch hauptsächlich geht, auch schon ein halbes Jahr zurück, ohne dass die Schulverwaltung in irgendeiner Weise Anstalten machte, die haarsträubenden Vorwürfe, die da öffentlich gegen mich in völlig unqualifizierter Weise erhoben worden waren, auch nur zu untersuchen, geschweige denn zu widerlegen. Während diesen halben Jahres unterrichtete ich an der Reinhold-Otto-Schule weiter, so als wäre nichts geschehen. Nur aus der Klasse, von der aus einem Teil der Elternschaft die Vorwürfe ausgegangen waren, wurde ich vom Schulabteilungsleiter Laube aus »schulorganisatorischen Gründen« herausgenommen. Ebenfalls ohne jede Prüfung der im Raume stehenden und weiter wabernden Vorwürfe. So wollte ich mein jahrzehntelanges Lehrerdasein nicht abschließen.

Es war mir ein Anliegen, aufzuzeigen, in welchem Netzwerk ein Lehrer agiert. Er ist eingebunden nicht nur in ein Geflecht von Vorschriften und Weisungen, sondern ist auch sehr auf das verständige Wohlwollen und die Sachkenntnis seiner Vorgesetzten angewiesen. Nur in einem solchen Rahmen kann er pädagogisch erfolgreich wirken. Das heißt, zu einer modernen leistungsfähigen Schule gehört eine ebenso leistungsfähige Schulverwaltung, die dem Lehrer für seine Aufgaben den entsprechenden Raum sichert.

Dass ein Teil der Elternschaft tatsächlich so ungehemmt und rücksichtslos, wie ich es erleben musste, versucht, ihre – vermeintlichen – Vorteile gegenüber der Lehrerin ihrer Kinder durchzusetzen, zeigt auch sehr schön das Theaterstück »Frau Müller muss weg« von Lutz Hübner, das zurzeit in Berlin und anderen Städten gezeigt wird. Es geht darum, dass Eltern eine missliebige Lehrerin absetzen lassen wollen. Sie entfachen einen wahren Psychokrieg aus heuchlerischer Sorge um ihr Kind. Die Tatsache, dass es überhaupt ein solches Theaterstück gibt, zeigt, dass dieses Elternverhalten ein Thema in unserer Gesellschaft ist und kein spezielles Problem bei mir war. Dann stellt sich allerdings die Frage, wo wir mit unserem Schulsystem hingekommen sind, wenn solche Verhaltensweisen »normal« werden oder schon sind. Was ist das für eine Gesellschaft, in der es »erlaubt« ist, die Lehrer ihrer Kinder so unter Druck zu setzen, dass sie erpressbar werden oder gehen müssen? Und welche Rolle spielt dabei die Schulbehörde? Auch davon handelt dieses Buch.

An dieser Stelle bedanke ich mich vor allem bei meinem Mann, der mir unerschütterlich zur Seite stand, mich mit Rat und Tat zuverlässig unterstützte und damit verhinderte, dass ich Mut und Zuversicht verlor.

Besonders zu nennen ist auch meine Bonner Freundin Uschi

Achenbach. Sie verstand es, mit ihren lebensklugen Ansichten und ihrer von Herzen kommenden Anteilnahme auch den Humor nicht zu kurz kommen zu lassen. Gemeinsam fanden wir auch noch in den empörendsten Geschehnissen das kleine Quentchen Komik, das die Situation wieder erträglich machte.

Die Liste ließe sich weiter fortführen. Mir haben noch viele Menschen geholfen, bewusst und unbewusst. Ihnen allen sei an dieser Stelle herzlich gedankt.

In diesem Buch geht es um Mobbing, um Mobbing einer engagierten Lehrkraft im Berliner Schulsystem.

Nach Heinz Leymann bedeutet Mobbing: »Der Begriff Mobbing beschreibt negative kommunikative Handlungen, die gegen eine Person gerichtet sind (von einer oder mehreren anderen) und die sehr oft und über einen längeren Zeitraum hinaus vorkommen und damit die Beziehung zwischen Täter und Opfer kennzeichnen.« Weiter führt er aus: »Mobbing bedeutet, dass dem Opfer zentrale soziale Möglichkeiten am Arbeitsplatz genommen werden. Es ist ein direkter über lange Zeit andauernder Angriff auf die Möglichkeit, sinnvoll zu kommunizieren, auf die sozialen Beziehungen und das gesellschaftliche Ansehen, auf die Möglichkeit des Opfers, seinen Beruf auszuüben, und auf seine Gesundheit.« [1]

Mobbing kann überall vorkommen, wo soziale Gruppen miteinander umgehen, es ist natürlich nicht auf Berlin beschränkt! Nur habe ich es dort erleben müssen. Da Mobbing immer mit gehässigen, hinterhältigen und gemeinen Verhaltensweisen der beteiligten Personen verbunden ist, komme ich in diesem Buch nicht umhin, sie auch zu schildern. Ich versuche das möglichst

---

1 *Heinz Leymann: Mobbing. Psychoterror am Arbeitsplatz und wie man sich dagegen wehren kann, Hamburg 2002, S. 21 und 32.*

sachlich und ohne negative Emotionen zu beschreiben, soweit mir das als Betroffene überhaupt möglich ist. Die Beweggründe für das fragwürdige Verhalten der Beteiligten ergeben sich zum Teil aus den beschriebenen Geschehnissen, zum Teil sind sie mir bis heute nicht bekannt. Entschuldigt ist das Mobbing mir gegenüber in keinem Fall. Es reicht zum Mobben, wenn wenige Angehörige einer sozialen Gruppe sich aktiv beteiligen, um dem Opfer massiv wie oben beschrieben zu schaden. Solange alle anderen passiv zuschauen, meist in dem Glauben, unbeteiligt zu sein und sich daher nichts vorwerfen zu müssen, funktioniert das Bloßstellen, Diskriminieren usw. wunderbar. Würden sie sich auf die Seite des Gemobbten stellen und diesem helfen, könnte Mobbing gar nicht stattfinden. Daher sind auch scheinbar unbeteiligte Mitglieder einer Gruppe nicht unschuldig am Geschehen. Das hat Erich Kästner in seinem Kinderbuch »Das fliegende Klassenzimmer« schon erkannt. Der Lehrer straft nicht nur die Übeltäter, die das betroffene Kind gehänselt haben, sondern auch diejenigen, die durch ihr passives Zuschauen dieses Verhalten nicht nur geduldet, sondern auch nichts zu seiner Verhinderung getan haben.

Ich beschreibe dieses Mobbing in der Hoffnung, eine größere Sensibilisierung, eine höhere Achtsamkeit zu erzeugen. Mobbing ist gefährlich, weil es die Betroffenen zerstören, ihnen ihre Lebensfreude und ihre physische und/oder psychische Gesundheit nehmen kann. Das gilt auch und ganz besonders für Mobbing bei Kindern, gut geschildert in dem Buch »Du Opfer!«[2]. Deshalb ist es für mich besonders erschreckend, das Mobbing unter Lehrern und meinen Vorgesetzten erlebt zu haben. Wir sollten es besser wissen!

---

2 *Mechthild Schäfer und Gabriela Herpell: Du Opfer! Wenn Kinder Kinder fertig machen, Reinbeck bei Hamburg 2010.*

Bevor ich im Sommer 1999 an der Reinfelder Montessori-Schule im Berliner Bezirk Charlottenburg meinen Dienst anfing, hatte ich in Köln, Bonn und Mainz über fünfundzwanzig Jahre vielfältige Erfahrungen als Grundschullehrerin gesammelt. Ich ahnte nicht im Entferntesten, was in Berlin auf mich zukommen sollte.

An der Reinfelder Montessori-Schule geriet ich an Lehrkräfte, die Maria Montessoris pädagogische Vorstellungen, bekannt unter dem Stichwort »Hilf mir, es selbst zu tun« mit Beliebigkeit verwechselten und unter Berufung auf die berühmte Freiarbeit einen Unterricht anboten, der diesen Namen nicht verdiente. Ich möchte diese Schule nicht als solche in ihrer Gesamtheit verunglimpfen. Ich habe dort hochengagierte, fachlich versierte und ausgezeichnete Lehrkräfte vorgefunden, mit denen ich mich sehr gut verstand. Ich berichte in diesem Buch über die Lehrer, mit denen ich auf Weisung der Schulleitung zusammenarbeiten musste, von mir aus hätte ich mir andere Arbeitspartner gewünscht und gesucht. Aber diese Chance hatte ich an dieser Schule leider nicht.

An der Reinhold-Otto-Schule habe ich von den neun Schuljahren, die ich dort verbrachte, sechs Schuljahre jeweils zwei Klassen von dem ersten Schuljahr bis zum dritten Schuljahr geführt. Aber der einmal gesetzte Keim aus der Reinfelder Schule setzte sich auf ungute Weise fort, auch beruhend auf Dilettantismus und Unverstand. Hierzu gesellten sich wohl Neid und Missgunst, die aus gewöhnlichen Komplikationen im Schulalltag, die mit Besonnenheit und fundierten Fachkenntnissen durchaus lösbar gewesen wären, Stolperfallen und pädagogische Fallstricke für mich machten, die schon im Jahre 2008 teilweise öffentlich ausgeschlachtet wurden. Mit Erscheinen des Buches meines Mannes »Deutschland schafft sich ab« fand das schulinterne und öffentliche Mobbing gegen mich eine weitere Steigerung, die wohl ohne Beispiel in der deutschen Schullandschaft ist.

Als mein Mann sein Buch »Deutschland schafft sich ab« schrieb, haben wir uns immer wieder – wie schon in den Jahrzehnten vorher – über die dort angesprochenen Bildungsfragen unterhalten. Bei allen Unterschieden in Ausdrucksform und Temperament kann ich doch sagen, dass ich seine Analysen und Aussagen zur Bildungspolitik im Wesentlichen teile. Geisterhaft fand ich es, dass ich darauf niemals im Berliner Schulsystem, auch nicht an meiner Schule, angesprochen wurde. Die verdruckste Leugnung durch die Führungskräfte, aber auch durch viele Lehrer führt für mich in den Kern der Berliner Bildungskatastrophe, die ja letztlich nur das Brennglas der deutschlandweiten Probleme ist.

Meine persönlichen Erfahrungen im bundesdeutschen Schulsystem in drei Bundesländern seit 1973 sind anschaulich und konkret. Die heutigen Probleme setzen eine ehrliche Analyse voraus, wenn man sich um eine ernsthafte und nachhaltige Lösung bemühen will. Mein Blick auf Schule ist keiner von oben auf das System, sondern aus ihm heraus. Dieser Blickwinkel hat bis jetzt weitgehend gefehlt. Er bietet gute Ansätze für Überlegungen zur Verbesserung von Schule für alle Beteiligten, denn der Lehrer hat die eigentliche Schlüsselstellung im pädagogischen Handeln inne, ohne aber dementsprechend anerkannt zu sein.

Zudem ist jeder Lehrer, der seine Aufgabe ernst nimmt, einer erschreckend hohen Schutzlosigkeit ausgeliefert, wenn es seine Vorgesetzten denn so wollen. Nun kann es ja nicht sein, dass Schulleitungen und Schulräte sich nach Belieben aussuchen können, wen oder was sie rechtmäßig behandeln oder wen oder was nicht. Meine jahrelangen Beobachtungen und Erlebnisse legen den Schluss nahe, dass sie genau dieses tun. Hier Abhilfe zu schaffen, wäre ein weites Betätigungsfeld für alle damit befassten gesellschaftlichen Gruppen.

Die Schulverwaltung ist leider bis heute nicht willens und in der Lage gewesen, diejenigen, die an dem Mobbing gegen mich beteiligt waren, angemessen zur Rechenschaft zu ziehen. Sie hat ja selbst jede ernsthafte öffentliche Kritik in der Sache sorgfältig vermieden.

Ich habe in meinem Buch alle Beteiligten bei den jeweiligen Vorgängen, die sich selbst freiwillig in die Öffentlichkeit begeben hatten, mit Klarnamen genannt. Wenn es aber darum geht, Kinder vor den Folgen der Verfehlungen ihrer Eltern zu schützen, habe ich Decknamen verwandt, auch hier allerdings mit der Ausnahme jener Eltern, die sich selbst in der Presse negativ über mich geäußert haben. Die öffentliche Benennung der Täter ist persönlichkeitsrechtlich als sog. »Recht auf Gegenschlag« ausdrücklich zulässig und stellt für mich jene persönliche Rehabilitierung dar, die mein Dienstherr – weder öffentlich noch intern – nicht ins Werk zu setzen willens und in der Lage war. Auch deshalb habe ich dieses Buch geschrieben.

Ich bin gespannt auf die Reaktion der Verwaltung. Vermutlich wird sie jede Stellungnahme verweigern. Wo sie das nicht kann, wird sie versuchen, meine Integrität und Glaubwürdigkeit als Autorin in Zweifel zu ziehen. Das wird nicht möglich sein. Jedes einzelne in meinem Buch aufgeführte Faktum ist aus meinen Unterlagen belegbar und auch in den Akten der Verwaltung enthalten.

Obwohl Schulleiter Joachim Syska, Schulrätin Bettina Liebherr[3], Oberschulrat Günther Kuhring und Schulabteilungsleiter Erhard Laube das Mobbing jederzeit hätten stoppen können, taten sie es nicht. Auch deswegen habe ich dieses Buch ge-

---

3 Name geändert

schrieben. Ich will nicht werten, ob es aus Willkür, Opportunismus und Bosheit geschah und falls ja, welche der genannten Eigenschaften ausschlaggebend war, es wird bei den beteiligten Personen eine unterschiedliche Motivation gewesen sein. Verantwortungsscheu waren sie meines Erachtens alle. Das Nicht-Verantwortung-Tragen ist sozusagen systemimmanent eingebaut, entschuldigt aber kein persönliches Handeln oder Nichthandeln.

Jeder Beteiligte hat gewusst, dass ich mich bei vielen Vorwürfen verleumdet fühlen musste. Er sah sich aber offenbar zu seinem Verhalten berechtigt, weil er glaubte, dass an den Vorwürfen der anderen mindestens ein Teil wahr sei, und weil er meinte, durch seinen Beitrag dazu diene er quasi einer höheren Wahrheit.

Das Mobbing hat funktioniert. Ich musste den Schuldienst verlassen, weil es unter diesen Umständen für mich unmöglich war, weiter zu unterrichten.

Das Mobbing funktionierte offenbar auch bei einem Teil der Briefe, die mir im Januar 2011 aus Solidarität und zu meiner Unterstützung an meine Schule geschickt wurden. Nur in der Woche nämlich, in der unsere Sekretärin fehlte und die Schulleitung selber die Post verteilte, erhielt ich keine Briefe. Für alle Solidaritätsbekundungen, die mich erreichten, bedanke ich mich an dieser Stelle herzlich. Nur durch Zufall erreichten mich der Blumenstrauß und der Gruß von Professor Richard Schröder. Der Theologe Richard Schröder gehörte nach der Wende zu den Gründern der ostdeutschen SPD. Er spielte eine prominente Rolle im Vorfeld der deutschen Einheit und war 1998 als Kandidat für das Amt des Bundespräsidenten im Gespräch. Strauß und Gruß waren von der Schule an die Blumenhandlung zurückgeschickt worden, die mich allerdings kannte und mir beides nach Hause brachte. Für diesen Blumengruß bedanke ich mich an dieser Stelle ganz besonders herzlich und darf meiner Freude über diese Geste Ausdruck geben.

Die Reaktion des Leiters der Schulabteilung des Landes Berlin Laube auf die Information, dass ich einen Blumenstrauß und Gruß von Professor Richard Schröder an meine Schule bekommen hatte, war so: »Könnte das nicht eine Verwechslung mit einem Vater gewesen sein?«[4] Es passte – anscheinend – einfach nicht in sein Weltbild, dass es bei Ursula Sarrazin um etwas anderes gehen könnte als banale Probleme mit einer unleidlichen kleinen Lehrkraft. Der Umstand, dass mir dieser bemerkenswerte Gruß nach dem Willen der Schulleitung allem Anschein nach absichtlich vorenthalten werden sollte, wurde überhaupt nicht kommentiert. Mir fiel darauf nichts mehr ein.

Ich widme das Buch auch all jenen Kolleginnen und Kollegen, nicht nur in Berlin, sondern im ganzen Land, die in einer ähnlichen Lage sind oder waren und nicht die Möglichkeit haben, so wie ich, öffentlich gehört zu werden.

4 *So geschehen im Gespräch am 17. Januar 2011, an dem außer uns beiden noch Herr Schmidt von der Rechtsabteilung der Schulverwaltung und Schulleiter Syska teilnahmen.*

Einige praxisnahe Gedanken zum Berliner Grundschulsystem

Gute und schlechte Schulen gibt es in jedem Land und in jeder Stadt. Ebenso gibt es an jeder Schule gute und schlechte Lehrer.

Meine konkreten Erfahrungen sagen jedoch ganz klar, dass es im Berliner System eine Häufung negativer Erscheinungen gibt, und zwar in Bezug auf das gesamte Schulklima, welches ich nirgendwo so betulich, so wirklichkeitsabgewandt und unehrlich erlebt habe wie in Berlin. Alle mir bekannten Kollegen, die aus westdeutschen Bundesländern vor allem im Rahmen des Regierungsumzuges in das Berliner Schulsystem versetzt wurden, haben mir über gleiche Erfahrungen berichtet. Vor allem waren sie entsetzt über die allgemein leistungsabgewandte Grundhaltung aller Beteiligten, und zwar der Eltern und der Lehrer gleichermaßen und infolgedessen auch der Schüler, die ja in dieser Beziehung nur ein Produkt ihrer Umwelt sein können. Sehr schnell war und ist man mit Begriffen wie Überforderung und Leistungsdruck zur Hand. Sie mussten auch dann herhalten, wenn mangelnder Fleiß zu geringen Leistungen führte. Ich habe Westdeutschland vor über einem Jahrzehnt verlassen. Auch dort wird sich seitdem einiges verändert haben. Ich könnte mir vorstellen, dass die Berliner Verhältnisse zwar die Spitze des Eisberges sind, es aber woanders auch nicht viel besser ist.

Gute Noten wollen natürlich alle. Am 22. Januar 2012 berichtete die »Berliner Morgenpost«, dass mittlerweile der Notendurchschnitt in Berlin bei den Abiturienten bei 1,6 liegt. Das ist das Zeichen eines schon ins Absurde reichenden kollektiven Selbstbetruges im Berliner Schulsystem. Aus den PISA-Tests wissen wir nämlich, dass die Schulleistungen an Berliner Gymnasien einen breiten Deckungsbereich mit den Schulleistungen an bayerischen Hauptschulen haben.

Das Erschreckende ist, dass das Berliner Schulsystem nicht in der Lage ist, gegen sich gelten zu lassen, dass es anderswo mehr Anstrengungsbereitschaft, mehr Selbstkritik und infolgedessen auch mehr Leistung gibt. Jene, die die Maßstäbe von Bonn oder Mainz, um zwei beliebige westdeutsche Städte zu nennen, in Berlin leben wollen, werden im Berliner Schulsystem von Eltern, Kollegen und auch Vorgesetzten mit Abneigung gesehen.

Der zentrale Eckpunkt im Lernfortschritt der Grundschüler ist seit vielen Jahrzehnten – eigentlich seit Einführung der allgemeinen Schulpflicht –, dass ein Kind mit Abschluss des zweiten Schuljahres das Erlernen von Lesen und Schreiben grundsätzlich abgeschlossen hat, das heißt, es kann altersgemäße Texte fließend lesen und beherrscht das Grundhandwerk des Schreibens. In Berlin hingegen ist es leider so, dass ein Großteil der Schüler zu Beginn des dritten Schuljahres diese Grundsätze nicht beherrscht. Das mag auch damit zusammenhängen, dass die sechsjährige Berliner Grundschulzeit gefühlsmäßig mehr Zeit generiert und so zu einem »gemütlicheren« Voranschreiten aller Beteiligten von Anfang an verführt.

Deshalb werde ich nachfolgend viele Erfahrungen aus meiner Zeit an Berliner Schulen schildern. Die allgemeinen Erfahrungen, die ich dort gemacht habe, gelten aber vom Grundsatz her auch für alle anderen Schulen in unserem Land. Bei mir haben sich die vorhandenen Probleme allerdings wie unter einem Vergrößerungsglas verstärkt, weil viele Beteiligte nicht in der Lage oder nicht willens waren, zwischen der Person und der Lehrerin Ursula Sarrazin und ihrem Ehemann Thilo Sarrazin ausreichend zu trennen. Nur so erklärt sich die sensationsgierige Erörterung in der Presse, die zudem ohne jede Rücksicht auf Persönlichkeitsrechte (mein Mann ist prominent, nicht ich!) geführt wurde.

Ich habe das Buch so angelegt, dass am Anfang diejenigen bedacht werden, um die sich in der Schule alles dreht: nämlich die Kinder. Da wir über Schule sprechen, erfolgt dann ein nachdenklicher Exkurs über Noten. Kinder und Eltern gehören zusammen, daher behandelt das dritte Kapitel das Thema Eltern. Die Lehrer sind die entscheidende Nahtstelle in der Schule. Daher ist ihnen das nächste Kapitel gewidmet. Über den Lehrern thront der Schulleiter, darüber die Schulverwaltung und so ist auch die Kapitelfolge. So wie ein Stein, der ins Wasser fällt und immer größere Kreise zieht, so ist dieses Buch aufgebaut.

Kapitel 1

Die Kinder

Grundlegendes zu Kindern und Schule

Schule findet wegen der Kinder statt. Ohne Kinder gäbe es auch keine Schule. Sie sind also die Hauptpersonen, um die sich alles drehen sollte.

Über Kinder ist schon viel geschrieben worden, in allen Zeiten und an allen Orten, in denen die Menschen einer Schrift mächtig waren. Jede Generation denkt darüber nach, wie sie die nachfolgende erziehen und bilden soll.

Unsere Zeit hat sicher am meisten über Kindererziehung, Bildung und Ausbildung kommuniziert, einfach auch deswegen, weil wir technisch am weitesten fortgeschritten sind.

Wir haben viel Wissen über Kinderverhalten, Psychologie, Entwicklung, Reife und Lernen angehäuft, entdecken ständig Neues, stellen Altes in Frage. Wir haben einen anderen Blick auf individuelle Wahrnehmung, Subjektivität und Objektivität bekommen und erforschen unser eigenes Kommunikationsverhalten.

Hierzu gibt es fundierte Literatur von Menschen, die sich intensiv damit beschäftigt haben. Dazu kann und will ich nichts beitragen. Ich habe allerdings während meiner aktiven Zeit viel gelesen und immer wieder versucht, die Ergebnisse in meinem Unterricht und mit dem Umgang mit Kindern umzusetzen.

Unabhängig von allem Fachwissen und -können gibt es meines Erachtens zwei Dinge, die den Lehrerberuf besonders prägen und die Lehrer wie Eltern deshalb nie aus den Augen verlieren sollten:

1. Kinder sind abhängig.
2. Kinder sind manipulierbar.

Der erste Punkt leuchtet natürlich sofort ein. Sie sind es in jeder Hinsicht, materiell und emotional. Sie sind von den Erziehungsvorstellungen der Zeit, in der sie geboren sind, insbesondere auch von dem Bildungsangebot, von der geistigen Nahrung, die ihnen zugänglich gemacht wird, abhängig.

Kinder sind von ihren Eltern und von ihren Lehrern abhängig. Und hier fangen meines Erachtens die Probleme an. Während den Kindern diese Zusammenhänge zum Glück nicht bewusst sind, sind die Erwachsenen sich natürlich darüber im Klaren. Manche Eltern haben bei dieser Abhängigkeit ihrer Kinder vom Lehrer ein mulmiges Gefühl. Ich finde das verständlich, denn für die meisten Eltern sind ihre Kinder das Kostbarste, was sie haben. Und nun kommt die Schule und will, u. a. in Gestalt der Lehrer, erheblichen Einfluss nehmen. Da Schule aber nun ohne Frage zum Wohle der Kinder da ist, legt sich dieses eventuelle mulmige Gefühl zu Beginn der Schulzeit meist schnell. So habe ich es jedenfalls über viele Jahre meiner Berufstätigkeit erlebt. Das scheint sich in den letzten Jahren geändert zu haben. Dem Lehrer wächst aus dieser Abhängigkeit eine große Verantwortung zu, denn der Fortschritt der Kinder hängt von seinem pädagogischen Können, seiner Einfühlsamkeit, seinem Wohlwollen, seinem fachlichen und didaktischen Wissen ab.

Daher ist es unerlässlich, dass der Lehrer sein Handwerk versteht. Viel ist auch immer von der »Lehrerpersönlichkeit«

die Rede. Natürlich muss ein Lehrer eine Persönlichkeit sein, denn er soll ja Vorbild für die Heranwachsenden sein und trägt, wie wir ja schon gesehen haben, eine Menge Verantwortung. Da er Verantwortung für die Kinder übernimmt, hat er diese auch gegenüber den Eltern. Wer Verantwortung trägt, hat in der Regel auch Entscheidungsbefugnisse. Wie sollte das vernünftig gehen, wenn Lehrer wenig Selbstbewusstsein hätten oder keine Persönlichkeiten wären?

Es wird also zu Recht erwartet, dass Lehrer Persönlichkeiten sein sollen. Dass sie nicht immer als solche behandelt werden, werde ich im Weiteren aufzeigen.

Punkt 2: Fast alle Menschen sind grundsätzlich manipulierbar. Sonst hätte es zum Beispiel keinen Nationalsozialismus gegeben. Kinder sind es in einem erschreckenden Ausmaße auch. Das fand ich ausgerechnet an einer Berliner Montessori-Schule in übler Weise bestätigt.

An einer Berliner Montessori-Schule

Ich hatte in Bonn einige meiner schönsten Lehrerjahre an der »Bodelschwinghschule« verbracht, damals eine Versuchsschule mit Integration behinderter Kinder. Daher, und auch schon vorher, war mir Lernen nach Maria Montessori und der Umgang mit Behinderungen vertraut. Obwohl ich immer eigene Klassen geleitet hatte, war ich einverstanden, nach unserem Umzug nach Berlin an der Reinfelder Schule erst einmal als Co-Lehrerin zu arbeiten. Vielleicht gab es ja etwas Neues zu lernen, was ich noch nicht kannte. Neugierig war ich schon immer.

So begann ich dort meine Arbeit zu Beginn des Schuljahres 1999/2000. Ich wusste damals nicht, dass statt meiner eine andere Lehrerin erwartet und erhofft worden war.

Der alte Schulleiter wurde bald von Frau Anja Spätling[5] abgelöst. Sie war von Hause aus Sonderschullehrerin, von Montessoripädagogik verstand sie, jedenfalls zu meiner Zeit, recht wenig. Sie war mir während meiner Schulzeit an dieser Schule keine Hilfe, im Gegenteil.

Ich wurde einem ersten Schuljahr als Co-Lehrerin zugeteilt. Da ich bis dahin schon siebenmal unter den unterschiedlichsten Bedingungen ein erstes Schuljahr geleitet hatte und damit viel Erfahrung hatte, war mir nach wenigen Wochen klar, dass sich die Klasse unter dem laxen Laissez-faire-Stil dieser Lehrerin problematisch entwickeln würde. (Unterricht nach Maria Montessori bedeutet nicht Führungslosigkeit.)

Im selben Schuljahr unterrichtete ich in einem fünften Schuljahr Musik. Damit war ich einer Bitte der Schulleitung nachgekommen, denn es hatte sich an der Schule kein Kollege bereitgefunden, in dieser Klasse Musikunterricht zu geben. Da ich bisher noch nie ein fünftes Schuljahr unterrichtet hatte – im Westen hört die Grundschule nach dem vierten Schuljahr auf – nahm ich die Gelegenheit wahr, auch diese Altersgruppe kennenzulernen. Rückblickend muss ich sagen, es war wohl kein Kollege bereit, mit dem Klassenlehrer Herrn Unker[6] zusammenzuarbeiten, denn er erwies sich als äußerst unkollegial. Ich sah in der Übernahme des Musikunterrichtes kein Problem: Ich war zwar fachfremd, hatte aber stets in meinen Klassen Musik unterrichtet und konnte Blockflöte und Gitarre spielen.

Nur die Vorstellungen der Schüler an dieser Montessori-Schule über den Inhalt des Musikunterrichts gingen mit meinen Vorstellungen von einigermaßen anspruchsvollem Unterricht in einer fünften Klasse überhaupt nicht konform. Die Schüler er-

---

5 *Name geändert*

6 *Name geändert*

warteten Popmusik und Verwandtes, allenfalls waren sie noch bereit, Musikinstrumente selber zu basteln. Dabei betonten sie, dass die Bastelei in der Schule stattfinden müsse, nicht etwa auch als Hausarbeit! Der erste Punkt war altersgemäß verständlich und ließ sich sicher ab und zu verwirklichen. Der zweite Punkt gehörte in frühere Schuljahre und war nun wirklich keine besondere Herausforderung mehr. Instrumentenkunde, Werkkunde und Notenkunde fanden die Kinder langweilig und zu anstrengend, dabei hatten sie aber so gut wie keine Vorkenntnisse. Bisher hatten sie auch überhaupt noch nie Schulnoten erhalten. Ihre Erwartungshaltung – sie erwarteten ausschließlich gute Noten – und ihr Anforderungsprofil klafften weit auseinander. Musik ist ein Fach, wo es schon von »Natur aus« nicht leise ist. Daher haben viele Lehrer, auch Fachlehrer, in diesem Fach Disziplinschwierigkeiten. In dieser Klasse blieben sie auch mir nicht erspart. In einer Musikstunde ließen sich gleich vier Kinder mitten im Unterricht von ihrem Stuhl fallen und fingen an, auf dem Fußboden herumzualbern. Drei Kinder fanden durch meine Aufforderung wieder von alleine auf ihren Stuhl zurück. Der Vierte im Bunde räkelte sich weiterhin auf dem Boden herum, sparte nicht mit »witzigen« Kommentaren und es hätte nicht viel gefehlt, und die ganze Klasse wäre in Gekicher und Unruhe ausgebrochen. Also half ich ihm erst auf die Beine und dann auf seinen Stuhl. Da ich bei dieser Transaktion meine Blockflöte in der Hand hielt, schließlich waren wir im Musikunterricht, erklärte der Junge dreist, ich hätte ihn mit meiner Flöte geschlagen. Schon seine Klassenkameraden bestätigten dieses nicht. Klärende Gespräche mit der Mutter und dem Jungen taten ein Übriges. Damit war die Sache erledigt.

Jedoch elf Jahre später, als viele meinten, über mich herfallen zu müssen oder zu dürfen, berichtete der Vater des Jungen, der mit mir zu keinem Zeitpunkt gesprochen hat, öffentlich am

16. Januar 2011 in mehreren Zeitungen Berlins, dass ich seinen Sohn – damals wohl elf Jahre alt, jetzt also Anfang zwanzig – mit ebendieser Flöte in meinem Musikunterricht geschlagen hätte! Die Ironie in meiner Antwort, meine Flöte wäre mir dafür zu schade – es war in der Tat eine recht wertvolle Flöte –, hat offenbar keiner bemerkt. Die Schulverwaltung schon gar nicht, denn sie hielt mir die absurde, ein Jahrzehnt später geäußerte Behauptung des Vaters und meine Antwort als Beschwerde im Januar 2011 (!) vor.

Damals wandte ich mich an den Klassenlehrer, schilderte ihm meine Schwierigkeiten mit seiner Klasse und bat ihn um Unterstützung. Er erklärte mir kurz und bündig, mit den Disziplinschwierigkeiten müsse ich alleine zurechtkommen, er habe mit dem Fach Musik nichts zu tun. An dieser Schule lautete jedes zweite Wort »Teamwork«. Ich war überrascht. Noch überraschter war ich, als ich von den Schülern von einer Liste erfuhr, die der Lehrer Unker in seinem Unterricht mit einigen Schülern erstellt hatte, wo er in vier seiner eigenen Schulstunden etwa zehn Kritikpunkte zu meinem Musikunterricht erstellt hatte! Diese Liste war ohne meine Kenntnis den Eltern vorgelegt worden. Ich wandte mich an den Elternsprecher. Er war empört über das Zustandekommen dieser Liste und wünschte sich die Erziehung seines Kindes nicht auf diese Art und Weise. Auf dem folgenden Elternabend erläuterte ich den Eltern mein Konzept und bot ihnen gleichzeitig an, den Musikunterricht an den Klassenlehrer abzugeben. Schließlich gab ich diesen Unterricht fachfremd und aus Gutmütigkeit. Davon wollten die Eltern dieser Klasse allerdings nichts wissen! Den Rest des Schuljahres verlief mein Musikunterricht in dieser fünften Klasse einer Berliner Montessori-Schule in erfreulich friedlichen Bahnen. Das Verhalten des Klassenlehrers legt die Vermutung nahe, dass ihm meine Schwierigkeiten im Musikunterricht nicht ungelegen kamen, um von eigenen Schwierigkeiten in seiner Klasse abzulenken. Das bestätigten mir auch Kollegen, denen meine Schwierigkeiten in seiner Klasse nicht verborgen geblieben waren.

Dem Klassenlehrer Herrn Unker blieb eine Entschuldigung in Gegenwart des Personalrates am 19. Juni 2000 mir gegenüber nicht erspart. Anwesend bei diesem Gespräch waren auch der damalige Rektor der Reinfelder Schule und die damalige Konrektorin Frau Spätling.

Elf Jahre später (!), nämlich im Januar 2011, als öffentlich und schulintern in schon grotesker Weise nach Verfehlungen von mir gesucht wurde, stellte Oberschulrat Kuhring in einem Schreiben an die Senatsverwaltung den Sachverhalt wie folgt dar:

»Telefongespräch mit Frau Spätling, der Schulleiterin der 04S04 (Anmerkung Verfasser: Erster Teil des Gespräches)

Im Schuljahr 1999/2000 ist der damalige Klassenlehrer Herr Unker Beschwerden von Kindern aus einer 6. Klasse (!) über den Musikunterricht von Frau Sarrazin nachgegangen und hat Frau Sarrazin mit diesen Vorwürfen konfrontiert. Frau Sarrazin hat abwehrend und hochgradig erregt darauf reagiert. Im Mai 2000 gab es darum ein Gespräch mit der damaligen Dienststellenleiterin Frau Marcks, dem damaligen Schulleiter …, Frau Sarrazin und dem Personalrat. Günther Kuhring 18.01.2011.«

Die Darstellung von Oberschulrat Kuhring ist in weiten Teilen falsch. Ich kann nur vermuten, dass er von Frau Spätling, die damals Konrektorin war, – in irreführender Absicht? – falsch informiert wurde. Gleichwohl hätte er sich diese Darstellung nicht unkritisch zu eigen machen dürfen. Sein Umgang mit den Fakten und seine mangelnde Sachaufklärung sprechen für mich eine klare Sprache. Es ist überhaupt die Frage, welche Motive

Oberschulrat Kuhring hatte, elf Jahre später Nachforschungen über mich anzustellen. Im Januar 2011 war ihm offenbar sehr daran gelegen, meinen Ruf möglichst weitgehend zu schädigen.

Die von ihm erwähnte Dienststellenleiterin Frau Marcks war bei dem erwähnten Gespräch gar nicht anwesend und auch nicht eingeladen, wie meine Akten eindeutig zeigen. Das oben erwähnte Gespräch mit dem Personalrat kam auf meine Initiative zustande, weil ich mir solch ein unkollegiales Verhalten nicht bieten lassen wollte. »Abwehrend und hochgradig erregt« kann ich schon deshalb nicht reagiert haben, weil der Klassenlehrer Herr Unker mir ja gerade seine »Beschwerdensammlung« vorenthielt! Offenbar hatte die Schulleiterin Frau Spätling den Oberschulrat Kuhring über den damaligen Sachverhalt unrichtig informiert. Geschah das, um mir zu schaden und sich bei ihm Liebkind zu machen? Frau Spätling meinte wohl, sie müsse sich auch noch schnell am Mobbing – das ja für jedermann öffentlich in der Zeitung stattfand – gegen mich beteiligen. Was für ein leichtfertiger Umgang mit der Wahrheit tat sich da auf in der Berliner Schullandschaft! Im Grunde ist solch ein Verhalten überall möglich. Ein Oberschulrat fragt – hinter dem Rücken der betroffenen Lehrkraft – eine vorvorvorherige Schulleiterin einer vorherigen Schule nach einem angeblichen Sachverhalt – und diese macht eine falsche, für die Lehrkraft nachteilige Aussage. Solch bösem Treiben ist jeder Lehrer schutzlos ausgeliefert.

Da ich zum damaligen Zeitpunkt im Jahre 2000 überzeugt war, es mit absoluten Ausnahmen an so einer besonderen Schule (eine Montessori-Schule mit Integration schwerhöriger Kinder stellt eigentlich auch besondere Ansprüche an den Lehrkörper) zu tun zu haben, blieb ich an der Schule und ließ mich nicht umsetzen.

In meinem zweiten Jahr an dieser Schule wurde ich stellvertretende Klassenlehrerin in einem fünften Schuljahr. Die Klassenlehrerin Frau Hanf[7] war nach der Wiedervereinigung ohne weitere Umstände in den Berliner Schuldienst übernommen worden, so wie es in Berlin üblich war. Sie konnte keinerlei Montessoriausbildung vorweisen, unterrichtete u. a. Deutsch und Mathematik. Der Unterricht war so, dass ich mich am 20. Januar 2001 schriftlich an die Schulleiterin wandte, ihren fragwürdigen, grob fehlerhaften Unterricht ausführlich schilderte und fragte, ob ich als Co-Lehrerin mitverantwortlich für das Unterrichtsgeschehen sei. Sie verneinte das. Zuerst war ich überrascht, als ich feststellte, dass die Kinder durchweg gute, ja meist sehr gute Noten vorweisen konnten. Einsen gab es geradezu inflationär. Dazu trug auch bei, dass Kinder, die eine Klassenarbeit »verhauen« hatten, diese, nach gründlicher Besprechung, noch einmal schreiben durften! Die zweite Fassung wurde dann gewertet. Das war keine Ausnahme, sondern gang und gäbe. Ich drückte ihr meine Verwunderung über diese unrechtmäßige Vorgehensweise aus. Sie antwortete: »Ich kann das so machen und ich werde das so machen. Ich nehme das auf meine Verantwortung.« Dieser rigorose, schroffe Ton, mit dem sie sich selbstherrlich über Grundregeln des Schullebens hinwegsetzte, das verschlug mir den Atem. So einen Umgang miteinander war ich nicht gewohnt. Dann wurde mir die Lage klar: Die Eltern kritisierten ihren Unterricht auf Elternabenden durchaus und fanden ihn alles andere als zufriedenstellend, aber gute Noten (für nichts!) waren ja auch nicht zu verachten. In der fünften Klasse geht es allmählich um die weiterführende Schule, und auf dem Zeugnis stehen eben ausschließlich Noten, nicht die tatsächliche Leistung. So hielten die Eltern still. Sie dachten wohl, Hauptsache, eine gute Note, das ermöglicht eine gute Schule, der »Rest« findet sich dann schon. Das wird für viele

---

7 *Name geändert*

Kinder aus dieser Klasse eine böse Überraschung gegeben haben. Die Schulleitung unternahm nach meinem Brief über die Unterrichtsmängel von Frau Hanf nichts, außer mich aus dem gemeinsamen Unterricht mit ihr zu entfernen. Offenbar war eine nähere Kenntnisnahme ihres Unterrichts durch mich nicht erwünscht. Frau Hanf wurde ausfallend mir gegenüber, weigerte sich, Gespräche zu führen, versuchte mich – vergeblich – gegenüber den Schülern herabzusetzen. Das war alles sehr unschön. Da jedes Schuljahr einmal zu Ende geht, ignorierte ich ihre Schikanen, so gut es ging. Es gab ja eine Menge andere Kollegen, die umgänglich und fachlich sehr versiert waren. Ich bewunderte besonders eine Kollegin, Frau Glasewald. Sie machte einen ausgezeichneten Unterricht und war hoch engagiert. Ich war ihr als Co-Lehrerin für die Freiarbeit zugeteilt und gab Fachunterricht in ihrer Klasse. Auch diese Kollegin, die aufgrund ihrer gemeinsamen Herkunft und ihres ausgleichenden Wesens ein gutes Verhältnis zu Frau Hanf hatte, konnte nichts ausrichten. Jeden Versuch eines gemeinsamen Gespräches schlug Frau Hanf aus. Heute frage ich mich, woher die Kollegin den Mut nahm, derart frech und dreist aufzutreten. Das bisherige Verhalten und vor allem die weitere Entwicklung lassen den Schluss zu, dass die Schulleiterin, die ja ebenfalls keine Montessorilehrerin war, sondern im Sonderschulbereich ihre Wurzeln hatte, auf ihrer Seite stand. Da ich im Sommer 2001 ein eigenes fünftes Schuljahr übernehmen sollte, blieb ich an der Schule, obwohl ich schon sehr verwundert über so merkwürdige Verhältnisse an einer Schule war, die einen besonderen Anspruch erhob. Das war ich aus Westdeutschland nicht gewohnt.

Mein Erstaunen war groß, als ich ausgerechnet Frau Hanf als Sportlehrerin für meine Klasse vorfand. Ich konnte mir nicht vorstellen, dass das in ihrem Sinne war. Meine Nachfrage bei der Schulleiterin ergab das Gegenteil. Sie erklärte mir, Frau Hanf hätte den ausdrücklichen Wunsch geäußert, gerade in meiner Klasse Sportunterricht geben zu wollen, und sie hätte keinen Grund gesehen, diesem Wunsch nicht nachzukommen! Ich merkte schnell, dass hinter diesem Wunsch unlautere Absichten steckten: Frau Hanf biederte sich bei meinen Schülern regelrecht an. Als Sportlehrerin war das leicht. Sie gab ihnen ihre eigene private Telefonnummer, damit sie bei eventuellen Problemen bei ihr zu Hause anrufen könnten. Und Probleme ließen nicht lange auf sich warten.

Diese Klasse war bisher von einer Sonderschullehrerin geführt worden, die mit dem Wort Leistung offenbar nicht viel anfangen konnte. Die Klasse träumte still vor sich hin, die Freiarbeit, ein zentraler Punkt bei Maria Montessori, bestand meist aus Malen oder Basteln. Allerdings wollten viele Eltern ihre Kinder zum Gymnasium schicken. Hier gab es viel zu tun für die Kinder und mich. Das war ungewohnt und nicht allen recht. Ein verhaltensauffälliger, schwieriger Junge tat sich besonders schwer damit, einen altersgemäßen Arbeitseinsatz zu finden. Er verlegte sich darauf, seine Klassenkameraden ebenfalls von einem ordentlichen Schülerverhalten abzuhalten, und da er bemerkenswerte Fähigkeiten hatte, andere zu beeinflussen und ein guter Selbstdarsteller war, hatte er durchaus Erfolg. Hier ein Beispiel für die anfangs erwähnte Manipulierbarkeit von Kindern.

Eines Tages brachte dieser Junge ein Radio mit in den Unterricht. Er stellte es auf seinen Tisch, suchte eine ihm passende Musik und legte die Beine auch auf den Schülertisch. So saß er frech grinsend da. Die übrigen Kinder grinsten, je nach Temperament, ebenfalls oder hielten den Atem an. Nach einigem Hin und Her zwischen ihm und mir steckte er schließlich sein Radio wieder ein. Am nächsten Tag wiederholte er dieses Schauspiel.

Nun war es schon schwerer für mich, ihn dazu zu bewegen, das Radio aus dem Unterricht zu entfernen. Beim 3. Versuch drohte ich ihm an, das Radio einzuziehen. Auch diese Drohung schreckte ihn nicht ab, es ein viertes Mal zu versuchen. Jetzt hieß es schnell zuzugreifen, denn war das Radio erst mal in seinem Ranzen verschwunden, hatte ich verloren. Also griff ich schnell zu und hielt das Radio in meiner Hand. Der Junge stand auf, machte eine ausholende Handbewegung und fragte in die Klasse hinein: »Wer hat gesehen, dass Frau Sarrazin das Radio durch die Klasse geworfen hat?« Erst zögernd, dann gingen immer mehr Finger in die Luft. Ich glaubte meinen Augen nicht zu trauen! Schon drehte der Knabe sich triumphierend nach mir um und wollte gerade etwas sagen, da erhob sich aus dem hinteren Teil der Klasse der Sonderschullehrer, der die schwerhörigen Kinder während dieser Stunde betreuen sollte, und wies die Kinder darauf hin, dass ich mitnichten das Radio durch die Klasse geworfen hatte, sondern dasselbe in meiner Hand hielt. Das Erstaunen war groß. Offensichtlich hatten die Kinder tatsächlich geglaubt, was ihnen ihr in diesen Dingen sehr begabter Mitschüler suggeriert hatte.

Was wäre mir wohl ohne die Anwesenheit des Co-Lehrers passiert? Eine Anzeige der Eltern wäre mir sicher gewesen. Wie hätte ich mich verteidigen können, da doch die ganze Klasse »gesehen« hatte, dass ich das Radio angeblich durch die Klasse geworfen hatte?

Hier wird sonnenklar, wie rechtlich zweifelhaft Kinderaussagen sind. Und zwar in beide Richtungen: um einen Lehrer zu belasten und auch um ihn zu entlasten. Das heißt wiederum, der Lehrer ist auf das schon nahezu blinde Vertrauen, die Achtung und das Wohlwollen der Schüler, Eltern und Vorgesetzten angewiesen. Wird ihm dieses verweigert, aus welchen Gründen auch immer, führt das letztlich dazu, dass er seinen Beruf nicht mehr ausüben kann, weil der üblen Nachrede und wilden Verdächtigungen Tor und Tür geöffnet sind, wie das oben beschriebene Beispiel zeigt. Hier liegt vielleicht auch eine der Gründe für die »Feigheit«, die Lehrern immer wieder nachgesagt wird, denn sie sind auf dieses Vertrauen angewiesen.

Diese »Radiogeschichte« fiel völlig aus meinem bisherigen Erfahrungsrahmen. Ich war zu diesem Zeitpunkt noch recht arglos, denn bisher hatte ich in über fünfundzwanzig Jahren Schuldienst stets das Vertrauen und Wohlwollen in meine Arbeit besessen und hatte mir nie die Frage nach seiner tieferen Bedeutung zu stellen brauchen. Mit meiner heutigen Erfahrung hätte ich damals sofort einen Elternabend einberufen lassen und diesen merkwürdigen Vorgang den Eltern transparent gemacht. Da ich dieses unterließ, konnte unterschwellig weiterer Schaden angerichtet werden.

Allerdings hatte ich von der Schulleiterin erwartet, dass sie pädagogisch überlegt und sinnvoll reagieren würde. Auch hier war ich zu arglos, denn so wie mir bisher getraut wurde, konnte ich auch stets meinen bisherigen Schulleitungen trauen. Nicht so in diesem Fall und, wie ich dann leider lernen musste, generell nicht in Berlin.

Ich hatte das Radio in den Klassenschrank gelegt und dem Jungen bedeutet, dass seine Eltern es bei mir abholen könnten. Ich wollte bei dieser Gelegenheit mit ihnen über ihren Sohn und sein Verhalten sprechen.

Meine Schulleiterin gab dem Jungen das Radio in der nächsten Pause zurück! Natürlich triumphierte er in seiner kindlichen Unreife und steigerte sein negatives Verhalten im Unterricht, wie sich jeder unschwer ausmalen kann.

Ich hingegen war ein solch unqualifiziertes Verhalten von Schulleitungen nicht gewohnt und war entsetzt. Mittlerweile war mein Mann am 17. Januar 2002 Finanzsenator geworden.

Seitdem grüßten mich einige Kollegen an dieser Schule nicht mehr. Ich war über dieses Verhalten perplex, habe es damals aber nicht weiter reflektiert. In Mainz hatte ich nie den Eindruck gehabt, dass die auch damals herausgehobene Stellung meines Mannes irgendeinen Kollegen sonderlich interessierte oder ihn gar negativ gegen mich voreinnahm. Die Tätigkeit meines Mannes spielte einfach keine Rolle, wie sich das ja auch gehört. So dachte ich, das wird schon wieder. Da täuschte ich mich leider gründlich. In Berlin ist ein großer Teil der Lehrerschaft, anders als im Westen, nicht selten von Neidgefühlen erfüllt und hat große Vorbehalte nicht nur gegen »die da oben«, sondern auch gegen deren Familienmitglieder.

Dabei mag eine Rolle spielen, dass die Lehrerschaft in Berlin in ein klassisches bürgerliches Umfeld wesentlich weniger integriert ist, als ich dies in Westdeutschland kennengelernt habe. Grundschullehrer sind in West wie Ost zu neunzig Prozent weiblich. Ich hatte mit dreiundzwanzig Jahren einen Diplomvolkswirt geheiratet, der sich im Laufe unserer Ehe beruflich zum Staatssekretär, Geschäftsführer und Finanzsenator weiterentwickelt hatte. Meine Kolleginnen waren größtenteils verheiratet, und zwar durchweg mit Partnern, die wie mein Mann eine bürgerliche Berufslaufbahn eingeschlagen hatten. Ganz anders in Berlin: ein Großteil der Kollegen lebte in nicht formalisierten Verhältnissen bzw. allein. Bei den Partnern war der Anteil mit bürgerlichen Berufen wesentlich kleiner als im Westen.

Journalisten fragten mich am Wahlabend nach meinem Beruf. Sie fanden es sehr mutig von mir, als Ehefrau des Finanzsenators als Lehrerin zu arbeiten. Ich konnte ihnen nicht folgen. Ich muss ihnen aber rückblickend bestätigen, dass es in der Tat nicht nur Mut, sondern auch Nerven und viel Kraft erforderte, die Intrigen, Gehässigkeiten und kaum verhohlenen Neidattacken bis zu meiner Beurlaubung im Sommer 2011 zu ertragen und, soweit möglich, zu parieren.

Am 26. April 2002 fand am Gutenberggymnasium in Erfurt der erste Amoklauf an einer deutschen Schule statt. Der neunzehnjährige frühere Schüler der Schule, Robert Steinhäuser, erschoss zwölf Lehrer, zwei Schüler, eine Sekretärin und einen Polizisten, bevor er sich selbst umbrachte. Das war furchtbar und löste eine große Schockwelle aus.

Der Zufall wollte es, dass am nächsten Morgen, dem 27. April, Frau Hanf in meiner Klasse in der ersten Stunde vertretungsweise Englisch gab. Die Englischlehrerin hatte den Kindern Aufgaben für diese Stunde gegeben, und die Klasse wies Frau Hanf auch darauf hin. Sie machte keinen Englischunterricht, sondern besprach mit den Kindern das Erfurter Drama und direkt im Anschluss daran fragte sie die Kinder meiner Klasse nach Problemen, die sie mit mir hätten! Ahnungslos kam ich zur zweiten Stunde in die Klasse. Frau Hanf weigerte sich, die Klasse zu verlassen, ich musste erst die Schulleitung hinzuziehen. Frau Hanf meinte, sie könne die Kinder jetzt noch nicht verlassen, weil sie so ergriffen seien von dem Erfurter Amoklauf. Als sie schließlich doch die Klasse verlassen hatte, antworteten mir die Schüler auf meine Nachfrage: »Das Verhalten von diesem Robert war nicht ganz o.k. Er war wohl sauer auf seine Lehrer.« Ich war entsetzt. Von »Ergriffenheit« keine Spur! Was hatte diese Lehrerin Frau Hanf mit den Kindern tatsächlich angestellt? Denn das, was die Kinder mir erzählten, deutete auf eine schier unglaubliche Verharmlosung hin. Der Amokläufer war »sauer« auf seine Lehrer? Das sind alle Schüler schon mal! Auch auf mich waren das einige Kinder ab und zu … Ich hatte Zeitungsausschnitte mitgebracht, weil ich natürlich mit den Schülern diese Tragödie besprechen wollte. Aber es interessierte sie überhaupt nicht. Ich fragte meine Schüler, was los sei.

Sie sagten, sie wollten mit mir über die Probleme, die sie mit mir hätten, sprechen. Nur zu, forderte ich sie auf, obwohl ich den Zeitpunkt nun wirklich nicht gut gewählt fand. Aber es kam – nichts. Es herrschte allgemeine Ratlosigkeit. Jetzt erst erfuhr ich von den Kindern, dass Frau Hanf ihnen ihre private Telefonnummer gegeben hatte, um mögliche »Probleme« mit ihr persönlich zu besprechen. Klar, dass die Kinder – und Eltern, wie sich dann später herausstellte – nach solchen regelrecht suchten!

Über den oben beschriebenen Sachverhalt gab es ein Dienstgespräch mit der Oberschulrätin Frau Marcks, der Schulleiterin Frau Spätling, Frau Hanf, dem Personalrat und mir. Es fand auf mein intensives Betreiben statt. Frau Marcks gab mir in vollem Umfang recht. Frau Spätling wurde von ihr angewiesen, das Ergebnis in einem Protokoll festzuhalten. In diesem Protokoll heißt es: »Frau Hanf betonte ihrerseits, notwendigen und kollegialen Gesprächen nicht absichtlich aus dem Weg gegangen und grundsätzlich immer gesprächsbereit zu sein. Als Fazit der geführten Unterredung erklärte Frau Hanf, bei ihren Aktivitäten nicht in irgendeiner wie auch immer gearteten Weise in ›böser Absicht‹ gehandelt zu haben, sie Frau Sarrazin irgendwie hätte schaden wollen, sie aber die Empfindungen von Frau Sarrazin so nicht habe einschätzen und die dann entstehenden Folgen so nicht hätte absehen können. In jedem Falle bedauere sie die eingetretene Entwicklung.« Das war für die Schulleiterin sehr peinlich. Frau Hanfs Verhalten bezeichnete die Oberschulrätin in diesem Gespräch wörtlich als »gemein«.

Umso interessanter ist es, wie sich die Erinnerung der Schulleiterin in elf Jahren offensichtlich in das genaue Gegenteil der Wirklichkeit verschob. In dem schon erwähnten Telefonat mit Oberschulrat Kuhring vom 18. Januar 2011 teilte sie ihm, der zu diesem Zeitpunkt nach belastendem Material gegen mich suchte, Folgendes mit – ich zitiere jetzt aus den Telefonnotizen von Oberschulrat Kuhring:

»Im April 2002 hat in einer 1. Stunde die Lehrerin Frau Hanf mit einer (!) Klasse über den Amoklauf in Erfurt gesprochen. Daraufhin haben Schülerinnen und Schüler sich so geäußert, dass bei dem Unterrichtsstil von Frau Sarrazin sich an der Schule auch so etwas ereignen könnte. Frau Hanf hat darüber mit Frau Sarrazin gesprochen, woraufhin Frau Sarrazin regelrecht hochgegangen sei und eine Art Kampagne gegen Frau Hanf in Gang gesetzt habe. Darum ist es zu zwei Gesprächen mit Frau Marcks, Frau Spätling, Frau Hanf und dem Personalrat gekommen. Günther Kuhring 18.1.2011.«

Entweder hat Schulleiterin Spätling erhebliche Schwächen des Erinnerungsvermögens oder erhebliche moralische Mängel, die sich in der bewussten Lüge über einen dienstlichen Sachverhalt zeigen. Das generelle Problem des Berliner Schulsystems ist dann aber: Wie kommt eine Frau mit solch einem Profil an die Leitung einer Montessori-Schule?

Aber was für eine Gemütsverfassung hat eigentlich ein Oberschulrat Kuhring, der, weil er nicht genügend aktuelles Belastungsmaterial gegen eine unbeliebte Lehrerin findet, in elf Jahre alten Vorgängen gräbt und darüber Aktennotizen fertigt, die er in einer illegalen weil unrechtmäßig geführten Nebenakte zur Personalakte sammelt?

Frau Spätling schwärzte mich regelrecht bei Oberschulrat Kuhring an. Sie behauptete erlogene Dinge. Nach dem, was die Presse Anfang Januar 2011 da alles so über mich verbreitet hatte, meinte sie wohl, das dürfe sie jetzt auch. Oder wollte sie sich damit das Wohlwollen von Oberschulrat Kuhring erkaufen, der ja nachweislich gegen mich alles nur Erdenkliche und Unerdenkliche gesammelt hat? In was für Kreise war ich eigentlich geraten? Wo blieb mein Schutz als Lehrkraft vor solchen Machenschaften? Wo blieb das Verantwortungsbewusstsein der Schulleiterin und des Oberschulrats Kuhring? Mit Beamtenpflichten hatte das nichts mehr zu tun. Das war ein infames unanständiges Spiel, bar jeder Moral.

Im April 2002 allerdings ahnte ich von diesen Dingen nichts.

Diese Stunde nach dem Amoklauf in Erfurt, die Frau Hanf in bodenloser Weise nutzte, um mich in meiner eigenen Klasse zu verunglimpfen, war für mich damals Anlass, die Schulleiterin hinzuzuziehen, denn meine Klasse wurde ja regelrecht aufgewiegelt. Sie kam in die Klasse und sprach mit den Kindern. Außer dass ich sie, die Kinder, ab und zu mal unterbräche, wenn sie sichtlich Falsches erzählten, ergab sich auch in diesem Gespräch nichts. Ein Junge hatte die Stirn, mir vorzuwerfen, ich hätte ihn für die Bemerkung »Behinderte raus« getadelt! Dazu bedarf es wohl keines Kommentars. An meiner Klasse, mit der sie ja nun ausgiebig gesprochen hatte, und meinem Unterricht, den sie ebenfalls gesehen hatte, fand sie nichts Ungewöhnliches und nichts auszusetzen. Die Schulleiterin erklärte mir gegenüber Frau Hanfs Verhalten als ausgesprochen unkollegial und, so hatte sie sich mir gegenüber geäußert, will ihr verboten haben, mit Kindern meiner Klasse Klassenangelegenheiten zu besprechen. Was für ganz andere Geschichten erzählt sie denn dann im Jahre 2011 der Schulaufsicht?

Frau Hanf hielt sich jedenfalls nicht daran. Am 23. Mai fand – auf Anweisung der Schulleiterin – ein denkwürdiges Gespräch statt. Es nahmen die beiden Vertrauenslehrer, die beiden Elternsprecher, die beiden Klassensprecher meiner Klasse, meine Co-Lehrerin und ich teil. Dieses Gespräch war immer wieder verschoben worden. Es hatte kein Thema und keine Tagesordnung. Die beiden Kinder zählten auf, was sie im Laufe des Schuljahres an mir gestört hatte: Einmal hatte ich wohl ein Referat vergessen (es wurden jede Woche mehrere gehalten), es gab schon mal in ihren Augen zu viele Hausaufgaben (es wurde allerdings nach Wochenplan gearbeitet), die Störenfriede sollten, aus Sicht der Kinder, aus der Klasse entfernt werden, ich würde schimpfen, Kunst fiele zu oft aus, die Klassenatmosphäre sei schlecht, die Klasse sei zu laut, sie, die Kinder, hätten abgestimmt, es gäbe jetzt nur noch gebundenen Unterricht, aber ich würde mich nicht daran halten (!). Was sollte dieses Gespräch? Es handelte sich um normale und alltägliche Schülerprobleme, die in den Klassenrat oder auf den Elternabend gehört hätten. So war es eine bedenkliche Selbstüberhöhung der Schüler. (Auf Deutsch: Sie durften sich wichtig machen. Außerdem erweckte dieses Gespräch den Anschein, es gäbe etwas von Belang und Bedeutung zu besprechen, denn warum sonst sollte ein so hoch angesiedeltes Gespräch überhaupt stattfinden?)

Diesen Zweck erfüllte das Gespräch auch voll und ganz, wie sich später zeigte. Dass auch die Eltern gar nicht so viele Probleme sahen, stellte sich bei einem Anruf der Elternsprecherin bei mir am 3. Mai heraus. Wir besprachen die Tagesordnung des nächsten Elternabends, der am 29. Mai 2002 stattfinden sollte. Es ging um die Klassenkasse, die Teilnahme der Englischlehrerin, um den Rückblick auf unsere Projektwoche, um unseren Ausflug und um die allgemeine Klassensituation. Ich fragte sie noch zum Schluss: »Ist das alles?« Die Elternsprecherin bejahte das. Der Elternabend selber lag zeitlich nach dem oben geschilderten Gespräch. Was hätte näher gelegen, als sein Ergebnis zu schildern, denn die Elternsprecher waren ja dabei. Das passierte nicht. Es fragte auch keiner. Dieses Gespräch wurde stillschweigend ad acta gelegt. Ich wollte nicht auftrumpfen und schwieg deswegen. Für mich war die Sache erledigt, ich hatte Besseres zu tun, als imaginären Vorwürfen nachzujagen. Heute weiß ich, dass das ein Fehler war. Ich war zu harmlos, um zu erkennen, dass ohne eindeutige klassenöffentliche Erklärung üblen Gerüchten Tor und Tür geöffnet war. Es war aber auch nicht fair von den beteiligten Eltern, sich auszuschweigen. Später erfuhr ich, dass ein Teil der Eltern sich regelmäßig zu »geheimen« Elterntreffen verabredet hatte. Sie hatten offenbar kein Interesse daran, öffentlich dazu zu stehen, dass es keine ernstzunehmenden Klagen gab.

Am Ende des Schuljahres meldeten sieben Eltern meiner Klasse ihre Kinder von der Schule ab. Sie meldeten ihre Kinder wieder an, als klar war, dass ich die Schule verließ. Der Sohn der Elternsprecherin sagte am letzten Schultag zu mir: »Eigentlich war das ein schönes Schuljahr mit Ihnen, Frau Sarrazin.« Das »eigentlich«, da waren meine Co-Lehrerin und ich uns einig, war seiner Mutter geschuldet.

Die Schulelternsprecherin Frau Dr. Knecht[8] hatte in meiner Klasse zwei Kinder. Ihre insgesamt sechs Kinder hatte ich alle jeweils zwei Jahre lang in unterschiedlichsten Klassen und Fächern unterrichtet. So gesehen kannte die Familie zwölf Jahre lang meinen Unterricht und meinen Umgang mit Kindern. Frau Dr. Knecht distanzierte sich ausdrücklich von den Machenschaften eines Teiles der Eltern meiner Klasse und wollte damit nichts zu tun haben. Als ich die Schule verließ, trat sie von allen ihren Ämtern in der Schule aus Protest gegen meinen Weggang zurück. Die Familie meldete alle ihre Kinder von der Schule ab (ohne sie wieder anzumelden!).

Ich habe drei Jahre an der Reinfelder Schule unterrichtet. Auffallend in allen Klassen, die ich kennenlernte, war ein geringes Leistungsbewusstsein der Kinder und der Eltern und ein mal mehr, mal weniger ausgeprägter Laissez-faire-Stil in den Klassen, die ich kennenlernte. Das hat aber Maria Montessori nicht gemeint, und das führt die Kinder in eine Sackgasse. Ma-

---

8 Name geändert

ria Montessori lebte und wirkte in den fünfziger Jahren des vergangenen Jahrhunderts. Eine heutige Berliner Schulklasse in der Vorpubertät mit Eltern, die glauben, Schule müsse immer Spaß machen und Leistung sei per se kritisch zu sehen, kannte sie nicht. Maria Montessori war Ärztin und ging in ihrem Konzept von behinderten Kindern aus. Vieles von ihren Vorstellungen lässt sich mit großem Erfolg auf gesunde Kinder übertragen und weiterentwickeln. Den Begriff der Leistungsfeindlichkeit kannte sie nicht. Sie wollte die ihr anvertrauten Kinder lebenstüchtig machen. Viele ihrer wunderbaren Materialien hat sie zu diesem Zweck entwickelt. Ihre Methoden lassen den Kindern bewusst einen großen Freiraum. Wenn sie Kinder für ungeeignet hielt, nach ihren Methoden zu lernen, hat sie sie nicht an ihrer Schule unterrichtet. Sie hat nie den Anspruch erhoben, dass ihre Methoden Allgemeingültigkeit besitzen sollten.

Heute glaube ich, dass ein Teil der Eltern, mit denen ich zu tun hatte, einer diffusen unreflektierten Ideologie über druckfreies, hochmotiviertes Lernen anhing, wobei die Motivation zum Lernen, wenn das Kind diese nicht idealerweise selbst mitbrachte, vom Lehrer erwartet wurde. Damit machten es sich diese Eltern sehr einfach: Sie sahen es nicht als ihre Aufgabe an, ihrem Kind eine positive Einstellung zur Schularbeit und zur Erfordernis von Anstrengungsbereitschaft zu vermitteln. Das sahen sie als Aufgabe der Schule, also der Lehrer, an. Wenn ein Kind nicht die erforderlichen Eigenschaften zum Lernen entwickelte, lag es am Unverständnis, an der Unfähigkeit seiner Lehrer, aber nicht an der fehlenden elterlichen Fürsorge und häuslichen Begleitung und schon gar nicht an den Fähigkeiten des Kindes. Mit dieser Einstellung ist der Schritt nicht mehr weit, auf Lehrer Druck auszuüben. Auch Josef Kraus[9] stellt in

9 *Josef Kraus ist der Vorsitzende des Lehrerverbandes und Schulleiter.*

seinem Interview in der *FAZ* vom 13. Mai 2012 fest: »Der Anteil der Eltern, die mit allen Mitteln gegen die Schulen vorgehen, ist größer geworden. Lehrer werden unter Druck gesetzt. … Leider gibt es in Schulleitungen und Schulaufsichten auch Leute, die dann einknicken und auf Gefälligkeitspädagogik machen. Hier brauchen unsere Lehrer mehr Rückhalt von oben.«

Schulisches Lernen, ja Lernen überhaupt, bedeutet in der Regel Anstrengung, zielgerichtete Konzentration und Fleiß. Lernen ist immer auf ein Ziel gerichtet, das erreicht werden soll, oder besser, das man selber erreichen möchte. Dafür nimmt man Anstrengungen auf sich, nimmt manche Unbequemlichkeit in Kauf. Darum finde ich es unpassend, ein Kind mit dem Wunsch »Viel Spaß« morgens in die Schule zu schicken. Spaß bedeutet lustige Kurzweil, wie ich sie zum Beispiel auf einer Kirmes oder einer Geburtstagsfeier, ohne mich dafür anstrengen zu müssen, erwarte. Wer mit dieser Erwartungshaltung in die Schule geht, wird enttäuscht werden. Das heißt ja nicht, dass Lernen etwa keine Freude bereiten soll, ganz im Gegenteil, jedes Kind soll stolz sein auf seine Lernergebnisse und sich darüber freuen können. Freude ist nachhaltiger, tiefer als Spaß, sie beruht auf eigener Anstrengung. Oder, wie es Bernhard Bueb einmal ausdrückte: »Das Glück, das einer schöpferischen Anstrengung folgt, ist von größerer Dauer als das passiv erlebte Glück, es hinterlässt kein schales Gefühl, wenn es endet, … und es ist wiederholbar, ohne sich abzunutzen.«[10]

Gerade Maria Montessori sagt, dass die Motivation vom Kind selber kommen muss. Aus diesem Grunde wollte sie auch

---

10 *Bernhard Bueb: Die Schule ist kein Spaßbad. Vom Recht der Jugend auf Disziplin. In: FAZ 25.2.2005. (Der Autor war bis 2005 Leiter der Schule Schloß Salem.)*

nicht, dass Kinder überhaupt gelobt werden. Ich glaube kaum, dass die Eltern meiner Klasse hiermit einverstanden gewesen wären! In Maria Montessoris Pädagogik ist das allerdings logisch. Die meisten heutigen Montessorilehrer folgen ihr da nicht, ich auch nicht. Denn natürlich hat jeder Lehrer die Pflicht, die Kinder zu einer positiven Lernhaltung zu führen. Dafür studiert er ja Pädagogik, aber ein Zauberer ist er nicht.

Auf dem zweiten Elternabend hatte ich das Thema Noten ausführlich dargelegt. Die Eltern hatten sichtlich ein Problem damit, Noten als Form der Leistungsmessung anzuerkennen. Ein Teil der Eltern hatte wohl gehofft, auf einer Montessori-Schule ließen sich gute Noten bequemer als woanders ergattern. Natürlich merkten sie auch bald, dass es in meinem Unterricht gute Noten nicht umsonst gab. Meine Referate, zum Beispiel, waren so angelegt, dass es nicht möglich war, im Internet abzuschreiben. Ich legte auch Wert auf termingerechte Fertigstellung, Klassenarbeiten durften selbstverständlich auch nicht zweimal geschrieben werden wie in der Klasse von Frau Hanf. Die Eltern hatten in dieser von mir geführten Klasse nun das Problem, dass eine laxe Haltung zum Lernen und zur Leistung, die sie – und die Kinder – gewohnt waren, bei mir nicht möglich war. Also gingen sie den beschriebenen Weg, denn schließlich konnten sie ja schlecht gegen normale Leistungsanforderungen und -messungen in einem fünften Schuljahr angehen. Es drängt sich ganz klar der Eindruck auf, dass hinter der Ummeldeaktion der Ärger über die jahrgangsgemäßen Leistungsanforderungen und die Sorge stand, die Kinder könnten nicht den seitens der Eltern erwünschten Notendurchschnitt erreichen. Ein Vater ging so weit, mir mit der Presse zu drohen, wenn sein Sohn nicht die Empfehlung zum Gymnasium bekäme. Er ging wohl davon aus, dass ich als Frau des Finanzsenators damit erpressbar sei. Die Drohung half ihm nur nichts.

Eine Mutter hatte ihr Kind von einem befreundeten Lehrer testen lassen. Es stellte sich heraus, dass dieses – aufgeweckte – Kind zwei Jahre (!) im Schulstoff zurück war. Nicht weil es nicht fähig gewesen wäre, ihn zu verstehen, nein, er war der Klasse nicht angeboten worden!

An einer Montessori-Schule gehört es zum geregelten Tagesablauf, die ersten beiden Stunden als Freiarbeit zu gestalten. Das heißt, die Kinder arbeiten in eigenem Rhythmus mit vielfältigem Material. Wenn aber zehn Stunden in der Woche hauptsächlich gebastelt und gemalt wird, haben die Kinder absehbar Probleme im Pensum. Genau das war in dieser Klasse der Fall. Mir blieb gar nichts übrig, als in der Freiarbeit das Hauptgewicht auf die Arbeit zu legen. Es gab auf einmal Pflichtpensen, die unbedingt erarbeitet werden mussten, freiwillige Arbeiten und zusätzlichen Stoff, statt malen, basteln und Musik hören. Das war mit Anstrengung, Fleiß und Konzentration verbunden. Das erklärt den Wunsch der Kinder, lieber gebundenen Unterricht haben zu wollen.

Die Eltern hingegen, die ihre Kinder abmeldeten und wieder anmeldeten, um mich loszuwerden, wollten nicht wahrhaben, dass es gute Noten nur für gute Leistungen gab. Sie gehörten zu jenem spleenigen Teil der Elternschaft, die meinten, ihr Kind muss sich nicht anstrengen, damit es etwas leistet, was der besonderen Anerkennung wert sei. Denn dieses hieß indirekt aus ihrer Sicht auch, dass das Kind keine Spitzenbegabung war, dem alles sowieso zufliegt. Schon in dieser Implikation liegt in den Augen vieler heutiger Eltern eine narzisstische Kränkung, die sie schwer verkraften und in Ablehnung oder gar Hass auf den Lehrer sublimieren. Das heißt, Eltern beziehen Kritik an ihren Kindern oder Hinweise auf Probleme derselben auf sich selbst. Es fehlt ihnen die Distanz des Erwachsenen zu ihren Kindern. Michael Winterhoff stellt in seinem bekannten Buch

»Warum unsere Kinder Tyrannen werden«[11] fest: »Erwachsener und Kind begeben sich auf die gleiche Ebene und rangieren auf Augenhöhe nebeneinander, so dass keiner dem anderen eine Richtung vorgeben kann. Dieser moderne Umgang mit dem Kind gilt heute in der Gesellschaft als vollkommen normal.« Er nennt diesen Umgang von Kindern und Erwachsenen »partnerschaftlich«. Winterhoff führt darauf auch zurück, dass sich »das Absenken des als normal empfundenen Leistungsniveaus in den Köpfen der Eltern festgesetzt hat«. Er stellt weiter fest, dass sich auch in der Grundschule »partnerschaftliche Tendenzen« zwischen Lehrern und Schülern gebildet haben, was dazu beitrug, dass »das Anspruchsniveau … bereits über die Jahre stetig abgesenkt worden (ist)«. Als zweite Beziehungsstörung zwischen Eltern und Kindern führt Winterhoff die »Projektion« an. Er versteht darunter, »dass Eltern, die eigentlich die Projektionsfläche für die Liebe ihrer Kinder darstellen sollten, in eine Situation geraten, in der sie das Kind zur Befriedigung ihrer eigenen Bedürfnisse benötigen«. Dann »verstehen sie das Sozialverhalten und die schulischen Leistungen ihres Kindes als Messlatte dafür, ob sie selbst als gute oder als schlechte Eltern zu gelten haben«. Jeder kann sich leicht ausmalen, dass das zu fatalen Folgen für die betroffenen Kinder führen muss.

Mein Unterricht war nun immer so angelegt, dass sich auch gut begabte Kinder anstrengen mussten. (Zu welcher Haltung erzieht man Kinder, die sich nie oder nur selten anstrengen müssen? Sie laufen Gefahr, im Leben nicht zurechtzukommen, weil die Fähigkeiten, sich anzustrengen, Verzicht üben zu können und Selbstdisziplin zu haben, untrennbar mit Lebenserfolg und Lebensglück verbunden sind.) Unter anderem aus diesem

---

11 *Michael Winterhoff: Warum unsere Kinder Tyrannen werden. Oder: Die Abschaffung der Kindheit, Gütersloh 2008.*

Grunde waren ja zum Beispiel meine Wochenpläne so stark individualisiert (was im Übrigen sehr viel Aufwand erforderte), und deswegen stellte ich den Schülern so viel unterschiedliches Material zur Verfügung. Ich duldete auch nicht, dass sich ein Kind ständig unterforderte, indem es zum Beispiel stets zu leichten Aufgaben griff oder mehrmals dasselbe Material benutzte, obwohl es den Schwierigkeitsgrad schon gut beherrschte.

Die Reinfelder Schule ist eine Angebotsschule. Diesen Umstand nutzte ein Teil der Eltern aus, um eine ihnen nicht genehme Lehrerin als Klassenlehrerin absetzen zu lassen, indem ein Teil der Elternschaft seine Kinder pro forma abmeldete und anschließend wieder anmeldete. Das kann nicht im Sinne einer Angebotsschule sein. Es entwertet die Schule und macht Schule erpressbar.

Ich entschloss mich, diese Montessori-Schule zu verlassen. Von Eltern erpressen lassen wollte ich mich nicht. Es war auch schon vor meiner Zeit an dieser Schule Lehrkräften widerfahren, dass ganze Elterngruppen mit Abmeldungen drohten und sie auch wahrmachten. Ich hatte an verschiedenen Schulen in Westdeutschland andere, bessere Erfahrungen gemacht.

An der Reinhold-Otto-Schule

Ab dem Schuljahr 2002/03 unterrichtete ich an der Reinhold-Otto-Schule, einer ganz »normalen« zweizügigen Grundschule. Das heißt, es gab jeweils eine Parallelklasse. Ich fand ein munteres, etwa dreißigköpfiges Kollegium vor. Ich atmete auf und hakte meinen Ausflug an eine Berliner Montessori-Schule unter »einmal und nie wieder« ab.

Auch die Schulleiterin Frau Liebherr[12] schien, auf den ersten Blick, ganz in Ordnung zu sein. Allerdings war Frau Liebherr, wohl auf Grund mangelnder spezifischer Vorbildung und einschlägiger Erfahrung, sie war Realschullehrerin, fachlich wohl nicht immer hinreichend befähigt, qualifizierten Unterricht in den unteren Klassen zu geben. Sie unterrichtete einmal in einem ersten Schuljahr Mathematik. Das gab sie nach wenigen Wochen an eine Kollegin ab, warum auch immer, ich weiß aber aus eigener Erfahrung, wie schwer es sein kann, bei den Kleinen für die nötige Konzentration zu sorgen. Frau Liebherr wird man ihre Schwierigkeiten als Grundschullehrerin sicher nicht vorwerfen können, wohl aber kann man die Frage stellen, weshalb man mit solch einer Qualifikation und Vorbildung Rektorin und nach nur wenigen Jahren im Rektorenamt die für die Grundschulen zuständige Schulrätin des Bezirks werden kann. Das hier zum Ausdruck kommende Problem hat weniger mit Frau Liebherr zu tun, sondern ist eher das Strukturproblem eines Systems, das Führungspersonal nicht immer nur nach Qualität und Befähigung auswählt und schon gar nicht vorsorglich herausbildet. (Weiteres siehe Kapitel 5 »Die Schulleitung«.)

Ich bekam im Sommer 2002 ein erstes Schuljahr als Klassenlehrerin. Diese Klasse besuchte auch ein Junge, dessen Eltern sich gerade scheiden ließen. Der Junge zeigte sich sehr schwierig, fast schon traumatisiert, und lustlos, was ja auch kein Wunder war. Er fiel in frühkindliche Verhaltensweisen zurück, was unter solchen für ein Kind schwer zu verkraftenden Umständen passieren kann. Dazu gehörte auch, dass er es nicht immer rechtzeitig zur Toilette schaffte. Das bekamen natürlich die anderen Kinder mit. Sie werden davon zu Hause erzählt

12 *Name geändert*

haben. Neun Jahre später, im Januar 2011, beschwert sich ein Vater[13] aus dieser Klasse bei der Schulverwaltung und öffentlich in der Presse darüber, dass ich ein Kind angeblich nicht zur Toilette gelassen hätte. Vor lauter Eifer, mir Fehlverhalten nachzuweisen, bemerkte die Schulbehörde nicht einmal, dass das Geschehen fast ein Jahrzehnt zurücklag, kümmerte sich überhaupt nicht um die näheren Umstände und machte aus einem Toilettengang gleich mehrere, die ich angeblich verboten hätte. Es machte sie auch nicht stutzig, dass der Vater gar nicht über sein eigenes Kind berichtete.

Die Eltern dieses Kindes stritten sich um das Sorgerecht für ihre beiden Kinder vor Gericht. Die Mutter bat mich um eine Parteinahme zu ihren Gunsten. Das habe ich ihr verweigert, weil ich das gar nicht beurteilen konnte. Als die Mutter merkte, dass ich mich nicht instrumentalisieren ließ, und auch das Zeugnis nicht so ausfiel, wie sie es sich wohl vorgestellt hatte, meldete sie ihr Kind ab und versuchte, es an der Reinfelder Montessori-Schule unterzubringen. Im Antrag an das Gericht vom 22. September 2003, der Kindesmutter die elterliche Sorge für die beiden Kinder ihr alleine zu übertragen, heißt es: »Die Direktorin der Reinfelder Schule äußerte sinngemäß: ›Wissen Sie, Frau Sarrazin war Kollegin bei uns. Ich habe gehofft, den Namen Sarrazin nie wieder zu hören.‹« In einem Brief der Mutter vom 19. August 2003 an den Vater des Kindes schreibt die Mutter u. a.: »Nach den Zeugnissen bat ich Frau Liebherr um ein klärendes Gespräch, das am zweiten Ferientag stattfand. Frau Sarrazins Besonderheiten sind ihr bekannt. Aus der Montessori-Schule, an der sie zuvor unterrichtete, ist Frau Sarrazin ›gegangen worden‹, nachdem sich dort die Elternschaft einer gesamten Klasse gegen sie auflehnte.«

---

13 Name der Autorin bekannt

Beide Schulleiterinnen handelten pflichtwidrig. Es mag ja sein, dass die Schulleiterin Spätling mich vor meiner neuen Schulleitung aus Rache in ein schlechtes Licht gerückt hat. – Sie betrieben beide üble Nachrede vor Eltern gegen eine Beamtin im Dienst. Sie äußerten sich auf jeden Fall unüberlegt und leichtfertig, denn dadurch war nach knapp einem Jahr an der Reinhold-Otto-Schule mein Ruf ohne eigenes Zutun und Verschulden durch meine Vorgesetzten grundlegend in Zweifel gezogen. Ich unterstelle Frau Liebherr nicht, dass sie mir bewusst schaden wollte. Vielleicht mag eine Rolle gespielt haben, dass sie einer alleinerziehenden Mutter helfen wollte. Das Verhalten von Frau Liebherr war 1. äußerst unprofessionell, 2. sachlich falsch, 3. selbst wenn es wahr gewesen wäre, hätte sie es auf Grund ihrer Stellung als Rektorin niemals einer Mutter erzählen dürfen.

Die Saat ging auf. Ab jetzt hörte ich immer wieder, z.B. bei Elterngesprächen, in denen ich Probleme ansprechen musste, Bemerkungen und Andeutungen über mein angebliches »Vorleben« an der Reinfelder Schule. Das ging so weit, dass eine Mutter meiner Klasse angeblich die »ganze Wahrheit über mich« kannte und mir damit »drohte«, konkret wurde sie allerdings auch auf Nachfrage nicht. Auf einmal hieß es, Kinder hätten Angst, ich würde sie bloßstellen, sie stünden unter »massivem Druck«. Wollte ich freilich Konkretes wissen, verflüchtigten sich die Vorwürfe ebenso schnell, wie sie gekommen waren.

Das Mobbing gegen mich hatte schon angefangen, ehe ich auch nur die leiseste Ahnung davon hatte.

Meistens freut man sich über Kinder, deren Eltern einen hohen Bildungsgrad haben. Sie sind gut erzogen, gut gefördert und die Eltern haben ein intensives Interesse, dass sie in der Schule erfolgreich ihren Weg gehen. Sie sind oft die »Zugpferde« in einer Klasse, da sie eifrig und motiviert sind und die Klasse positiv beeinflussen. Oft ist es eine Freude, mit ihnen zu arbeiten, und die Eltern tragen zum Klassenklima durch soziale Aktivitäten viel bei.

Leider hat auch diese Medaille eine Kehrseite. Dann nämlich, wenn der Ehrgeiz der Eltern mit den Fähigkeiten der Kinder nicht übereinstimmt. Gerade akademische Eltern haben hier häufig ein gravierendes Problem. In narzisstischer Eigenliebe können sie oft nicht akzeptieren, dass ihr Kind nicht zu den Schnellsten und Besten gehört, dass es Mühe hat beim Lernen, besondere Hilfe und Rücksicht benötigt. Überehrgeizige Eltern neigen dann dazu, entweder ihr Kind ungebührlich unter Druck zu setzen oder dem Lehrer Fehler vorzuwerfen und diesen unter Druck zu setzen. Häufig passiert beides gleichzeitig. Das ist in meinen Augen eine der schwierigsten Situationen, in die ein Lehrer, speziell in der Grundschule, wo ja doch entscheidende Weichen in unserem Schulsystem gestellt werden, kommen kann.

Im Folgenden möchte ich so einen Fall schildern. Es ist der mit Abstand extremste Fall, den ich in meiner über dreißigjährigen Schulzeit erlebt habe. Der Vater, Herr Nerner[14], ist Akademiker. Sein Sohn besuchte das erste Schuljahr. Er war ein kleiner, sehr zarter Junge, gerade mal fünf Jahre alt. Er war zu klein, um an den Garderobenhaken zu reichen, um seine Jacke aufzuhängen. Dieses Problem ließ sich mit einem Stuhl lösen. Wenn der Junge mit seinem Ranzen hinfiel, kam er ohne fremde Hilfe nicht mehr auf die Beine. Er war dazu noch zu klein. Um gefährliche Stürze auf der Treppe zu verhindern, die Klasse lag im zweiten Stock, vereinbarte ich mit den Eltern, dass sie ihren Sohn ausnahmsweise bis zur Klassentür bringen durften. Für

---

14 Name geändert

alle anderen Eltern galt, dass sie sich von ihren Kindern vor der Schultür verabschiedeten.

Nun bedeutet körperliche Zartheit ja beileibe nicht mangelnde Schulreife. Es musste also gewichtige Gründe gegeben haben, diesen zierlichen Jungen so ungewöhnlich früh einzuschulen. Er hätte regulär erst ein Jahr später in die Schule gehen müssen und wäre dann immer noch bei den jüngeren Kindern gewesen. Zu unserem großen Erstaunen mussten meine Kollegen und ich feststellen, dass er bei weitem noch nicht schulreif war. Ausdauer, Feinmotorik, Konzentration zum Beispiel waren noch nicht hinreichend entwickelt. Auch seine Zeichnungen zeigten keine Schulreife, sie waren noch sehr undifferenziert und einfach. Vorzeitig eingeschulte Kinder brauchten damals eine amtsärztliche Schuluntersuchung, die ihre Schulreife feststellte, nur dann durften sie die Schule schon ein Jahr früher besuchen. Ich setzte mich mit der zuständigen Schulärztin in Verbindung. Sie konnte sich gut an das Kind und den Vater erinnern. Sie sagte mir, sie habe dem Vater klargemacht, dass sein Kind bei weitem noch nicht schulreif sei und noch ein Jahr mit der Schule warten solle. Aber der Vater habe sie so »unter Druck gesetzt« und »mit Engelszungen geredet«, dass sie schließlich seinem intensiven Drängen nachgegeben habe. Sie war auch bereit, die Eltern noch einmal einzuladen, aber diese schlugen die Einladung aus. Daraufhin setzte ich mich mit dem Kindergarten des Kindes in Verbindung. Seine Kindergärtnerin war entsetzt, als sie hörte, dass der Vater seinen Sohn frühzeitig eingeschult hatte. Was sie mir sonst noch über diese Familie, ihre Fürsorge für ihren kleinen Sohn und ihren Umgang mit den Erziehern ihres Sohnes schilderte, will ich hier nicht weiter ausführen. Meine eigenen Erfahrungen reichen da völlig aus.

Unsere Erlaubnis, den Jungen bis zur Klassentür zu bringen, nutzte der Vater sogleich aus. Er blieb nämlich nicht an der

Klassentür stehen, sondern spazierte jeden Morgen durch die ganze Klasse und inspizierte sie. Er beobachtete genau, was die Kinder machten und was ich tat. Alles ohne einen Gruß. Da ich stets mit Freiarbeit begann, fingen viele Kinder mit ihrer Arbeit unaufgefordert an und holten sich ihr Material und ihre Hefte selber. Herr Nerner sah den Kindern über die Schulter, studierte ihre Hefte, dann warf er einen gründlichen Blick auf mein Pult, wo sich meine Unterrichtsunterlagen befanden, und verließ die Klasse regelmäßig erst auf meine Aufforderung, dieses nun endlich zu tun. Meinen Hinweis, dass er uns alle jeden Morgen störte und die Erinnerung an unsere Sonderabmachung, sein Kind nur bis an die Klassentür zu bringen, beantwortete er mit einer Beschwerde bei der Schulleiterin Frau Liebherr. Er hatte Erfolg. Triumphierend kam er auch am nächsten Tag in die Klasse und sagte, Frau Liebherr hätte ihm das erlaubt. Mein ungläubiges Nachfragen brachte zu Tage, dass sie ihm gesagt hatte, er solle »sinnvoll handeln«. Der Vater fand sein Verhalten offenbar sehr sinnvoll, denn er verhielt sich weiter wie beschrieben, nur wurde er noch etwas dreister. Über das unfachmännische Verhalten meiner Schulleiterin kann ich nur staunen. Sie hätte erst einmal Rücksprache mit mir nehmen müssen, ehe sie dem Vater einen Freibrief gab. Sein Sohn hatte derweil große Schwierigkeiten beim Lernen. Nach sechs Schulwochen wagte ich es, den Eltern den Vorschlag zu machen, dem Jungen doch besser noch ein Jahr Kindergarten zu gönnen, um dann einen guten Schulstart zu haben. Dieser Vorschlag wurde mit großer Empörung abgelehnt. Aber im Interesse des Jungen nahm ich das in Kauf. So wie die Eltern sich aufführten, hatte ich mit empörter Ablehnung ihrerseits schon gerechnet. Ich wollte es aber wenigstens versucht haben.

Die Eltern waren davon ausgegangen, dass es im 1. Schuljahr generell Doppelbesetzungen von Lehrkräften gäbe. Das war natürlich nicht der Fall. Sie erwarteten allen Ernstes von mir, ich solle »für bessere Bedingungen auf die Straße gehen und mich durchsetzen«. So verlangten sie es am Elternsprechtag im Januar 2006.

Gerne hätten meine Kollegen und ich das Kind im Förderunterricht unterstützt, zumal die Hausaufgaben in schöner Regelmäßigkeit fehlten, aber die Eltern vertraten die Ansicht, mehr Unterricht sei dem Kind wirklich nicht zuzumuten. Das konnte ich in diesem Fall sogar nachvollziehen. Es war eigentlich schon tragisch: Für schulische Förderung war er zu klein, da, wo er angemessen gefördert werden konnte, nämlich im Kindergarten, da sollte er nicht hin! Die Hausaufgaben wurden zum Dauerproblem. Mitteilungen an die Eltern, mündlich wie schriftlich, wurden schlicht ignoriert. In der Schule arbeitete er mit großer Mühe und sehr verlangsamt, trödelte viel herum. Wenn die anderen Kinder eine halbe bis eine ganze Seite schrieben, schaffte er einen Satz, manchmal nur ein Wort. Das wird zu Hause nicht anders gewesen sein. Nun fanden die Eltern, ich gäbe zu viel auf. (Dabei hatte der Junge schon ein ermäßigtes Pensum!) Das trugen sie auch in die Elternschaft. Da sie sehr beredt waren und mitleidheischend die Zartheit ihres Sohnes ins Spiel brachten, aber wohlweislich seine besorgniserregenden Probleme verschwiegen, begannen auch andere Eltern, vor allem alleinerziehende Mütter, ihnen Gehör zu schenken. Diesem Vater war offenbar jedes Mittel recht, mich zu verunglimpfen: Auf einem Elternabend brachte eine Mutter ihr Baby mit, das laut vor sich hin quäkte. Nach einer Stunde bat ich die Mutter, ihr Kind zu beruhigen, denn das ständige Quäken störte die ganze Versammlung sehr. Es handelte sich um eine farbige Mutter und ihr Kind. Dieser Vater unterstellte mir daraufhin noch auf dem Elternabend diskriminierendes Verhalten gegenüber dieser Frau!

Am 26. Juni 2006 nach Ablauf des Schuljahres schlug die Schulleiterin Frau Liebherr den Eltern vor, dass es gut wäre, wenn das Kind die 1. Klasse noch einmal durchlaufen würde. Die Eltern lehnten das ab, »ihr Sohn würde damit degradiert werden«. Und »was die Großeltern wohl dazu sagen würden«, das war ihre große Sorge. Einen Schulwechsel lehnten die Eltern ebenfalls ab.

Im zweiten Schuljahr rissen die Probleme nicht ab. Da der Junge inzwischen große Lücken hatte, war sein schulisches Fortkommen natürlich beeinträchtigt und seine Lust auf Schule damit auch. Wir bestellten das Kind wiederum zum Förderunterricht. Das Argument, er sei damit überfordert, war inzwischen überholt. Die Eltern weigerten sich weiterhin, ihr Kind teilnehmen zu lassen. Jetzt hieß es, ihr Kind sei dafür zu intelligent. Hausaufgaben wurden ebenfalls nach wie vor weitgehend nicht erstellt. Wahrscheinlich war ihr Sohn auch dafür zu intelligent. Häufig kam er zu spät. Wenn wir den Jungen darauf ansprachen, waren die Eltern empört: Ihr Kind könne doch nichts dafür, das sei doch ihre Schuld. Aber er kam nicht pünktlicher.

Gleichzeitig behaupteten sie, ihr Kind habe Angst vor mir, weil ich ihn wegen der nichtgemachten Hausaufgaben ausschimpfen würde. Das erzählten und schrieben sie überall und jedem, der es hören oder nicht hören wollte: anderen Eltern, im Hort, der Schulleitung. Sie erweckten gekonnt Zweifel an mir als guter Lehrkraft im gesamten Schulumfeld. Das gelang ihnen zum Teil auch bei meiner unerfahrenen Schulleitung, allerdings nur bis zum jährlichen Sommerfest der Schule: Als der Junge mich auf dem Schulhof entdeckte, lief er freudestrahlend auf mich zu, nahm mich an die Hand und wäre, wenn ich ihn nicht nach einiger Zeit abgelenkt hätte, am liebsten das ganze Sommerfest lang mit mir zusammengeblieben. Ein höchst peinlich berührter Vater schlich hinter uns her. Auch meine Schulleitung hatte den Vorgang beobachtet. »Das Kind hat ja gar keine Angst vor Ihnen, Frau Sarrazin!« war ihr nachdenklicher, erstaunter Kommentar.

Bis zu diesem Zeitpunkt war schon viel Milch verschüttet, weil das ständige üble Gerede dieser Familie, die nicht wahrhaben wollte, dass sie einen Fehler mit der zu frühen Einschulung ihres Sohnes gemacht hatte, und jetzt die Schuld mir dafür in die Schuhe schieben wollte, bei einigen leicht zu beeinflussenden alleinerziehenden Müttern und Vätern Zweifel an mir geweckt hatte. Sie waren für Ratschläge von mir nicht mehr zugänglich. Das war sehr schade.

Das Zeugnis des ersten Schuljahres spiegelte die großen Probleme des Kindes natürlich wider. Die Eltern nahmen das zum Anlass, mir und meiner Kollegin, die den Mathematikunterricht gab, einen äußerst beleidigenden Brief zu schreiben.

Ich sah keine andere Möglichkeit mehr, als einen Anwalt einzuschalten, um dieser üblen Nachrede Herr zu werden, die mein Ansehen zerstörte, meine Eltern und damit die Kinder verunsicherte und das gesamte Schulleben unnötig belastete. Der Brief des Anwalts hatte insofern Erfolg, als dass der Vater sich mündlich gegenüber anderen Eltern mäßigte, seine Beleidigungen sein ließ und etwas Ruhe einkehrte. Auf den Hinweis meines Anwaltes, dass es notwendig und für eine gedeihliche Zusammenarbeit unabdingbar sei, miteinander zu sprechen, gingen die Eltern nicht ein. Sie weigerten sich weiterhin, mit meinen Kollegen, meiner Schulleiterin oder mir zu sprechen. Allenfalls wollten sie mit der Schulleiterin allein sprechen. Auch den Vorschlag, Dritte wie den schulpsychologischen Dienst oder das Jugendamt oder auch jemanden ihrer Wahl hinzuziehen, lehnten die Eltern ab. Wenn sie sich wenigstens besser um ihren kleinen Sohn gekümmert hätten! Aber seine ungepflegten Schulsachen, die auch häufig ganz fehlten, seine ständige Unpünktlichkeit, die seltenen Hausaufgaben, die stets nicht geübten Lesetexte, die ungelesenen Elternbriefe mit wichtigen Terminen und Informationen … sprachen eine andere Sprache.

Die Eltern versteiften sich darauf, ihr Kind in der Parallelklasse unterrichten lassen zu wollen. Das lehnte die Schulleiterin ab. (Es gibt den Wechsel in die Parallelklasse als Ordnungsmaßnahme für ein Kind, ein Wechsel, weil den Eltern die Lehrerinnen nicht genehm sind, wird mit guten Gründen in der Regel nicht gestattet.)

Am 13. September 2006 beschwerten sich die Eltern in einem Brief bei Frau Liebherr, es ginge bei uns zu wie auf dem »Kasernenhof«, weil wir uns erdreisten würden, Förderunterricht »anzuordnen« statt zu »informieren«. Des Weiteren sollte ich ihren Sohn – ungerechtfertigt natürlich – ausgeschimpft haben. Ich fehlte aber seit vierzehn Tagen! Abwesend kann niemand, ich auch nicht, schimpfen. Auch sein Sohn konnte ihm das nicht erzählt haben, wie er in dem Brief behauptet. Nachdem ich am 6. und 8. November 2006 zwei weitere unverschämte Briefe der Familie erhalten hatte, in denen sie mit »weiteren Maßnahmen« gegen mich drohten, weil ich erwartete, dass Hausaufgaben, die nicht aus Krankheitsgründen nicht angefertigt worden waren, nachzuholen waren, war meine Geduld mit diesen Eltern erschöpft. Ich schrieb folgenden Brief an sie:

[…]

Ich stelle nunmehr abschließend klar:

Selbstverständlich haben Kinder die Pflicht, versäumte Hausaufgaben nachzuholen, außer sie sind durch Krankheit daran gehindert.

Es hat niemals mit Ihnen oder der Elternschaft der Klasse 2b eine anders lautende Absprache gegeben. Sie wäre ja auch absurd.

Ihr Problem ist der mangelnde Wille bzw. die mangelnde Fähigkeit, sich in den Schulzusammenhang entsprechend einzuordnen und Ihr Kind entsprechend anzuleiten. Damit können Sie Ihrem Kind langfristig einen schweren Schaden zufügen.

Bitte überprüfen Sie selbstkritisch Ihr Verhalten.

Ab sofort werde ich die gesamte Korrespondenz mit Ihnen an die Schulaufsicht weiterleiten.

Auch wenn es sich um eine Wiederholung handelt: Ich weise Sie nochmals darauf hin, dass Sie mit der Weigerung, Ihren Sohn am Förderunterricht in Deutsch und Mathematik teilnehmen zu lassen, gegen die gesetzliche Schulpflicht verstoßen und im Übrigen auch auf Grund dieser Weigerung die Leistungsrückstände von Hans kontinuierlich wachsen.

Es ist Ihnen jederzeit unbenommen, Ihren Sohn auf eine andere Schule zu geben, wenn Sie dieses wünschen.

So einen Brief hatte ich noch nie an Eltern schreiben müssen. An sich hätte ihn die Schulleitung schreiben müssen.

Daraufhin fehlte der Junge unentschuldigt in der Schule. Das tat er auch noch drei Monate später. Alle Nachfragen meinerseits führten zu nichts. Warum mir meine Schulleiterin alle Nachforschungen schriftlich verbot, weiß ich nicht. Am 16. Januar 2007 teilte mir die damalige Konrektorin Frau Windisch[15] mit, dass Frau Liebherr, aus welchen Gründen auch immer, die Schulversäumnisklage immer weiter herausgezögert habe. Wenn Kinder spurlos verschwinden, ist das aber stets ein besorgniserregendes Signal, in diesem Fall ganz besonders. Da ich das Gefühl hatte, dass ohne meinen Druck auf die Verwaltung

15 *Name geändert*

gar nichts passieren würde, schrieb ich daher schließlich dem damals zuständigen Schulrat Gutheil:

… Durch einen Anruf der Schulleiterin der Judith-Kerr-Schule erfuhren wir, dass der Junge Hans Nerner[16] offenbar vom 13.11.2006 bis 24.11.2006 probeweise am Unterricht teilnahm. (Gleichzeitig liegt mir ein ärztliches Attest für Hans Nerner vom 9.11.2006 bis 15.11.2006 vor.)

Eine Ummeldung des Schülers an eine andere Schule erfolgte bis heute nicht. Weitere verlässliche Daten zu seiner schulischen Laufbahn liegen nicht vor.

Die Schulleiterin Frau Liebherr war von mir über Hans' unentschuldigtes Fernbleiben unverzüglich informiert worden. Von ihr wurde ich am 17. November 2006 schriftlich angewiesen, im Augenblick keine weiteren Nachforschungen und Telefonate zum Fall Nerner zu unternehmen.

Da bis heute keine Ummeldung für Hans Nerner vorliegt, er formal also immer noch Schüler meiner Klasse ist, sehe ich mich veranlasst, mit diesem Schreiben auch formell die Angelegenheit in die Verantwortung der Schulaufsicht zu geben.

Damit war die Schulaufsicht zum Handeln gezwungen. Wie ich später erfuhr, wurde den Eltern mit einem Ordnungsgeld von 2500 Euro gedroht. Frau Liebherr allerdings war sehr böse auf mich. Warum eigentlich? Ich hatte nur das getan, was sie längst hätte tun müssen! Ich tat dies aus Pflichtgefühl. Aber auch deshalb, weil die Verantwortung für das Verschwinden eines Kindes aus dem Schulsystem am Ende möglicherweise mir als zuständiger Klassenlehrerin angelastet worden wäre.

Frau Liebherr war mittlerweile nicht mehr unsere Schullei-

---

16 Name geändert

terin, weil sie Schulrätin geworden war. Die Konrektorin Frau Windisch leitete die Schule kommissarisch. Unsinnigerweise warf diese mir daraufhin vor, ich würde mit diesem Brief ihr, als der zurzeit zuständigen Schulleiterin, Vorwürfe machen, weil sie nichts unternommen habe. Tatsache war, dass das Kind für mich spurlos aus dem Schulsystem verschwunden war und ich mir genau dieses nicht selber vorwerfen müssen wollte. Das Kind wurde schließlich behördlicherseits wieder in Zugriff genommen. Den Eltern wurde neben dem Bußgeld von 2500 Euro die polizeiliche Zuführung zur Schule angedroht.

Fünf Jahre (!) später, ebenfalls im Januar 2011, schrieb Herr Nerner eine Mail an den Landeselternsprecher Peiritsch mit unerhörten Verleumdungen über mich. Allerdings fehlten Namen, Daten und konkrete Vorgänge, zu denen man Stellung hätte nehmen können. Landeselternsprecher Peiritsch bedankte sich, ebenfalls per Mail, »recht herzlich« für das »Unterstützungsangebot«. Ich vermute, dass er die Familie gar nicht persönlich kennt. (Mich kennt der Landeselternsprecher im Übrigen auch nicht persönlich.)

Diese beiden Mails, deshalb zitiere ich sie hier, sind Bestandteile der Beschwerden vom Januar 2011, die mir die Senatsverwaltung zur Stellungnahme vorlegte!

Ich habe den Fall in Seminaren mit dieser Thematik und bei der zuständigen Schulpsychologin geschildert. Ich habe in der einschlägigen Literatur nachgesucht. Es würde hier zu weit führen, ein psychologisches Bild der Familie zu entwerfen.

Aber schon ein von Anfang an entschiedeneres Auftreten der Schulleitung gegenüber den Dreistigkeiten und Übergriffen dieser Eltern hätte sicher zu angemesseneren Reaktionen ihrerseits geführt. Mit vernünftigen Gesprächen und Maßnahmen hätte dem Kind geholfen werden können. Und nur darauf kam es an.

Wenn akademische Eltern versuchen, die Vernachlässigung oder gar emotionale Verwahrlosung ihres Kindes zu kaschieren, indem sie den Lehrern ihres Kindes unberechtigte Vorwürfe machen, und versuchen, ihnen die Entwicklungsdefizite ihres Kindes in die Schuhe zu schieben und dazu ihre Intelligenz und ganze Beredsamkeit aufbringen, dann hat Schule ein Problem, das sich nur mit großer Kompetenz, persönlichem Mut, viel Erfahrung und fest verankerter Zusammenarbeit aller am Schulleben Beteiligter eingrenzen oder lösen lässt. Sonst ist der Lehrer den Attacken solcher Eltern schutzlos ausgeliefert und kann nicht pädagogisch angemessen und sinnvoll handeln, ohne sich selbst zu gefährden.

Wenn es sich dann noch bei Beschwerde führenden Eltern um solche handelt, die beide an ihrer Karriere arbeiten, wenn nicht für eine ausgezeichnete Kinderbetreuung gesorgt ist, dann geht das in der Regel schief. Es ist auf jeden Fall eine hohe Belastung für die ganze Familie. Wenn dann noch berufliche Rückschläge verkraftet werden müssen, gerät die ganze Familie schnell in eine Krise, die ohne Hilfe von außen nicht mehr beherrschbar sein kann.

Manipulationen in einem 4. Schuljahr

Die nachfolgend beschriebenen Ereignisse in einer vierten Klasse an der Reinhold-Otto-Schule zwischen September 2010 und Januar 2011 nehmen sich einigermaßen absurd aus und ließen mich mit einer gewissen Ratlosigkeit zurück.

Einleitend erwähnte ich die Manipulierbarkeit von Kindern. Die Ereignisse in diesem vierten Schuljahr stehen für ein weiteres wesentlich einschneidenderes Beispiel der Manipulation von Kindern. Ich hatte in dieser Klasse zu Beginn des Schuljahres 2010/11 den Deutschunterricht übernommen. Es handelte sich um für diese Klassenstufe relativ junge Kinder, denn bei ihrer Einschulung durften keine Rückstellungen vorgenommen werden. Heute hat man diese kategorische Regel wieder zurückgenommen, weil sich – natürlich – herausstellte, dass die zu frühe Einschulung manchem Kind nicht guttat. Für die Kinder dieses Jahrganges 2007/08 lässt sich diese Regelung allerdings nie mehr rückgängig machen. Ein Teil von ihnen wird die ganze Schulzeit und Ausbildung lang zu jung sein oder den Frust einer auch noch unnötigen Wiederholung aushalten müssen.

Zudem waren es die ersten Kinder, die in den ersten beiden Schuljahren jahrgangsübergreifend unterrichtet worden waren und die keine Vorschule genossen hatten, denn auch diese war im Zuge der Reformen abgeschafft worden.

Ich stand also vor einem vierten Schuljahr mit vielen noch recht unreifen Kindern. Das fand natürlich u.a. seinen Ausdruck in der Arbeitshaltung, der Anstrengungsbereitschaft. Sie ermüdeten schnell, hatten Konzentrationsschwierigkeiten. Da sie erst am Beginn der dritten Klasse aus mehreren Gruppen zusammengestellt worden waren, hatten auch noch nicht alle Kinder ihren Platz in der Klassengemeinschaft gefunden. Sie waren daher sehr unsicher in ihrem Gesamtverhalten.

In dieser Klasse gab ich also Deutsch als Fachlehrerin. Der Deutschunterricht gehört meines Erachtens in der Grundschule bis einschließlich der vierten Klasse in die Hand des Klassenlehrers, und dies aus vielerlei Gründen. Hier hingegen gab der Klassenlehrer Mathematik, das nüchternste Fach in den ersten vier Jahren der Grundschule.

Diesen Klassenlehrer kannte ich u.a. schon aus dem vergangenen sechsten Schuljahr, wo ich völlig fachfremd Naturwissenschaft zu unterrichten hatte und von ihm keinerlei Unterstützung erhalten hatte. Daher war ich auf der Hut, was mir aber letztendlich auch nicht half. Jürgen Schlacher[17] war auf den ersten Blick ein sehr freundlicher Kollege. Er hatte im Laufe seines Lebens den Umstieg in den Beruf eines Grundschullehrers geschafft. In seiner Kleidung gab er sich gern einen pseudointellektuellen Anstrich. Er war mir zunächst aufgeschlossen und integer erschienen. Wir hatten uns oft über allgemeine pädagogische Fragen und Aktualitäten an der Schule unterhalten. Leider musste ich erkennen, dass ich mich menschlich in ihm sehr getäuscht hatte. Die in seiner Klasse im Herbst 2010 von ihm mit verursachten Ereignisse spielten eine strategische Rolle beim Versuch des Schulleiters Syska, mich aus der Schule zu mobben. Das erkannte ich allerdings erst später.

Am Freitag, dem 10. September 2010 – das Buch meines Mannes »Deutschland schafft sich ab« war gerade herausgekommen und schlug hohe Wellen – stand Kollege Schlacher zu Beginn meines Deutschunterrichts in der Klassentür und informierte mich, dass Schulleiter Syska ihn ab sofort mir als Co-Lehrer zugeteilt hätte. Das überraschte mich. Ich hatte schon zwei Co-Lehrer. Herr Schlacher war also der dritte Lehrer, der in meinem Deutschunterricht mitmischen sollte. Das war ungewöhnlich und bedeutete für mich, vier Lehrkräfte, mich eingeschlossen, miteinander zu koordinieren. »Viele Köche verderben den Brei«, war das Erste, was mir hierzu einfiel. Das bedeutete eine nicht unerhebliche Koordinierungsarbeit, Teamsitzungen und Absprachen. Da stand er nun und sah mich erwartungsvoll frech an. Schwache Schüler, die Förderung dringend brauchen konnten, hatte ich genug. Also wollte ich die Stunde schon mal sinnvoll nutzen und war im Begriff, ihm zwei bis drei Kinder zum Lesenüben mitzugeben. Nein, das wollte

---

17 Name geändert

er nicht. Er wollte sehen, ob »wir am selben Strang zogen«, pädagogisch gesehen, nahm einen Stuhl und setzte sich ungebeten zwischen die erstaunten Schüler. Das war übergriffig. Vor versammelter Klasse konnte ich ihn aber schlechterdings nicht darauf aufmerksam machen oder ihn gar herausschicken. Also blieb er. Ich fing an, die Schüler ihre Tische aufräumen zu lassen, sich gerade hinzusetzen, kurz, ich erzeugte die Aufmerksamkeit, die ich für die Aufgabe brauchte, die ich ihnen stellen wollte. Sie sollten mir erzählen, was sie über unser Thema »Das Fahrrad früher und heute« inzwischen wussten. Bedingung: Sie sollten beim Erzählen auf vollständige Sätze achten. Beides, die Vorbereitung und diese Aufgabe sind Selbstverständlichkeiten im Unterricht. Was tat Herr Schlacher? Er unterbrach meinen Unterricht, stand auf, kam nach vorne und lobte mein unterrichtliches Tun. Ich fand das anmaßend, es stand ihm in keiner Weise zu, mein pädagogisches und didaktisches Handeln zu bewerten, schon gar nicht in Gegenwart der Klasse. Und welchen Eindruck bekamen die Kinder? Stellen Sie sich vor, Ihr Partner lobt oder tadelt Sie für eine pädagogische Maßnahme gegenüber Ihrem Kind. Das Kind wird schnell annehmen, dass Sie das Sagen haben, und Sie im Zweifelsfall zum Schiedsrichter machen.

Aus heutiger Sicht muss ich annehmen, dass genau das die Absicht von Herrn Schlacher war.

Das erste Halbjahr bis kurz vor Weihnachten ließ sich trotz solch unguter Vorzeichen gut an. Mein Bemühen, die Kinder angemessen zu fordern, ohne sie zu überfordern, und doch den notwendigen Stoff eines vierten Schuljahres annähernd zu bewältigen, schien von Erfolg gekrönt zu sein. Die Kinder freuten sich auf meinen Unterricht und viele taten ihr Bestes. Am 12. November 2010 wurde Herr Schlacher ebenso überraschend, wie er bei mir eingesetzt worden war, durch eine andere Lehrkraft ersetzt.

Eine Woche später aber mischte er sich in ein Gespräch ein, das ich mit einer Schülerin führte, die für sich alleine im Flur gearbeitet hatte, weil sie sich nicht konzentrieren konnte, und die mir ihre Arbeit zeigen sollte. Er warf mir Unverständnis für die Schülerin vor. Ihr kleines Geschwisterchen, noch ein Baby, habe die ganze Nacht geschrien und deswegen habe das Mädchen nicht schlafen können. Ich sei rigoros und zu streng. Das alles in Gegenwart des Kindes. Mir verschlug es die Sprache. Ich bat ihn, diese Auseinandersetzung nicht in Gegenwart des Kindes zu führen. Er wischte diese Bitte mit der Bemerkung vom Tisch, ich hätte sowieso nichts mehr vor seiner Klasse zu suchen, er hätte jetzt Sport mit den Kindern. (Fakt war, dass ich mit der Mutter dieses Mädchens längst ein Gespräch geführt hatte. Ich war sehr wohl über die großen Schwierigkeiten dieses Kindes informiert, die herzlich wenig mit dem Schreien eines Babys zu tun hatten, und die Mutter und ich waren uns einig, welche pädagogischen Maßnahmen zu ihrer Hilfe ergriffen werden sollten.) Jetzt war es natürlich sehr schwer für mich, diesem Mädchen zu helfen, denn Herr Schlacher war mir ja in den Rücken gefallen. Dass Herr Schlacher sein eigenes unpädagogisches Verhalten als Vorwand nehmen würde, in Zukunft mir jedes Gespräch über seine Klasse oder einzelne Kinder zu verweigern, konnte ich zu diesem Zeitpunkt nicht wissen. Er verweigerte mir nämlich gleichzeitig auch jede Begründung dafür.

Abgesehen von diesem unglücklichen Vorfall gab es erst mal keine Auffälligkeiten und der Deutschunterricht schien zur Zufriedenheit aller zu verlaufen.

Bis dieser Friede in der Weihnachtszeit ein abruptes Ende fand.

Am 25. November 2010 schrieb ich mit der Klasse ein kurzes Diktat als Lernzielkontrolle. Ich hatte es in den davorliegenden Stunden intensiv mit den Kindern vorbereitet und geübt. Es lag von mir korrigiert und benotet, von den Kindern berichtigt und von den Eltern unterschrieben längst abgeheftet im Klassenschrank.

Hinter meinem Rücken kontrollierte der Schulleiter die Schnellhefter der Kinder, in denen das Diktat aufgehoben wurde, und warf mir eine falsche Beurteilung vor. Von den Kindern und Eltern waren keine Beschwerden gekommen. Vermutlich hat er nicht nur hinter meinem Rücken kontrolliert, sondern war auch hinter meinem Rücken die Aufregung groß. So nach dem Motto, Frau Sarrazin würfelt wohl die Zensuren und urteilt empörend ungerecht. So eine Atmosphäre bringt nichts Gutes. Erst viel später, als ich schon nicht mehr im Schuldienst war, erfuhr ich, dass der Schulleiter außerdem einen Elternbrief an alle Eltern dieser Klasse geschrieben hatte, in dem er meine »ungerechten« Noten verurteilte und die Eltern im Grunde aufforderte, sich über mich zu beschweren. Für alle Eltern war damit klar, Herr Syska und Frau Sarrazin verstehen sich nicht, Beschwerden über sie sind gern gesehen. Ja, er versprach ihnen noch weitere Informationen über etwaige Beschwerden über mich. An dieser Stelle will ich nicht weiter über solch ein Verhalten meines Schulleiters nachdenken, was aber passiert wohl bei Eltern, die einen solchen Brief erhalten? Sie verlieren das so nötige Vertrauen in die Lehrkraft, das wiederum überträgt sich auf die Kinder. Fatalerweise wusste ich nichts von diesen Vorgängen, jede Möglichkeit gegenzusteuern und aufzuklären war mir genommen, und so nahm eine schlimme Entwicklung ihren Lauf.

Ende November/Anfang Dezember fand der jährliche Lesewettbewerb in unserer Schule für alle Klassen außer der Eingangsstufe statt. Diese Klasse konnte leider weitgehend nur mit schwachen Leseleistungen aufwarten. Ich sah keinen Sinn darin, den Kindern für einen Wettbewerb Hoffnung zu machen, bei dem sie nur verlieren konnten. Außerdem bin ich sowieso kein so begeisterter Freund von solchen schulischen Wettbewerben: die guten Leser werden noch einmal positiv verstärkt, die weniger Guten scheiden aus dem Wettbewerb aus trotz intensiven Übens, sind also wieder die Verlierer. Ich glaube nicht, dass auch nur ein Kind, das mit dem Lesen Schwierigkeiten hat, so zum Lesen motiviert wird. (Die guten Leser sind es in der Regel ja schon!) Dafür war mir auch die Zeit zu schade, denn die Methoden, um Leseleistungen nachhaltig zu verbessern, sind andere als die, Kinder für einen Wettbewerb fit zu machen. Jeder weiß das aus dem Sport. So bereitete ich den Lesewettbewerb natürlich mit den Kindern vor, denn sie nahmen ja teil, aber legte nicht mein Hauptaugenmerk darauf. Das führte zu massiven Klagen meines Schulleiters über mich, von denen ich annehme, dass sie auch dieser Klasse nicht verborgen geblieben sind. Dabei stand in dem Informationsschreiben der Konrektorin vom 1. November 2010 über die Durchführung des Lesewettbewerbs lediglich: »Die Deutschlehrerinnen/Deutschlehrer sind gebeten, den Kindern bei der Lektüreauswahl behilflich zu sein.« Die Klagen sind mir daher nach wie vor unverständlich und nur mit anderen, unsachlichen Gründen zu erklären. Nicht unerwähnt sollte freilich bleiben, dass ein Schüler meiner sechsten Klasse, bei der ich ebenfalls den Deutschunterricht gab, in Charlottenburg Bezirksbester Leser wurde.

Auch hier wurde in dieser vierten Klasse Unfrieden gesät.

Am Freitag, dem 10. Dezember 2010 nach der großen Pause betrat ich die Klasse, um meinen Deutschunterricht zu geben. Ich fand folgende Situation vor: mehrere Kinder hielten sich in der Klasse auf. Eigentlich sollten sie alle auf dem Schulhof sein.

Die großen Fenster waren sperrangelweit geöffnet, was in Abwesenheit einer Aufsicht natürlich verboten ist. Die Klasse lag zudem im 3. Stock! Auf einem Tisch brannten drei Kerzen eines Adventkranzes. Eine Aufsichtsperson war nicht anwesend. Meine Aufforderungen, die Fenster zu schließen und die Kerzen auszublasen, wurden zu meiner großen Überraschung mit heller Empörung aufgenommen. Auf den Tischen standen aufgebaute Schachspiele. Ich bat die Kinder, sie zur Seite zu räumen. Sie waren wieder empört und schrien alle durcheinander. Schließlich bekam ich heraus, dass gestern ein Schachturnier stattgefunden hatte und die Schachbretter deswegen noch dastanden. (Allerdings waren wir jetzt in der dritten Schulstunde.) Ein Kind der Klasse hatte gewonnen, ich gratulierte ihm und der Klasse. Sie weigerten sich weiter, die Schachbretter wegzuräumen. Nach langem Hin und Her über den Sinn und Zweck von aufgeräumten Tischen im Unterricht wurden die Spielbretter schließlich auf die Fensterbänke gestellt. Als ein Kind alle Figuren einzeln einpacken wollte, verbat ich das, es wäre von meiner Stunde nicht mehr viel übrig geblieben. Schließlich, zehn Minuten nach Stundenbeginn, kamen noch etwa acht Kinder mit Kuchenresten in den Klassenraum. Sie hatten in der Pause einen Kuchenverkauf veranstaltet. Sie waren wieder empört, als ich sie wegen ihres Zuspätkommens rügte. Ein Sturm der Entrüstung brach los. Es herrschte eine unbeschreibliche Lautstärke. An normalen Unterricht war nicht zu denken. Ein Mädchen weinte wegen starker Kopfschmerzen. Ich schickte sie in den Hort. Ein weiteres Mädchen weinte, weil es sich in dem ganzen Chaos hilflos fühlte. Ich versuchte der Klasse klarzumachen, dass es zwei Kindern sichtbar nicht gut ging in dem lauten Durcheinander, aber auch das rührte die Klasse nicht. Schließlich drohte mir selber schwarz vor Augen zu werden. Ich schickte ein Kind, um Herrn Syska zu holen. Es kam unverrichteter Dinge wieder zurück mit der Auskunft, Herr Syska hätte keine Zeit. Schließlich reagierten die Kinder auf meine Anweisung, das Gedicht »Dezember« abzuschreiben. Der Wunsch, diesem lauten Chaos zu entrinnen, wurde stärker. Erleichtert griffen sie nach dieser einfachen, ruhigen Arbeit. Es kehrte Ruhe ein. Da kam ein Mädchen zu mir und sagte, vier Jungen würden sagen, ich, die Lehrerin, sei halb Mensch, halb Hund und ihre Aufgabe sei es, immer »wuff, wuff« zu sagen. Vehement stritten alle vier diese Anschuldigung ab und fielen übereinander her. Schließlich fing sich der wildeste Junge von allen, der gegen alle Ermahnungen meinerseits besonders immun schien, eine Ohrfeige eines Mitschülers ein und kam heulend zu mir, um sich darüber zu beschweren. Ich sagte zu ihm: »Erst markierst du hier den starken Mann, hörst überhaupt nicht, und jetzt bist du auf einmal das armselige Opfer?« Keiner in der Klasse reagierte empört, die Situation war allen klar. (Was aus dieser durchaus pädagogisch gemeinten Bemerkung wurde, konnte dann jeder der Presse entnehmen: Ich hätte ein Kind »Opfer« genannt! Für mich begann ein schier unerträgliches Spießrutenlaufen.) Schließlich erklärten mir die Kinder, sie hätten »mich reingelegt« und einer hätte alles auf sein Handy aufgenommen. Von diesen angeblichen Handyaufnahmen habe ich allerdings nie etwas gesehen oder gehört.

Als diese Stunde zu Ende war, ging Herr Syska in die Klasse, ich verließ sie, weil ich Unterricht in der sechsten Klasse zu geben hatte.

Ich informierte ihn nach Unterrichtsschluss über diese schier unglaublichen Vorgänge. Ihn interessierte vor allem, wer von den Schülern mir die Sache mit dem Handy verraten hatte! Er hätte sich dafür interessieren müssen, welcher Schüler heimlich den Unterricht gefilmt hat oder filmen wollte, um diesen Schüler zur Rechenschaft zu ziehen, denn natürlich ist so etwas nicht erlaubt. Aber davon keine Spur! Das machte mich stutzig. Nichts, was ich ihm von dieser merkwürdigen Stunde erzählte, schien ihn zu verwundern. Bestürzt und ratlos verließ ich ihn.

Die Schüler blieben erst mal außer Rand und Band. Daran änderte auch die häufige Gegenwart meiner beiden Co-Lehrer nichts. Trotz ihres ungebärdigen Benehmens blieb ich doch im Gespräch mit den Kindern. So erzählten sie mir dann, dass sowohl ihr Klassenlehrer wie auch der Schulleiter hinter meinem Rücken in meiner Abwesenheit mit ihnen über mich schlecht gesprochen hatten. Herr Schlacher und Herr Syska hätten sich bei ihnen, den Kindern, über mich beschwert! Die Kinder glaubten natürlich, was ihnen da erzählt wurde. Dafür sind es Kinder. Es wäre schlimm, wenn sie ihrem Klassenlehrer und ihrem Schulleiter keinen Glauben schenken würden! Die Klasse verhielt sich mir gegenüber äußerst provozierend, und, statt auf meinen Unterricht zu achten, wurde jede meiner Bewegungen, Gesten, Blicke, Worte usw. beobachtet. Was passiert, wenn sie dazu von Amtspersonen und Eltern, die ja brieflich auf Kritik an mir eingestimmt wurden, regelrecht angestiftet werden, schadet auf jeden Fall ihrer Entwicklung und ist schlimm für mich gewesen.

Natürlich litten Arbeitshaltung und Anstrengungsbereitschaft in hohem Maße unter den gegebenen Umständen. Glaubten die Kinder doch, ich wäre eine ganz schlechte Lehrerin, ungerecht und viel zu streng. Ein Teil der Kinder tat schlicht gar nichts mehr im Unterricht oder störte gleich. So schrieb ich schließlich drei Kindern, die gar nicht richtig zur Arbeit kamen, eine Bemerkung für ihre Eltern in ihr Schulheft. Es handelte sich um Kinder, die bisher gut und gerne gelernt und gearbeitet hatten und von deren Eltern ich annehmen konnte, dass sie an den schulischen Leistungen ihrer Kinder Interesse hatten. Mein

Text bezog sich ganz konkret auf die gerade geleistete bzw. gerade nicht geleistete Arbeit und sollte bis zur nächsten Deutschstunde von den Eltern unterschrieben werden, damit ich sicher sein konnte, dass meine Botschaft auch angekommen war. Natürlich erhoffte ich mir davon eine Besserung der Kinder.

Meine Überraschung, besser meine Bestürzung, am nächsten Morgen war groß. Ein Elternteil hatte frech geschrieben, ich möge mir doch eine besser lesbare Handschrift zulegen (mit Verlaub, meine Handschrift ist – sehr lehrermäßig – sehr gut lesbar!), ein Elternteil lehnte es strikt ab, meine Information zu unterschreiben, und der Dritte schrieb, seine Tochter würde es ihnen anders darstellen, und sie würden auf Seiten ihrer Tochter stehen. Die Kinder schwankten zwischen Triumph und schlechtem Gewissen, was alle drei in besonders freches Auftreten umsetzten. Ich war einigermaßen perplex, aber noch geistesgegenwärtig genug, um mir diese Elternbeiträge kopieren zu wollen. Zu diesem Zweck bat ich die Kinder um ihre Hefte. Eine Welle der Empörung schlug mir entgegen! Ich dürfe ihre Hefte nicht einsammeln, das sei ihr Eigentum. Nun ist es ein ganz normaler Vorgang, dass ein Lehrer Hefte von Schülern einsammelt. Dies empörte Geschrei der Kinder war völlig fehl am Platz. Trotzdem versuchte ich, ihnen diese Selbstverständlichkeit zu erklären. Die Kinder verteidigten sich mit der Bemerkung, Herr Schlacher hätte gesagt, es hätte mit mir schon in seiner vergangenen sechsten Klasse diese Schwierigkeiten gegeben! Mir verschlug es die Sprache. Wie konnte man Kinder so aufhetzen, dass sie jedes Maß verloren! Mit Beginn der großen Pause verließ ich die Klasse Richtung Kopierer umringt von hochgradig erregten Viertklässlern, die mich schreiend und johlend durch das Schulhaus bis vor das Lehrerzimmer verfolgten und sich erst durch energische Worte von mehreren dort zufällig anwesenden Kollegen schließlich in die Pause schicken ließen.

Damit aber nicht genug.

Meine nächste Stunde fand in der Klasse 6b statt. Die beiden Klassen lagen nebeneinander in benachbarten Räumen. Immer noch in Aufruhr, wollten die kräftigsten Kinder der vierten Klasse mich nach der Pause am Betreten des Klassenraumes der 6b hindern, indem sie mir die Klassentür zuhielten! Da hatten sie aber nicht mit den Sechsklässlern gerechnet, die erstaunt die Angriffe abwehrten. Dabei wurde einer von ihnen heftig von einem Viertklässler vor das Schienbein getreten. Nachdem ich mir schließlich mit Hilfe der 6b den Klassenraum »erobert« hatte und Ruhe eingekehrt war, schickte ich diesen Jungen, der ja nur seine Klassentür hatte öffnen wollen, in die vierte Klasse, damit der dort anwesende Lehrer den »Konflikt« klären, sprich den Übeltäter zur Rechenschaft ziehen konnte. Kurze Zeit später kam er zurück und berichtete, Herr Syska sei in der Klasse und einige Kinder würden weinen. Andere Kinder wiederum hätten ihm sofort gesagt, dass die Kinder nur so tun, als ob sie weinen würden. Der Junge machte einen etwas ratlosen Eindruck auf mich, aber er versicherte mir, dass sein Anliegen zu seiner Zufriedenheit geklärt worden sei, und so wandten wir uns wieder dem Unterricht zu. Eine Gruppe arbeitete im Flur, und ein Mädchen kam verwundert zu mir, weil sie lauten Jubel aus der vierten Klasse gehört hatte. Sie fand, dass Herr Syska der Klasse eigentlich »die Leviten lesen« müsste. Da hätten sie doch keinen Anlass zum Jubeln. Das konnte ich ihr auch nicht erklären. Ich fragte aber die Viertklässler nach der Stunde, warum sie denn so gejubelt hätten. Ja, meinten diese, Herr Syska hätte ihnen erklärt, wie sich ein guter Lehrer zu verhalten hätte! Damit rannten sie vergnügt in die Pause.

Am 19. Januar 2011 gaben die Kinder mir selber einen weiteren entscheidenden Hinweis.

Als ich an diesem Tag zu meiner Stunde in die vierte Klasse

kam, scholl mir wildes Gegröle und lautstarkes Geschrei entgegen. Manche Kinder hielten sich entsetzt die Ohren zu. Es dauerte etwas, bis sich die Kinder so weit beruhigt hatten, dass ein Gespräch möglich wurde. In der Pause hatte wohl ein heftiger Streit zwischen zwei Jungen stattgefunden. Ein Junge behauptete, geschlagen worden zu sein. Er würde sowieso immer geschlagen. Der »Schläger« behauptete, der andere habe seine Mutter beleidigt, indem er sie »Muschischleckerin« genannt habe. (Sie lesen richtig. Solche Ausdrücke sind auch in der Grundschule schon angekommen.) Dieser böse Streit ließ sich nur mit Mühe besprechen, weil zwei andere Jungen mit Ausdauer dazwischenredeten, schrien und pfiffen. Der »Schläger« stellte sich auf seinen Tisch, grinste und machte Faxen. Den anderen hielt es daraufhin nicht mehr auf seinem Stuhl, er riss denselben über seinen Kopf und rannte laut brüllend: »Ich bring dich um!« auf seinen Klassenkameraden zu. Ich konnte diesen Wüterich gerade noch abfangen. Ich schickte ihn mit meinem Co-Lehrer auf den Schulhof, damit der Junge sich erst mal beruhigen konnte. Dem »Schläger« sagte ich, ich würde nach der Stunde mit ihm reden. Durch diesen Zeitaufschub hatte er Zeit zum »Runterkommen« und Nachdenken. Das ist meistens sehr hilfreich. Den beiden Störern versuchte ich klarzumachen, dass sie durch ihr freches, äußerst störendes Verhalten einen großen Anteil an der Eskalation dieser Auseinandersetzung hatten. Es war ihnen klar, aber sie grinsten nur frech.

Nach der Stunde stand also mein Faxen machender »Schläger« vor mir. Ich gab ihm zu verstehen, dass ich seine Verletztheit über die schlimme Beleidigung seiner Mutter nachvollziehen könne, dass er aber lernen müsse, sich zu beherrschen. Das sah er schließlich auch ein. Also zu seinen Faxen. Es war ja nun wirklich nicht das erste Mal, dass er im Unterricht herumkasperte. Zur Rede gestellt, gab er zu, dass er mich nerven wollte, und zwar so lange, bis ich schreien würde. Er gestand mir anerkennend zu, dass ihm das bisher nicht gelungen war. Er fände mich streng. Als ich eine Erklärung für diese Meinung von ihm wollte, war er sichtlich ratlos. Schließlich sagte er, ich würde sagen »Euch geht´s doch wohl zu gut«. Was das bedeutet, wusste er aber nicht. Ich erklärte es ihm. Er wurde nachdenklich und fragte gleich weiter. Ich hätte doch zu seinem Freund Opfer gesagt, was das denn bedeuten würde? Auch das erklärte ich ihm. Jetzt wurde er zum ersten Mal richtig ernsthaft und wiederholte leise: »Das habe ich nicht gewusst.«

Dieser Junge nahm sich ab jetzt mehr zusammen und versuchte zumindest, sich vernünftig zu verhalten, so weit, wie das in dieser aufgebrachten Klasse einem kecken Jungen möglich war, der sowieso Schwierigkeiten hatte, still zu sitzen. Da mir der Weg zum Klassenlehrer versperrt war, der sprach ja nicht mehr mit mir, machte ich mit meinem Co-Lehrer ab, dass er während der Pausen ein besonderes Auge auf den geschlagenen Jungen haben sollte, denn der hatte ja auch gesagt, er würde immer geschlagen. Das deutete auf eine ungute Außenseiterrolle hin. Außerdem informierte ich die Mutter des »Schlägers« von den Vorfällen und den Angaben ihres Sohnes. Die Eltern des anderen Kindes konnte ich leider nicht erreichen.

Hier wird sehr deutlich, wie wichtig eine gute Zusammenarbeit unter allen Beteiligten ist. Zu diesem Zeitpunkt hatte ich auch längst den Schulleiter von dem merkwürdigen Gebaren des Klassenlehrers informiert. Herr Syska unternahm nichts. Auch nicht auf meine wiederholten Bitten. So etwas darf eigentlich gar nicht an einer Schule passieren.

Allmählich ließ der Widerstand der Kinder nach, sie merkten, dass da etwas nicht stimmen konnte. Ich reagierte nicht so, wie es ihnen wohl weisgemacht worden war. Zurück blieb eine große Verwirrung und Verunsicherung. Sie wussten buchstäblich nicht mehr, was richtig und falsch war. Ich erstellte daraufhin eine Unterrichtseinheit, in der es um die Entstehung von Gerüchten ging. So las ich ihnen am 13. Januar 2011 eine Geschichte vor, bei der fünf Kinder im Flur warteten und diese Geschichte nicht hörten. Nun wurde das erste Kind hereingerufen und ein Kind der Klasse erzählte ihm die eben gehörte Geschichte. Das zweite Kind wurde hereingerufen und das zuerst hereingerufene Kind erzählte ihm wiederum die Geschichte. Es fehlte schon einiges. Beim nächsten Kind fehlte noch mehr und einige Dinge wurden schon falsch wiedergegeben. Bei der fünften Wiedergabe war die ursprüngliche Geschichte nicht mehr wiederzuerkennnen. Das Erstaunen der Kinder war groß, hatte doch jedes Kind sich bemüht, wahrheitsgetreu zu erzählen! Welche Erleichterung bei den Kindern, als sie merkten, dass sie eben Gerüchten aufgesessen und somit sozusagen unschuldig waren. Als ich zu dieser Stunde die Klasse betrat, war Schulleiter Syska in der Klasse anwesend, weil er »mit den Kindern reden wolle«, wie er mir ungefragt erklärte. Ohne Erklärung setzte er sich in die Klasse und beobachtete meinen Unterricht. Nach wenigen Minuten verließ er allerdings mit langem Gesicht den Klassenraum. Das Thema lag ihm wohl nicht.

Ich stellte den Kindern auch die Frage, was man denn tun kann, wenn man etwas nicht mehr genau weiß. Dann erzählt man das so, wie man denkt, dass es gewesen sei, meinten sie. Meine Antwort, dass man dann sagt, man weiß es nicht mehr oder nicht genau, beantworteten die Kinder mit der Gegenfrage, ob das denn richtig sei, zu sagen, dass man sich etwas nicht gemerkt hätte. Sie waren sehr erleichtert, dass es nicht nur erlaubt, sondern geboten ist, zu sagen, was man wusste und woran man sich erinnerte. Sie hatten noch keinen klaren Wahrheitsbegriff, das war in diesem Alter ungewöhnlich. (Suggestivfragen waren sie also hilflos ausgesetzt.)

Die Kinder hatten verstanden. Der Unterricht verlief wieder unaufgeregt, ihre Empörung war wie weggeblasen. Beispielhaft hier ein Schülerbrief, der mir – nebenbei erwähnt – auch das Herz wärmte.

Liebe Frau Sarrazin 19.1.2011

Ich habe mich sehr in Ihnen getäuscht, es tut mir sehr leid, dass Sie ausgerechnet in unserer Klasse unterrichten müssen. Mir ist klar geworden, das Sie viel leiden mussten, und das nur weil wir alles viel zu ernst nehmen. Ich hoffe Sie verzeihen uns. Mit diesem Brief wollte ich eigentlich nur mal sagen, das wir auch nicht gerade ruhige Kinder sind. Auserdem egal was alle sagen ich hab Sie liebgewonnen. Viele grüse Aische Ömir[18]

Es geschahen hier Dinge in der Schule, die niemals geschehen dürften. Hier wurde die Manipulierbarkeit von Kindern ausgenutzt, um einer Lehrkraft, in diesem Falle mir, aus welchen Gründen auch immer zu schaden. Der Klassenlehrer setzte seinen Bonus als eben solcher nicht etwa ein, um eine Fachkraft zu unterstützen (Fachkräfte haben es in manchen Dingen schwerer als Klassenlehrer), sondern um sie zu demontieren. Über seine Gründe kann ich nur spekulieren. Vielleicht war ihm mein Einfluss in der Klasse zu groß. Er hatte ja mit Mathematik das unpersönlichere Fach als ich mit Deutsch zu geben. Vielleicht gab es auch ganz andere Gründe.

Der Rektor setzte allem Anschein nach seinen Amtsbonus dafür ein, um mich bei den Kindern und Eltern schlecht zu machen.

Ende Januar wurde ich aus »schulorganisatorischen Gründen« auf Anordnung vom Leiter der Schulverwaltung Herrn

---

18 Name geändert

Laube aus der Klasse genommen. (Vorangegangen waren eine Menge Gespräche in den unterschiedlichsten Zusammensetzungen, auf die ich noch näher zu sprechen kommen werde.) Unter den gegebenen Umständen war das eine gute Entscheidung. Eine Zusammenarbeit ist nicht möglich, wenn sich der Klassenlehrer so dagegen sperrt, wie das Herr Schlacher mir gegenüber getan hat. Dass er nicht einmal gegenüber Vorgesetzten bei der Wahrheit blieb, mich zudem verunglimpfte und beleidigte, habe ich erst später feststellen können.

Im zweiten Halbjahr 2011 übernahm eine aus dem Erziehungsurlaub zurückkehrende Lehrkraft den Deutschunterricht. Die Klasse blieb weiterhin sehr schwierig. Die Kinder bekamen zum Schuljahresabschluss angeblich extrem gute Noten. Etwa ein Drittel der Kinder (Eltern sprachen gar von der Hälfte der Klasse) verließ die Schule, was auf Grund der guten Noten auch leicht möglich war. Mir wurde der Kommentar des Schulleiters Syska überliefert, dass so etwas nicht noch einmal passieren dürfe. Offensichtlich seien zu gute Noten gegeben worden.

Die wirklich Leidtragenden waren die Kinder. Sie waren dazu angehalten und darin unterstützt worden, sich gegen ihre Lehrerin zu stellen, was zu schon teilweise grotesken Verhaltensweisen führte, von täglichen Dreistigkeiten, Respektlosigkeiten und haarsträubenden Provokationen solcher Art, wie sie Kindern unter keinen Umständen erlaubt sein dürfen, einmal ganz abgesehen. Was sollte damit eigentlich in den Kinderseelen erreicht werden? Sollten sie lernen, sich über Anstrengung und Fleiß zu empören? Sollten sie lernen, Zurechtweisungen und Hinweise auf Fehlverhalten nicht zu akzeptieren? Wie es dann besser machen? Oder sollten sie lernen, wie man Eltern und Lehrer gegeneinander ausspielt, weil die Kommunikation gestört ist und sie, die Kinder, sozusagen das Informationsmonopol innehaben? Eines haben sie gewiss gelernt: wie mache ich einen Lehrer fertig! Zu gegebener Zeit wird sich manches Kind daran erinnern. Kurz, hier wurden u. a. Dinge vorweggenommen, die für die Pubertät leider manchmal typisch sind, und dann kommen die Kinder in der Regel von ganz alleine darauf – oft zum großen Leidwesen aller an der Erziehung Beteiligter. Hier ist gedankenlos, fahrlässig und verantwortungslos, ohne an die Kinder in ihrer Entwicklung und Abhängigkeit zu denken, gehandelt worden. Ich habe mich bemüht, den Kindern die fragwürdigen Vorgänge um sie herum so deutlich und klar verständlich zu machen, wie es auf dieser Altersstufe eben geht, ohne meinerseits die schlimmen Fehler meiner beteiligten Kollegen zu machen. Daher unter anderem die Unterrichtseinheit über das Entstehen von Gerüchten.

Schließlich hatte ich die Klasse den größten Teil des ersten Schulhalbjahres ja auch ohne Probleme unterrichtet. Mein Eindruck, dass die meisten Schüler mich mochten, wird mich auch nicht völlig getäuscht haben. Es meldeten sich auch keine Eltern bei mir. Eine Mutter, die ich selbst zu einem Gespräch eingeladen hatte, meinte gar, ich wäre »zu nett« zu den Kindern.

Nun kann es in jeder Klasse zu Problemen kommen. Einfach, weil viele Menschen zusammentreffen mit höchst unterschiedlichen Meinungen, Interessen, Gefühlen. Schnell können Missverständnisse entstehen, die rasch geklärt werden müssen, um Unheil zu verhindern. Schule ist ein anfälliges System, das behutsamer Pflege und eines geregelten Umgangs miteinander bedarf.

Grundregel Nr. 1: Keine Auseinandersetzungen vor Kindern! Jeder, der Kinder hat, weiß das. Das bedarf keiner näheren Erläuterung. Ein Lehrer braucht für diese Einsicht auch kein Pädagogikstudium. Trotzdem wurde diese Regel hier übel verletzt. Zum Beispiel bei dem geschilderten Gespräch vor der Klasse mit Herrn Schlacher. Grundregel Nr. 2: Man muss miteinander sprechen und nicht übereinander! Herr Syska fand, meine Notengebung in einer Lernzielkontrolle (Diktat) sei zu beanstanden. Was machte er? Sammelte heimlich (!) die Schnellhefter der Kinder ein, informierte schriftlich alle Eltern, ebenfalls hinter meinem Rücken. Er bringt Kinder, Eltern und die Schulverwaltung gegen mich auf und tut so, als hätte ich den Kindern Übles gewollt. Das schadet vor allem den Kindern und der Schule.

Dieser Eindruck, der da erzeugt wurde, ich hätte ihnen, den Kindern, Übles gewollt, war für die Kinder schlimm. Damit konnten sie überhaupt nicht umgehen, wie auch. Es war eine völlige emotionale Überforderung für sie. Und so reagierten sie dann auch: extrem verunsichert und panisch.

Selbst wenn ich eine so schlechte Lehrerin gewesen wäre, wie es suggeriert wurde, selbst dann wären diese Verhaltensweisen gegenüber den Kindern und Eltern von Seiten des Klassenlehrers und der Schulleitung höchst unkorrekt und ein Armutszeugnis für eine Schule gewesen, die den Anspruch auf gute pädagogische Arbeit stellt und mit jedem zweiten Wort von Teamarbeit spricht.

Wenn diese beiden einfach anmutenden Grundregeln in Frage gestellt werden und nicht als Selbstverständlichkeit im Schulleben verankert sind, kann Schule nicht zufriedenstellend arbeiten. Da helfen die schönsten Konzepte nichts. So einfach ist das.

Kapitel 2

Noten

Noten sind für die meisten Beteiligten am Schulgeschehen untrennbar mit der Beurteilung von Schülern und ihren Leistungen verbunden. Schulen, die ohne Noten auskommen, stehen in dem Ruf, nichts von ihren Schülern zu verlangen. Ich will versuchen, darzustellen, dass

- Noten nicht besonders viel mit der Leistung zu tun haben müssen
- Noten ein höheres Leistungsniveau verhindern können
- Noten ein fragwürdiger Bestandteil unserer Schulen sind
- Noten nicht objektiv sind.

Ich bin Lehrerin für Deutsch, Mathematik und Werken. Diese Fächer habe ich studiert, in ihnen beide Staatsexamen abgelegt, eine Menge Erfahrung gesammelt und im Laufe der Zeit immer wieder mit vielfältigen Fortbildungen ergänzt und auf den aktuellen Stand gebracht. Im Fach Mathematik war ich in den letzten beiden Jahren meiner Schulzeit die Koordinatorin für die bundesweit angelegte Fortbildung SINUS-Transfer an unserer Schule. Mit Naturwissenschaften allerdings habe ich mich zuletzt als Abiturientin beschäftigt. Da die Berliner Grundschule sechs Schuljahre hat, wird in den fünften und sechsten Klassen auch das Fach Naturwissenschaft unterrichtet. Das Fach umfasst die Fächer Biologie, Physik und Chemie. Dafür gibt es Fachkräfte, die diese Fächer studiert haben. An unserer Schule waren sogar solche Fachleute vorhanden, aber da diese auch gerne als Klassenlehrer arbeiteten, gaben sie auch andere Fächer in ihren Klassen. Folglich fehlten Stunden für das Fach Naturwissenschaft an der Schule. Auf der Schulfeier zum Halbjahresabschluss am 29. Januar 2010 wurde mir so ganz nebenbei ohne vorherige Besprechung oder gar die Einholung meines Einverständnisses mein geänderter Stundenplan überreicht. Das war natürlich weder die Zeit noch der Ort, meine Bedenken gegen die Unterrichtung dieses Faches anzumelden oder über andere Lösungen nachzudenken. So fand ich mich vor die Situation gestellt, in einer sechsten Klasse das Fach Naturwissenschaften ohne jede fachliche Voraussetzung unterrichten zu müssen.

Was tun? Von Versuchsaufbau hatte ich buchstäblich keine Ahnung, der Einsatz eines Bunsenbrenners o. Ä. war schon aus Sicherheitsgründen ausgeschlossen. Ich wusste noch so ungefähr, worum es beim spezifischen Gewicht ging, heute Dichte genannt. Allgemeine Themen wie »Der Mensch« hatte schon Schulleiter Syska, der die Klasse vor mir in diesem Fach unterrichtet hatte, behandelt. Die Voraussetzungen für einen einigermaßen fundierten Unterricht waren definitiv nicht gegeben. Selbstverständlich erklärte ich dieses auch der Schulleitung, ich erntete nur ein Schulterzucken und die wiederholte (dienstliche) Anweisung, diesen Unterricht zu geben. Auch die Zusage, dieses Fach nur bis Ostern übernehmen zu müssen, wurde nicht eingehalten.

Ich entschloss mich, mit offenen Karten zu spielen, und erklärte Eltern und Schülern die missliche Situation. Es gab keinen mir bekannten Protest. Bei mir nicht, bei der Schulleitung nicht und offenbar bei der Schulverwaltung auch nicht. Häufig protestieren Eltern ganz von alleine für alle möglichen schulischen Belange oder setzen entschieden ihre Vorstellungen auch gegen Widerstände durch. Warum wehrten sie sich in diesem Falle nicht? Es war allen Beteiligten klar, dass die Kinder bei mir in diesem Fach nicht viel lernen konnten. Daran hatte ich keinen Zweifel gelassen. Viele Kinder in der Klasse wollten ein Gymnasium besuchen. Hatten die Eltern kein Interesse daran, dass ihre Kinder genug lernen würden, oder hatten sie sich mit der misslichen Lage sofort abgefunden? Wo blieb ihr sonst so starkes Interesse, auf alle schulischen Belange möglichst großen Einfluss zu nehmen?

So gut es ging, bereitete ich meinen Unterricht vor. Besonders interessant war er nicht, es blieb mir auch nichts anderes übrig, als mich strikt an das Schulbuch zu halten, da ich ja nicht mehr wusste als meine Schüler. Die Schüler fühlten sich nicht wohl, Langeweile kam auf, und ich fühlte mich schon gar nicht wohl in meiner Haut. Langeweile unter Sechstklässlern führt zu nichts Gutem, ich musste mir schleunigst etwas einfallen lassen!

Ich hatte mir schon sorgenvoll Gedanken über meine Notengebung gemacht. Wie wollte ich das eigentlich machen? Vergleichsmaßstäbe hatte ich keine, es fehlte mir jede Erfahrung, den Stoff, der eigentlich in den Klassenarbeiten gefordert werden sollte, beherrschte ich selber nur in Bruchstücken. Wie sollte ich meine Notengebung begründen? Das ist bei guten Noten noch nie ein Problem gewesen, aber bei einer Vier oder gar einer Fünf? Also allen Kindern eine Eins oder eine Zwei, ab und zu mal eine Drei geben? Nicht etwa weil die Leistungen der Kinder so gut gewesen wären, das konnten sie ja gar nicht, sondern weil mir das nötige fundierte Wissen für einen anspruchsvollen Unterricht fehlte, aus dem sich fundierte Noten herleiten ließen?

Aus diesem Dilemma rettete ich mich wie folgt: Ich verteilte Sternchen an die Kinder für alles, was sie an Positiven in meinem Unterricht zeigten. Das konnte eine gute Antwort oder

Frage im mündlichen Unterricht sein, eine vollständige Hausaufgabe, eine ordentliche Zeichnung, ein sauber geschriebener Text, vollständiges Material dabeizuhaben, usw. Auch eine Stunde lang nicht gestört zu haben, ergab ein Sternchen. Wer in einer Woche, das bedeutete in vier Naturwissenschaft-Stunden, zehn Sternchen gesammelt hatte, bekam eine Eins von mir in meinem Notenheft.

Natürlich war das eine recht fragwürdige Methode, denn meine Noten hatten mit den eigentlich zu verlangenden Leistungen im Fach Naturwissenschaft im sechsten Schuljahr nicht mehr viel zu tun! Aber erst mal erfüllte sie ihren Zweck. Die Kinder waren wieder »motiviert«, sammelten fleißig Sternchen und lernten das Wenige, was ich ihnen anbieten konnte.

Da die Kinder auf diese Art im Laufe des Schuljahres eine Menge Einsen sammelten, waren auch ihre Zeugnisnoten ganz prima. Aber welch eine objektive Irreführung waren meine so zustande gekommenen Noten im Fach Naturwissenschaft bei den weiterführenden Schulen! Und welch besorgniserregenden Selbstbetrug konnten solche Noten bei mit sich selbst zufriedenen Schülern und ehrgeizigen Eltern auslösen!

Niemand beklagte sich.

Ich sehe das als ein gutes Beispiel für die Vergabe von guten Noten ohne die entsprechende Leistung. Ein solches Verfahren ist nur dann als in Ordnung anzusehen, wenn Noten so definiert werden, dass sie gar keinen Leistungsstand abbilden sollen, sondern ausschließlich als Lob, positive Verstärkung für den Schüler, zur Unterstützung seiner Lernmotivation eingesetzt werden sollen. In Ausnahmefällen gibt es sogar die sogenannte »pädagogische Note«. Sie wird dann auch als solche gekennzeichnet. Eigentlich ist das nicht der Sinn der Notengebung. Auch im Schulgesetz für das Land Berlin unter Teil V Abschnitt III § 58 (3) werden sie ganz eindeutig so definiert:

»Die Leistungen der Schülerinnen und Schüler werden durch Noten … beurteilt. (Dabei) ist die nachstehende Skala anzuwenden:

- »sehr gut« (1) – wenn die Leistung den Anforderungen in besonderem Maße entspricht,
- »gut« (2) – wenn die Leistung den Anforderungen voll entspricht,
- »befriedigend« (3) – wenn die Leistungen im Allgemeinen den Anforderungen entspricht,
- »ausreichend« (4) – wenn die Leistung zwar Mängel aufweist, aber im ganzen den Anforderungen noch entspricht,
- »mangelhaft« (5) – wenn die Leistung den Anforderungen nicht entspricht, jedoch erkennen lässt, dass die notwendigen Grundkenntnisse in absehbarer Zeit behoben werden können,
- »ungenügend« (6) – wenn die Leistung den Anforderungen nicht entspricht und selbst die Grundkenntnisse so lückenhaft sind, dass die Mängel in absehbarer Zeit nicht behoben werden können.

Mit dieser geltenden Notendefinition hatte meine Notengebung in einer sechsten Klasse im Schulfach Naturwissenschaften herzlich wenig zu tun. Sie waren keine Beurteilungen der erbrachten – oder nicht erbrachten – Schülerleistungen. Aber jeder Außenstehende musste annehmen, dass eine Schülerin oder Schüler mit einer Zwei oder gar Eins in diesem Fach auch etwas von Naturwissenschaft verstand, zum Beispiel die nächste aufnehmende Schule musste davon ausgehen. Oder nehmen wir meinen Schulleiter, der bei der Durchsicht der Zeugnisse zu dem Schluss hätte kommen können, Frau Sarrazin sei eine ganz hervorragende Lehrerin für das Fach Naturwissenschaften, da sie ja offenbar den Schülern so viel beigebracht hat! Oder denken wir an die stolzen Eltern, die glauben, da hat Frau Sarrazin aber mein Kind gut gefördert und seine naturwissenschaftliche Begabung entdeckt. Prima Lehrerin!

Die Schüler selber sind natürlich auch mit ihren guten Noten sehr einverstanden, keine Frage.

Das heißt also, mit guten Noten sind alle immer zufrieden. Ärger, Beschwerden, Rechtfertigungen (manchmal auch vor Gericht) oder Vorwürfen, man wäre ein ungerechter Lehrer und nicht in der Lage, Kinder zum Lernen zu motivieren, sind äußerst unwahrscheinlich.

Bei schlechten Noten, was manchmal schon ein »befriedigend« sein kann, sieht die Sache ganz anders aus. Der Rechtfertigungsdruck für Lehrer ist sehr hoch geworden, auch wenn die entsprechende Note noch so berechtigt ist, weil die Schülerleistung einfach nicht mehr hergibt. Soll er sich diesem Druck aussetzen? Wozu, wenn es doch bei einer besseren Note, als der Leistung eigentlich angemessen ist, die Anerkennung gibt, auf die auch der Lehrer angewiesen ist, um in seinem Beruf motiviert zu bleiben. Und so haben wir ja auch eine Inflation guter Noten bis hinauf zum Abitur. Der ständige Trend nach oben zeigt, dass die Lehrer offenbar dem Druck auf breiter Front nachgeben.

Noten können also, müssen heute aber keine Schülerleistung widerspiegeln, wie das oben dargestellte Beispiel zeigt, und zwar ohne Angabe, was nun eine Note eigentlich abbildet. Das ist ungerecht gegenüber Schülern mit tatsächlichen guten und sehr guten Leistungen und tut auch denen nichts Gutes, die meinen, auf Grund guter Noten gut zu sein, es aber nicht sind.

Zu Beginn des Schuljahres 2010/2011 übernahm ich wiederum eine sechste Klasse im Fach Mathematik. Ich kannte diese Klasse aus den vorhergegangenen Schuljahren gut, aber in Mathematik hatte ich sie noch nicht unterrichtet. Sie hatte in den letzten beiden Schuljahren häufig unter Lehrerwechseln, besonders auch im Fach Mathematik, zu leiden gehabt. Kurz, sie waren weit zurück und es fehlte solides Grundlagenwissen, was mir u. a. ein Grundlagentest zu Beginn des Schuljahres zeigte. Die Klassenlehrerin war eine junge, unerfahrene Lehrkraft, die gerade ihre Zweite Staatsprüfung bestanden hatte. Probleme waren absehbar, denn die soziale Hierarchie in dieser Klasse war so, dass die schwierigsten, verhaltensauffälligsten Kinder das Sagen unter ihren Mitschülern hatten und diese auch zunehmend unter Druck setzten, wenn sie Fleiß oder gute Mitarbeit erkennen ließen. Da half auch der von der Klassenlehrerin gutgemeint angeregte, regelmäßig tagende Klassenrat nicht viel. Hier wurden Probleme der Kinder, die sie mit ihren Fachlehrern hatten, besprochen, ohne dass diese anwesend waren oder davon wussten. Ich fand das in dieser Form fragwürdig. Einmal bat ich darum, an so einer Klassenratssitzung teilnehmen zu dürfen, da musste ich mich dafür rechtfertigen, warum ein Kind, das seinen Test beendet hatte, nicht mit seinen Nachbarn schwatzen durfte, während andere noch schrieben, und warum alle Kinder beim Frühstück auf ihren Plätzen sitzen bleiben sollten. Krasses Fehlverhalten der oben erwähnten schwierigen Kinder wurde hingegen nicht besprochen. Mein Eindruck, dass dazu der Mut fehlte, fand seine Bestätigung im Verhalten der Klasse und in entsprechenden Aussagen mancher Kinder mir gegenüber bei passender Gelegenheit.

Kurz, die Arbeit gestaltete sich entsprechend schwierig. Lerneifer, Anstrengungsbereitschaft, Fleiß litten nicht nur unter den altersüblichen Entwicklungen bei Zwölfjährigen, sondern auch unter der oben erwähnten »Klassengemeinschaft«. Mit Ablenkungsmanövern und Provokationen wussten sie geschickt umzugehen. Lernfortschritte fanden im Minimaltempo statt. Immerhin bekamen die ganz schwachen Schüler und Schülerinnen zusätzliche Förderstunden im Fach Mathematik, nachdem ich mich intensiv dafür eingesetzt hatte.

Da Mathematik ein Hauptfach ist, werden auch benotete Klassenarbeiten geschrieben. Das Niveau der Klasse war nun so, dass es bei Anlegung eines angemessenen Leistungsmaßstabes für eine sechste Klasse stets eine Menge Fünfen und Sechsen geregnet hätte. Die »notwendigen Grundkenntnisse« fehlten ja gerade und konnten auch nicht »in absehbarer Zeit behoben werden«.

Für Klassenarbeiten gilt im Land Berlin die Regel, wenn ein Drittel der Arbeiten mit einem »mangelhaft« oder schlechter bewertet werden müssen, so darf diese Arbeit nicht gewertet werden, sondern muss wiederholt werden. Eine gut gemeinte Regel, die keiner näheren Begründung bedarf. In vom Lehrer begründeten Ausnahmefällen darf der Rektor diese Regel außer Kraft setzen und eine Arbeit mit mehr als ein Drittel schlechter Arbeiten werten lassen. Das ist zum Beispiel der Fall, wenn der Arbeitsaufwand der Schüler zu wünschen übrig ließ und sie deswegen den Stoff ungenügend beherrschten. Das wäre mir in dieser Klasse unter diesen Umständen vermutlich bei jeder Arbeit passiert. Die Regel ist aber keine Ausnahme. Was tun? Im vorgegebenen Notensystem unter den gegebenen Bedingungen und Regeln gibt es nur einen Weg: Es blieb mir nichts anderes übrig, als das Niveau der Klassenarbeiten so weit zu senken, bis ich sicher war, dass ich über dem erforderlichen Drittel liegen würde. Das heißt, schwache Rechner, denen die Grundlagen weitgehend fehlten, bekamen Noten, die diese Aussage nicht enthielten.

Das heißt weiterhin, da ja Klassenarbeiten bedingt durch das geltende Notensystem von allen gleich geschrieben werden müssen, dass das Arbeitsniveau einer Klasse an die Bewertungskriterien der Klassenarbeit weitgehend gebunden ist. Erst wenn man dieses starre System lockert und neue Wege geht, entgehen Kinder wie Lehrer dieser Falle. Theoretisch gibt es auch heute schon das Instrument der differenzierten Klassenarbeiten, aber noch niemand konnte mir bisher sagen, wie differenzierte Arbeiten mit undifferenzierten Noten von Sehr gut bis Ungenügend angemessen beurteilt werden sollen.

Um Missverständnissen vorzubeugen: Auch im heutigen System bemüht sich jeder gewissenhafte Lehrer, guten Schülern angemessenen Stoff anzubieten. U.a. durch SINUS-Transfer, einer groß angelegten Mathematikfortbildung, dessen Koordinatorin ich an unserer Schule war, stand mir eine Menge an Material zur Verfügung, das ich den Schülern auch anbot. Da aber in dieser Klasse die aufmüpfigen, leistungsabgewandten Kinder das Sagen hatten, ja, nicht unerheblichen Druck auf ihre eigentlich leistungswilligeren Klassenkameraden ausübten, und die Klassenlehrerin das viel zu spät erkannte, wurden meine Angebote nur sehr zögernd angenommen, zumal die fehlenden Grundlagenkenntnisse ein Problem waren. Auch hier zeigt sich, dass gute, professionelle Teamarbeit, Erfahrung, Augenmaß und Überblick unabdingbar sind, um gute Leistungen bei Schülern zu erreichen.

Noten in diesem Sinne bilden also bestenfalls das Leistungsgefälle in einer Klasse ab.

Das Gutgemeinte ist bekanntermaßen das Gegenteil von gut. Das trifft auch auf diesen Versuch zu, die Notengebung zu objektivieren, den ich hier schildern werde.

Nehmen wir wieder unsere aufgebrachte vierte Klasse, von der schon die Rede war. Die Rechtschreibleistungen der meisten Kinder entsprachen bei Weitem nicht den Anforderungen eines vierten Schuljahres. Ihr Regelbewusstsein in Bezug auf Rechtschreibung war noch schwach ausgebildet. Es stand eine Kurzkontrolle in Rechtschreiben an. Kurzkontrollen können auch ohne Vorankündigung geschrieben werden und werden im vierten Schuljahr bei der Rechtschreibnote auf dem Zeugnis mit fünfzehn Prozent berücksichtigt. In diesem Falle bestand die Kontrolle aus einem gut geübten und lange vorher angekündigten Diktat von circa achtzig Wörtern. Den Kindern stand der vollständige, wörtliche Text für alle Übungen eine Woche lang zur Verfügung, denn mir war bewusst, wollte ich den Kindern ein erfolgreiches Arbeiten, also eine möglichst geringe Fehlerzahl, ermöglichen, brauchten sie vielfältige Übungen direkt am Text. Meine Kurzkontrolle war also recht leicht zu bewältigen, da die Anforderungen niedrig waren. Für ein zweites oder auch noch drittes Schuljahr wäre diese Art des Vorgehens eine angemessene Herausforderung gewesen. Nicht so für ein viertes Schuljahr. Dass ich trotzdem so gearbeitet habe, war den vorgefundenen Bedingungen geschuldet, die ich oben beschrieben habe.

Wie sollte ich dieses kleine Diktat nun benoten? Die Anforderungen entsprachen nicht denen eines vierten Schuljahres im Fach Rechtschreibung. Also gab ich bei null Fehler natürlich eine Eins, aber bei einem Fehler schon nicht mehr. Fünf Fehler waren unter diesen Umständen eine ausreichende Leistung, und ab neun Fehlern wies eine Arbeit Mängel auf, die in absehbarer Zeit behoben werden konnten. Arbeiten mit zwanzig Fehlern hatten leider die schlechteste Note zur Folge. Da ich mit den Kindern entsprechend viel geübt hatte, hatte über die Hälfte der Kinder die Note Sehr gut oder Gut. Ich richtete meine Beurteilung also nicht nach der reinen Fehlerzahl, sondern nach der tatsächlichen Anforderung, die ich an die Schüler gestellt hatte, und dem Können, das sie mir gezeigt hatten. Das sollte üble Folgen für mich haben.

Von den Eltern und Kindern erreichten mich keine Klagen. Das Ungemach brach von anderer Seite über mich herein. Hinter meinem Rücken kontrollierte der Schulleiter die Schnellhefter der Kinder im Fach Deutsch und fand darin auch dieses von mir als Kurzkontrolle benotete Diktat. (Zur Information: Ausschließlich Klassenarbeiten müssen der Schulleitung zur Genehmigung vorgelegt werden.) Schriftlich forderte er mich auf, die Benotung zu ändern, weil sie nicht den von der Fachkonferenz Deutsch erstellten Kriterien für die Benotung von Kurzkontrollen entspräche. Ich hätte zu streng benotet. Er warf mir deswegen in einem Schreiben vom 18. Dezember 2010 gar eine »grob fahrlässige Pflichtverletzung« vor! Da ich zwei Jahre der Fachkonferenz Deutsch nicht angehört hatte, bat ich ihn, mir den entsprechenden Beschluss zu zeigen. Er kannte ihn ja offenbar. Das tat er nicht. Stattdessen gab er mir den Auftrag, aus sämtlichen Protokollen der Fachkonferenz Deutsch der letzten Jahre diese von mir missachtete Vereinbarung herauszusuchen. Ich suchte also und fand nichts. Ich fragte Kollegen, die ebenfalls Deutsch unterrichteten, sie konnten mir auch keine Auskunft geben. Also zurück zum Schulleiter. Dass auch die Kollegen nicht Bescheid wussten, war ihm dann doch etwas peinlich. Trotzdem beharrte er darauf, dass ich weitersuchte. Erst als ich den Personalrat einschaltete, der eigentlich anderes zu tun hat, als Lehrkräfte vor unnötigen Suchereien in Protokollen zu schützen, rückte er mit dem Beschluss heraus. Es handelte sich um das Protokoll vom 9. Dezember 2009 unter Punkt »Verschiedenes«, wo auf Nachfrage von Kollegen (!) die Vorsitzende die bestehende Regel erläutert hatte. Bei dieser Bewertungsskala wurde nur die reine Fehlerzahl bei Rechtschreibleistungen berücksichtigt. In Klassenstufe Vier galt danach, dass bei »Beurteilungen von Rechtschreibleistungen in Übungsdiktaten« Leistungen noch ausreichend sind, bei denen fünfzehn Prozent der Wörter falsch geschrieben worden sind. Unberücksichtigt blieb die Schwierigkeit und der Bekanntheitsgrad des

Textes, die Intensität der Vorbereitung und ob die Kurzkontrolle angekündigt war oder nicht.

Nun sollte ich auf Anweisung meines Rektors meine Benotung der Kurzkontrolle entsprechend des vorgegebenen Prozentranges für die Fehlerzahl ändern. Meine Einwände, wie oben beschrieben, halfen mir nichts. Also überprüfte ich sämtliche Übungsarbeiten. Letztendlich wurden aus zwei befriedigend – zwei befriedigend+ und aus einer mangelhaften Arbeit ein ausreichend-.

Abgesehen davon, dass die Differenzen in der Notengebung unter den gegebenen Umständen viel größer hätten sein können (oder sogar müssen?), als sie es tatsächlich waren, habe ich meine Zweifel, ob man Lehrer so engmaschig in ihrer Entscheidungsbefugnis einschränken sollte oder darf.

Klar ist, dass es objektive Noten nie geben wird. Das entbindet aber alle Beteiligten nicht von der Pflicht, sich diesem Ziel möglichst weit zu nähern. Das war und ist bei diesem letzten Beispiel ganz und gar nicht der Fall. Zu einseitig wurde nur die reine Fehlerzahl als Kriterium für eine Beurteilung herangezogen. Alles andere blieb unberücksichtigt. Was wäre denn passiert, wenn ich das Diktat weniger geübt, weniger Zeit dafür verwandt hätte und es nicht angekündigt hätte? All das stand in meinem Ermessen. Auch dann hätte der oben erwähnte Prozentrang gegolten! Nur wären die Noten viel schlechter gewesen bei dem gleichen Diktat, also bei vordergründig der scheinbar gleichen Leistung. Die Kinder hätten nicht viel gelernt, ihr Frust wäre vermutlich recht groß gewesen, aber ich hätte mich auf diesen doch recht unsinnigen, schlecht durchdachten Beschluss berufen können. Nur sieht so für mich Pädagogik nicht aus. Für dieses Übungsdiktat als Kurzkontrolle musste ich mich vor hochrangigen Vorgesetzten in Gegenwart von Eltern verantworten, ein Vorgang, von dem noch zu sprechen sein wird.

Noten scheinen so wunderbar klar und eindeutig, einfach Ziffern von Eins bis Sechs. Wie ich eben dargelegt habe, sind sie das nicht.

Noten bilden das Leistungsgefälle in einer einzelnen Klasse ab, jedenfalls so lange, wie sie nicht an allgemeingültige Leistungsstandards gebunden sind. Das bedeutet, zum Beispiel auf Berlin bezogen, eine Eins in Zehlendorf ist nicht dasselbe wie eine Eins in Neukölln. Schon bei Nachbarschulen wird man unter Umständen Unterschiede feststellen können, ja, selbst in Parallelklassen. Hier liegt auch ein Grund, warum Lehrer, die dasselbe Fach in Parallelklassen unterrichten, häufig nicht die gleichen Unterrichtseinheiten und Klassenarbeiten schreiben. Was würde passieren, wenn die schwächere Klasse unter die Ein-Drittel-Grenze fällt? Wiederholt dann diese Klasse die Arbeit trotz gleicher unterrichtlicher Voraussetzungen, bekommen die Schüler bessere Noten (nicht alle Schülerleistungen sind bekanntermaßen so relativ eindeutig wie Rechtschreibung) oder werden beide Klassen gemeinsam bewertet, so als wären sie eine Klasse? Dafür gibt es meines Wissens keine Regel im Berliner Schulgesetz, aber alle Lehrer werden angehalten, in Parallelklassen eng zusammenzuarbeiten, auch wenn die Klassenstrukturen das nicht vorteilhaft erscheinen lassen.

Da für gute Noten, seien sie berechtigt oder nicht, von allen Seiten nur Lob zu erwarten ist, sich aber über schlechte Noten beschwert und zunehmend Druck auf Lehrer ausgeübt wird, ist die Versuchung für Lehrer groß, besser zu bewerten, als es die Leistung der Schüler eigentlich hergibt.

Hilfreich und der Objektivierung der Notengebung dienend könnten sich hier jährliche, allgemeine standardisierte Tests erweisen, die natürlich nicht vom jeweiligen Lehrer durchgeführt werden dürfen und in allen Jahrgängen und bestimmten Schultypen im ganzen Land einheitlich angewendet werden müssen.

Die Korrelation zwischen den gegebenen Noten und den Ergebnissen der allgemeinen Tests würden schnell zeigen, wo es sich um eine »weiche« Notengebung oder auch eine zu strenge Notengebung handelt. Dann nämlich, wenn die Ergebnisse der allgemeinen Tests und die Noten signifikant und häufig nicht zusammenpassen. Nicht zuletzt hätte der Lehrer selber eine Rückmeldung über sein eigenes Niveau und seine Beurteilungspraxis. Auch die Vorgesetzten hätten handfeste Ansatzpunkte über die Lehrqualitäten und die Objektivität der Notengebung der ihnen unterstellten Lehrer.

Bis dahin sollten Schulleitungen und Schulaufsicht in ihrer Funktion als Vorgesetzte und Fürsorgende die Lehrkräfte bei wohlwollend ehrlichen Noten unterstützen, statt Schönfärberei gutzuheißen und ausschließlich nur schlechte Noten mit Akribie und viel Aufwand für alle Seiten zu untersuchen. Gerade hier, in einem Kerngebiet der Lehrertätigkeit, nämlich dem Beurteilen von Schülerleistungen, ist der Lehrer auf Schutz von seinen Vorgesetzten vor übergriffigen Eltern angewiesen. Stattdessen wird er häufig allein gelassen, weil eine verantwortungsscheue Schulleitung und Schulverwaltung ihn im Stich lässt.

Besonders Schulleiter scheinen heute dazu zu neigen, ihre Kollegen geradezu zu guten Noten anzuhalten und für schlechte Noten zu kritisieren und/oder zu besonderen Begründungen zu nötigen, weil sie sich von vielen guten Noten ein hohes Ansehen ihrer Schule in Elternkreisen versprechen. Denn gute Noten werden immer noch mit einem hohen Leistungsniveau gleichgesetzt. Dass dem häufig nicht so ist, habe ich versucht darzulegen.

Solange kein wirklich besseres Beurteilungssystem entwickelt worden ist, muss man wohl die Noten als kleineres Übel, trotz aller Probleme, beibehalten.

Kapitel 3

Die Eltern

Persönliches Interesse am eigenen Kind

In unserem Grundgesetz Artikel 6 Absatz 2 heißt es: »Pflege und Erziehung der Kinder sind das natürliche Recht der Eltern und die zuvörderst ihnen obliegende Pflicht. Über ihre Betätigung wacht die staatliche Gemeinschaft.« Damit ist gesetzlich niedergelegt, was für die allermeisten Eltern selbstverständlich ist und was einer Grundmotivation und einem Grundbedürfnis der Menschen entspricht.

Daher interessieren sich kluge Eltern natürlich auch für die schulischen Belange ihrer Kinder. Sie tun vieles, manchmal alles, um ihren Kindern die in ihren Augen bestmöglichen Startchancen für ein erfolgreiches Leben zu eröffnen. Viele Kinder erlangen Bildung schon zu Hause durch ein anregendes Elternhaus. Sie werden zudem schulisch begleitet. Das fängt an bei der Sorge um erforderliches Schulmaterial, dem Erlernen von und Achten auf Pünktlichkeit und Höflichkeit, der aufmerksamen Begleitung der schulischen Fortschritte, die Unterstützung bei Schwächen, der angemessenen Kontrolle der Hausaufgaben und setzt sich mit regelmäßigen Besuchen der Elternabende, Gesprächen und Zusammenarbeit mit den Lehrkräften fort.

Bei allen diesen Maßnahmen und Aktivitäten sorgen die Eltern für das Wohl ihres eigenen Kindes. Das Kind, die Eltern und die Lehrer ergänzen sich dabei wie die drei Beine eines

Hockers: Steht der Hocker fest auf allen drei Beinen, ist er eine sehr stabile Angelegenheit. Ist ein Bein instabil, wackelt der ganze Hocker oder kippt um. Grundlage für einen »stabilen Hocker« ist, um im Bild zu bleiben, das gegenseitige Vertrauen, dass jeder der Beteiligten sein Bestes für das Kind gibt, die Eltern ihre Fürsorge, der Lehrer sein Fachwissen, Können und seine pädagogische Erfahrung. Das ist einfach, solange ein Kind gut gedeiht und man sich gegenseitig nur Komplimente zu machen braucht. Die Bewährungsprobe steht an, wenn es Probleme gibt: Verhaltensauffälligkeiten, schwache Leistungen, schlechte Noten, Schulunlust zum Beispiel. Statt einer offenen und ehrlichen Problemanalyse wird schnell ein Schuldiger ausgemacht. Der Lehrer vermutet Nachlässigkeit in der Fürsorgepflicht der Eltern, die Eltern werfen dem Lehrer vor, ein schlechter Lehrer zu sein, der das Kind nicht motiviert, der zu streng oder, im Gegenteil, auch das gibt es, zu lax ist. Und schon wackelt der Hocker bedenklich zum Schaden des Kindes.

Abseits von gegenseitigen unerquicklichen Vorwürfen gibt es im Leben vor allem echte Probleme und Schicksale. Ein Kind kann Schwierigkeiten mit zur Welt bringen, weswegen es nicht gleich behindert ist, die aber auch durch noch so gute Fürsorge nicht einfach verschwinden. Ernsthafte Erkrankungen in der Familie, psychisch instabile Eltern, traumatische Erlebnisse, Kinder von zwangsverheirateten Frauen, Kinder durch Vergewaltigungen, drogensüchtige Eltern, Väter oder Mütter, die eine Freiheitsstrafe verbüßen oder verbüßt haben, die traurige Liste ließe sich fortsetzen. Solche und andere Lebensschicksale tragen betroffene Eltern nicht vor sich her, es bedarf einer besonderen Behutsamkeit, um sich das nötige Vertrauen zu erwerben, damit die Eltern sich öffnen.

Eine gegenseitige Vorwurfshaltung ist in jedem Fall kontraproduktiv und hilft nicht weiter. Sie ist nur auf den ersten Blick bequem, hat sich aber zunehmend in den Umgang zwischen Eltern und Lehrern eingeschlichen. Sie verhindert, dass Eltern dem Rat und Urteil eines Lehrers vertrauen und ihm folgen, und sie verhindert, dass Lehrer ein Kind in seiner Gesamtheit sehen und einschätzen können. Dieser »Hocker« ist das primäre Begegnungsfeld von Kindern, Eltern und Lehrern. Hier geht es um das Wohl des einzelnen Kindes.

Elternmitbestimmung im allgemeinen Schulleben

Eltern engagieren sich darüber hinaus vielfach im schulischen Kontext. Dieser Aktionskreis der Eltern hat sich im Laufe der Zeit immer mehr ausgedehnt in das allgemeine Schulleben hinein. Die Elternschaft hat einen hohen Organisationsgrad entwickelt und übt einen erheblichen Einfluss auf alle schulischen Belange aus bis weit in grundsätzliche Entscheidungen hinein.

Auf der Ebene der Klassen wählen die Eltern auf der Elternversammlung zwei Klassenelternsprecher, die die Aufgabe haben, mindestens dreimal im Jahr zu einer Elternversammlung im Benehmen mit dem Klassenlehrer einzuladen. »Die Elternversammlung dient der Information und dem Meinungsaustausch vor allem über die Unterrichts- und Erziehungsarbeit in einer Klasse« heißt es im Berliner Recht für Schüler und Lehrer. Das ist selbstverständlich und wird in allen deutschen Schulen seit Jahrzehnten erfolgreich praktiziert. Feste, Ausflüge, Klassenfahrten, Elternmithilfe, Vorführungen, Unterrichtshospitationen, Hausaufgaben, das ganze vielfältige Klassenleben wird für alle Beteiligten transparent und nachvollziehbar. Die Eltern sind in ihm eingebunden, ihr Engagement ist gern gesehen, und die Kinder fühlen sich beachtet und gut aufgehoben.

In Berlin traf ich auf eine andere Spielart der Elternmitwirkung in der Schule. Hier wurden Elternsprecher als Sprachrohr einzelner oder mehrerer unzufriedener Eltern missbraucht. Namen, welche Eltern an mir oder meinem Unterricht etwas auszusetzen hatten, wurden allerdings nicht genannt. Dadurch kam ich in die missliche Lage, mit den betreffenden Eltern nicht reden zu können. Ja, ich konnte noch nicht einmal feststellen, ob die Beschwerden überhaupt der Wahrheit entsprachen, entstellt oder aufgebauscht oder in Wirklichkeit nur das persönliche Problem der entsprechenden Elternsprecher und Elternsprecherinnen waren. Warum sollte ich ihnen trauen, wenn mir nicht einmal genannt wurde, wer überhaupt – angeblich – ein schulisches Problem mit mir hatte?

In keinem Paragraphen über Mitwirkung der Erziehungsberechtigten in der Schule fand ich einen Hinweis, dass Elternsprecher die Aufgabe haben, anonyme Klagen und Beschwerden über eine Lehrkraft zu verbreiten und sie damit unter Druck zu setzen. Das wäre auch sehr verwunderlich gewesen, denn einer fruchtbaren pädagogischen Arbeit ist das nun wirklich nicht förderlich.

Frau Zimzinsky, alleinerziehende Mutter einer Tochter, die sich aus eigenem Antrieb wiederholt zu meiner Person in der Presse zu Wort meldete, war Elternsprecherin im dritten Schuljahr 2008/09, in dem ich ausschließlich Mathematik gab. Das war keine sehr glückliche Lage für mich, denn Mathematik, das leistungsbezogenste Fach in der Grundschule, bietet relativ wenig Raum für Persönliches. Im dritten Schuljahr gibt es zum ersten Mal Noten. Ich kannte die Klasse vorher nicht. Frau Zimzinsky hat mich in Angelegenheiten ihrer Tochter nie von sich aus aufgesucht, obwohl sie offenbar mit der Benotung ihrer Tochter im Fach Mathematik von Anfang an nicht einverstanden war. Das stellte sich allerdings erst viel später heraus. Sie nahm dies jedoch zum Anlass, über mich als Person und über meinen Mathematikunterricht bei anderen Eltern zu stänkern. Sie tat dies aus der einflussreichen Position der Elternsprecherin heraus.

Im ersten Halbjahr hörte ich von Frau Zimzinsky nichts, auf Elternabende wurde ich nicht eingeladen. Also ging ich davon aus, dass alles in Ordnung sei, denn sonst wären im Laufe eines halben Schuljahres sicherlich Eltern auf mich zugekommen.

Das war nicht der Fall. Allerdings schrieb mir ein Vater aus dieser Mathematikklasse, den ich nicht kannte, wenige Wochen nach Schulbeginn einen sehr frechen Brief, weil ich den schwierigen japanischen Namen seines Sohnes einige Male falsch ausgesprochen hatte. Der Vater hatte auch gleich eine Kopie an die zuständige Schulrätin Frau Liebherr geschickt. Ich kann mir Namen von Kindern gut merken. Aber in diesem Schuljahr hatte ich auf Grund des schikanösen Stundenplanes, den mir Schulleiter Syska gegeben hatte, Fachunterricht in vier verschiedenen Klassen und musste mir in kurzer Frist Namen von rund hundert Kindern einprägen. Dieses im Ton maßlose Schreiben hätte mich warnen müssen. Ich würde mir »als gestandene Lehrerin einen Spaß auf Kosten eines achtjährigen Kindes machen«, es ist von »ironischem Verhalten und ironischen Ausdrücken und Anspielungen« die Rede. Der Vater erhielt von mir eine sachliche schriftliche Antwort. Seitdem hörte ich nichts mehr von ihm, bis er zwei Jahre später mit dieser Geschichte an der allgemeinen öffentlichen Verleumdungswelle teilnahm.

In der Presse wird nur meine falsche Aussprache des Namens genannt, nämlich »Sujuki«. Daraus machte der Vater den Vorwurf, ich hätte seinen Sohn mit der Automarke »Suzuki« aufgezogen und lächerlich gemacht. (Bis dahin kannte ich im Übrigen diese Automarke nicht.) Um zu verstehen, wie es überhaupt zu dieser Nennung kommen konnte, muss man den Namen des Kindes kennen: Der Name ist Sueyuki. Kennt man den Namen, fällt die ganze »Story« in sich zusammen und es zeigt sich, was es tatsächlich ist: eine böse Unterstellung, eine öffentliche Verleumdung.

Im November 2008 erschienen, veranlasst durch Frau Patricia Appel, einige Zeitungsartikel voller herabsetzender Fehlinformationen über mich, gegen die die Schulverwaltung nichts unternahm. Dies machte es für die Elternvorsitzende Frau Zimzinsky leicht, weiter die Stimmung in der Klasse 3b gegen mich zu schüren.

Zu Beginn des 2. Schulhalbjahres am 29. Januar 2009, knapp zwei Monate nach den infamen Zeitungsartikeln, fand dann doch ein Elternabend in dieser Klasse statt, bei dem ich eingeladen war. Hatte ich erwartet, die Eltern nun über mein Fach informieren zu können, so hatte ich mich sehr geirrt! Ich fand eine aufgebrachte Menge (um nicht zu sagen Mob) vor, die mich nicht einmal ausreden ließ und mir absurde Vorwürfe machte, ehe ich überhaupt auch nur drei Sätze gesagt hatte. Meine vergeblichen Versuche, den Eltern zu erklären, was im dritten Schuljahr im Fach Mathematik anstand, unterbrach Frau Zimzinsky grob mit den Worten: »Jetzt wird schon von achtjährigen Kindern Leistung verlangt!« Ich bat die Eltern, zu mir zum Gespräch zu kommen, mich wundernd, warum sie das, bei anscheinend so vielen Problemen, nicht schon längst getan hatten. Das ginge nicht, da sie alle berufstätig seien, und Frau Zimzinsky fragte frech, ob ich nicht samstags um 14.00 Uhr Elterngespräche führen könne?

Ich meine, hier hatte jemand die Aufgaben eines Elternsprechers gründlich missverstanden. Es geht und ging nicht darum, eine Lehrerin überraschend mit einer aufgebrachten Elternschaft zu konfrontieren und diese noch selber durch entsprechende Bemerkungen anzuheizen. Ich musste alle meine fünf Sinne zusammennehmen, um mit einer so emotionalisierten Menge fertigzuwerden. Zwei türkischstämmige Väter überschütteten mich mit wüsten Anwürfen, weigerten sich aber, ihre Namen zu nennen. Kein Lehrer ist perfekt, Kritik darf auch geübt werden. Wenn aber Kritik konstruktiv sein soll, wenn für alle gangbare Wege gefunden werden sollen, dann bestimmt nicht so! Ein vorbereitendes Gespräch der Elternsprecherin mit der Lehrkraft über die Anliegen der Eltern und eine vernünftige Gesprächsführung bei entschiedener Zurückweisung von übergriffigen Beiträgen sollten selbstverständlich sein, wenn ein positives Ergebnis angestrebt wird. Rückblickend mit Kenntnis mir damals nicht bekannter Vorgänge wage ich zu bezweifeln, dass ein solches Ergebnis in dieser Klasse mit dieser Elternsprecherin überhaupt angestrebt werden sollte.

Ich bat Frau Zimzinsky zum Gespräch und kritisierte dabei die Art und Weise, wie auf diesem Elternabend verfahren worden war. Ich führte aus, dass so ein schlechtes Benehmen, solch unsachliches emotionales Verhalten zu nichts Gutem führen konnte. Mit Zusammenarbeit zwischen Eltern und Lehrern zum Wohle der Kinder hatte das nichts mehr zu tun. Das war für mich der destruktive Versuch, den Lehrer fertig zu machen. Meine Ausführungen ließen sie völlig ungerührt. Sie schob die »Schuld« einfach auf einen Vater der Klasse, von dem sie mir hinterbrachte, er würde wegen meines Namens gegen mich hetzen. Dessen ungeachtet gab sie mir unbekümmert viele wichtige, persönliche und vertrauliche Informationen über die Entwicklung ihrer eigenen Tochter. Das passte nicht zusammen. Was war das für eine Mutter, die mir als Lehrerin ihrer eigenen Tochter scheinbar vertraute, aber schulöffentlich und vor allem hinter meinem Rücken, wie ich noch feststellen sollte, in übelster Weise gegen mich agitierte?

Im Mai 2009 startete sie eine groß angelegte anonyme Kampagne gegen mich, von der ich allerdings erst mal nichts erfuhr. Sie legte allen Eltern der Klasse eine Liste mit angeblichen negativen Eigenschaften oder Verfehlungen von mir vor, in denen diese anonym das ankreuzen sollten, was aus ihrer Sicht zutraf. Heute weiß ich, dass Frau Zimzinsky die Eltern privat aufsuchte und zu diesem Ankreuzverfahren nötigte. Wenn erforderlich, klingelte sie auch mehrmals bei »renitenten« Eltern. Diese anonyme Liste legte sie der zuständigen Schulrätin Frau Liebherr vor, mit der Aufforderung, mich aus der Klasse zu entfernen.

Ich habe damals davon jedoch kein einziges Wort erfahren. Allerdings sprachen Oberschulrat Kuhring und Frau Liebherr in einem Gespräch am 11. Juni 2009 Vorwürfe von Eltern an, ohne diese zu verifizieren.

Zu Beginn des nächsten Schuljahres setzte ich bei Schulleiter Syska ein Gespräch mit Frau Zimzinsky durch. Auf meine Bitte hin nahm der Schulelternsprecher teil. Ich forderte sie nachdrücklich auf, mir doch konkrete Vorfälle mit Namen, die zu Kritik und Beschwerden zu meinem Unterricht Anlass gegeben hätten, zu nennen. Allein das konnte sie nicht. Sie wurde von Schulleiter Syska und mir darauf hingewiesen, dass sie sich mit anonymen nicht überprüfbaren Angaben der üblen Nachrede schuldig machte, was durchaus rechtliche Konsequenzen haben könnte.

Bis zum Jahresanfang 2011, als der zweite mediale Sturm in Berliner und in überregionalen Zeitungen über mich hereinbrach, hörte ich nichts mehr von Frau Zimzinsky. Ich unterrichtete auch ihre Tochter die vergangenen eineinhalb Jahre nicht. In einem Artikel der BZ unter der Überschrift »Eine Mutter kritisiert den Lehrstil von Ursula Sarrazin« kam Frau Zimzinsky am 10. Januar 2011, nach etlichen Anwürfen über meinen Unterricht zu dem erstaunlichen Schluss, dass sie mich »im Grunde dennoch für eine gute Lehrkraft hält«.

Was wollte sie mit diesem Artikel erreichen? Sie warf mir darin vor, dass mein Unterricht autoritär sei, ich zu viele Hausaufgaben aufgäbe und die Kinder nicht motiviere. Wohlgemerkt, öffentlich, nachdem ich ihre Tochter längst nicht mehr unterrichtete und ihr in einem Gespräch im Beisein des Schulleiters klargemacht worden war, dass man nicht einfach anonyme Anwürfe gegen eine Lehrkraft in die Welt setzen darf. Zudem erzeugte sie in diesem Artikel den Eindruck, sie spräche über gegenwärtige Probleme ihrer Tochter mit mir! Mir fällt nichts Positives ein. Ich kann nur üble Nachrede und Rufmord entdecken. Dieses ihr Motiv bestätigte sie dann auch noch selber, indem sie mich – dennoch – nach eigenen Worten für eine gute Lehrkraft hält. Ich vermute, dass sie in den vergangenen Jahren feststellen musste, dass auch andere Lehrer ihrer Tochter keinen roten Teppich ausrollten, sondern durchaus eine angemessene Leistung von ihr verlangten.

Tatsache ist, dass sie von den Eltern dieses dritten Schuljahres zur Elternsprecherin gewählt worden war. Das war ein demokratischer Vorgang, gegen den selbstverständlich nichts einzuwenden ist. Ich habe in meiner langen Dienstzeit viele solcher Wahlen miterlebt und geleitet. Viele Jahre waren mein Mann und ich selber Elternsprecher und Elternsprecherin, und später war ich stellvertretende Schulelternsprecherin im Gymnasium meiner Kinder. Es ist ein durchaus ernst zu nehmendes Amt, das Mitgestaltung des Schullebens aus Sicht der Eltern zulässt. Dazu gehören Veranstaltungen und ihre Planung, Erweiterung des Unterrichtsangebotes, die Elternvertretung kann sogar ergänzende pädagogische Förderung der Kinder außerhalb des Unterrichts in eigener Verantwortung einrichten, wenn die Schulkonferenz zustimmt. Das ist ein weites fruchtbares Betätigungsfeld für Eltern mit Gemeinsinn und der Zeit dazu. Das Amt als Elternsprecher ist, wenn es ernst genommen wird, mit Einsatz und Zeitaufwand verbunden. Da müssen auch schon mal andere Eltern von einer Aktivität, die Zeit und Mühe kostet, aber den Kindern zugutekommt, überzeugt werden. Mancher Gang ist zu tun, manches Telefonat ist zu führen, Erkundigungen sind einzuziehen. Ein guter Elternsprecher, dem es gelingt, die Eltern zu motivieren, viele gemeinsame Aktivitäten zu entwickeln, kann sehr viel zu einer guten Klassenatmosphäre beitragen!

Aufgabe eines Elternsprechers ist es nicht, quasi eine Meuterei unter den Eltern anzustiften, sie durch persönliches Bedrängen unter Druck zu setzen, Eltern, die sich nicht beteiligen, auszuschließen, sich heimlich mit gleichgesinnten Eltern zu treffen, Schreiben angeblich im Namen aller Eltern zu verfassen, Meinungen angeblich aller Eltern zu verbreiten, anonyme Beschwerden in die Welt zu setzen – um so eine Lehrkraft regelrecht zur Strecke zu bringen.

Frau Zimzinsky tat noch ein Übriges. Sie schrieb am 24. März 2009 an den Elternsprecher einer fünften Klasse, in der ich ebenfalls Mathematik unterrichtete, eine regelrechte Anleitung zum Elternaufstand gegen eine missliebige Lehrkraft. Erst im Sommer 2011 erhielt ich von dieser »Anleitung« durch Akteneinsicht Kenntnis.

... Wichtig ist, wenn sie ihre situation verändern wollen, alles, was die eltern misstimmt zu sammeln, bieten sie den eltern an, es zu anonymisieren, falls angst besteht, das es auf die kinder zurück fällt, wobei sie den kindern, die schlechte zensuren schreiben, eh schon alles abgeschrieben hat. Sie hat probleme mit kindern, die kritisch sind, diskutieren oder einfach nur gedankenlos mit

stiften oder anderen sachen spielen – die sind eben unten durch – das wars!

Dann vereinbaren sie einen termin mit zeitangabe mit herrn syska – dort tragen sie die hauptsachen vor! Eigentlich sind es eh nur 3–4 punkte: keine motivation, sticheleien an den kindern, schreien, druck & angst bei den kindern! Notenverfall um ein bis zwei zensuren!

Dann veranstalten sie einen elternabend, bei dem sie explizit frau S. und herrn syska einladen – wichtig ist, das viele eltern kommen! Aber auch hier – sie werden das schaffen, bei uns waren von 29 eltern ca. 25 da – so gut war der elternabend noch nie besucht;)))

Dann nach lösungen fragen, nicht locker lassen, sie eiert immer gern! Jedes wort, was sie sagt wiederholen und dazu die fragen stellen – sie dreht gern und schnell!

Herrn syska auch um eine lösung bitten – wir haben nun eine zweite mathelehrerin, …

WICHTIG! Bestehen sie auf ihre worte! Verlangen sie von beiden antworten!!!

Sie schaffen das!!!!! …

Diesen Brief von Frau Zimzinsky hob die Schulverwaltung über zwei Jahre in einer unrechtmäßigen Akte auf. Frage: Wie kam der Brief überhaupt in die Hände der Schulverwaltung, denn er ist ja von einer Elternsprecherin an einen Elternsprecher geschrieben worden, und wieso gab es offenbar keine Reaktion der Schulverwaltung darauf, außer der, diesen Brief aufzuheben, zu welchen Zweck auch immer?

Dieses Ehrenamt des Elternsprechers lässt sich also zum Wohle der Kinder ausfüllen, dafür ist es ja auch gedacht, aber bietet auch, wie gezeigt, Möglichkeiten zur böswilligen Manipulation, wenn jemand es, wie hier geschehen, darauf anlegt.

Daher sollte die Wahl des Elternsprechers doch mit der Überlegung erfolgen, ob derjenige, der gewählt wird, auch dafür geeignet ist. Gegen Missbrauch dieses Amtes hilft nämlich nur die Achtsamkeit aller Beteiligten.

Eltern, die in der Schule ein Amt als Elternvertreter wahrnehmen, haben zwei Rollen: Einmal vertreten sie, wie alle Eltern, die Interessen ihrer eigenen Kinder, was ihren persönlichen Schulerfolg betrifft. Zum anderen sollen sie die Interessen aller Eltern vertreten gegenüber der Klasse oder, je nach Amt, der Schule. Das kann je nach schulischer Situation des eigenen Kindes ganz verschiedene Akzente haben. Ein Elternsprecher, dessen eigenes Kind ein guter, unproblematischer Schüler ist, sieht die Arbeit der Lehrer in viel besserem Licht, ist vielleicht sogar begeistert von der »engagierten« Lehrerin und misst unter Umständen aufkommender Kritik von Eltern, deren Kinder Schwierigkeiten haben, keine oder eine geringe Bedeutung bei. Daher betrachtet er sie nicht als wichtig für die Gesamtelternschaft. Infolgedessen werden sie auch nicht von ihm thematisiert. Er hat Freude daran, bei oben genannten Aktivitäten zu helfen und die Lehrkräfte zu unterstützen zum Wohle aller Kinder.

Ganz anders, wenn das eigene Kind womöglich Probleme beim Lernen hat, aus welchen Gründen auch immer. So ein Elternsprecher wird den Fokus auf ganz andere Dinge legen: Ist die Lehrerin auch wirklich gerecht? Kann sie überhaupt gut mit Kindern umgehen? Hat sie mein Kind »auf dem Kieker« (vielleicht weil ich Elternvertreter bin)? Was passiert im Unterricht eigentlich? Schimpft die Lehrkraft zu viel? Kann sie überhaupt die Kinder motivieren? Er wird versuchen, andere Eltern gleicher Gesinnung ausfindig zu machen, und spricht dann auf Elternabenden von vielen Eltern oder allen Eltern, die auch Zweifel haben, ob der Lehrer wohl in der Lage ist, den Kindern gerecht zu werden. Falls der Lehrer keine klugen Vorgesetzten hat, die zu ihrer Verantwortung stehen, ist er diesen Manipulationen und Intrigen ziemlich ausgeliefert.

Das heißt, im Amt des Elternvertreters, vor allem des Elternsprechers einer Klasse, ruht ein Interessenkonflikt, der, oft völlig unreflektiert von den Beteiligten seine Wirkung hat. Denn jeder Elternsprecher sieht den Klassenverband und die Lehrkräfte aus seiner persönlichen Sicht und handelt mehr oder weniger danach, wie ich oben versucht habe zu zeigen. Es gibt eben leider auch Eltern, die versuchen, mit dem Amt eine Klasse für ihre ganz persönlichen Ziele zu nutzen.

Es gibt nur einen Weg, diesen Interessenkonflikt zu umgehen: Der Elternvertreter dürfte kein Kind in der Klasse haben, die er vertritt. Das ist wirklichkeitsfremd und nicht praktikabel. Umso wichtiger ist es, sich sorgfältig Gedanken darüber zu machen, wer von den Eltern dieses Amt in einer Klasse wahrnehmen soll.

Die Entscheidungshoheit über alle wichtigen schulischen Belange hat an jeder Schule die Schulkonferenz. Sie besteht nach Berliner Schulrecht zu gleichen Teilen aus Lehrern bzw. Erziehern und Eltern, dem Schulleiter und einer sogenannten fachfremden, schulexternen Person. (Schüler haben in der Grundschule noch kein Stimmrecht.) Die Lehrer werden von ihren Kollegen auf der Gesamtkonferenz in dieses Gremium gewählt, die Eltern von der Gesamtelternvertretung. Dieses Gremium besteht also aus genauso vielen Fachleuten wie Laien. Mir ist kein anderes mit wichtigen Grundsatzentscheidungen betrautes Gremium bekannt, bei dem das so ist.

Hier möchte ich am Beispiel der Schulanfangsphase (SAPH) zeigen, welche Macht die Schulkonferenz bei grundlegenden Entscheidungen der Schule tatsächlich hat.

Mit dem Beginn des Schuljahres 2007/08 wurde in Berlin das jahrgangsübergreifende Lernen eingeführt. Seit dem Schuljahr 2011/12 darf jede Schule, die es möchte, wieder in Jahrgangsstufen unterrichten. Ein orientierungsloses Hin und Her, und natürlich waren die Eltern nicht die Initiatoren, aber sie waren und sind maßgeblich beteiligt an dieser Entwicklung. Die Entscheidung für jahrgangsübergreifendes Lernen (kurz JÜL genannt) in Form einer gemeinsamen Schulanfangsphase von Erst- und Zweitklässlern (kurz SAPH genannt) fiel an der Reinhold-Otto-Schule in der Schulkonferenz. Sie wurde von allen Eltern, der damaligen Konrektorin, der fachfremden Person (schulexternes Mitglied) und einer Lehrkraft getroffen. Bis auf drei Lehrkräfte waren alle anderen Kollegen der Schule nach reiflichem Abwägen gegen die Einführung von JÜL. Die Einführung des jahrgangsübergreifenden Lernens wurde also in der Hauptsache von den Eltern beschlossen. Von den etwa 30 Kollegen der Schule, die in ihrer großen Mehrheit gegen diese Schulform waren, entschieden ausgerechnet in der Schulkonferenz die Kollegen mit, die dafür waren.

Keiner weiß, wie gründlich sich die zur Abstimmung berechtigten Eltern überhaupt auf ihre Entscheidung vorbereitet haben. Haben sie entsprechende Literatur gelesen? Bei Schulen nachgefragt, die diese Form praktizieren, in jahrgangsübergreifenden Lerngruppen hospitiert? Untersuchungen dazu, falls sie welche gefunden haben, studiert? Oder haben sie sich aktuellen Zeitungsberichten von Journalisten, die heute über JÜL und morgen über Kitas oder etwas ganz anderes schreiben, überlassen? Haben sie sich ernsthaft bemüht, die Argumente der »Gegenseite« zu verstehen, oder haben sie sie gleich als altmodisch abgetan? Im übrigen Leben, außerhalb der Schulkonferenz, ist es so, dass derjenige, der entscheidet oder mitentscheidet, auch die Verantwortung und Konsequenzen trägt oder mitträgt. Oder anders ausgedrückt: Wo ich Rechte habe, habe ich normalerweise auch Pflichten. Die Eltern in der Schulkonferenz haben zwar das Recht, entscheidende grundlegende Dinge in der Schule mitzubestimmen, aber wo bleiben die Pflichten? Zum Beispiel in diesem Fall die Pflicht, die Kinder angemessen zu fördern, die Räume angemessen zur Verfügung zu stellen, sich um das angemessene Fachwissen zu kümmern, um so eine »neue« Lernform überhaupt zu bewältigen, oder die Pflicht, für genügend Personal zu sorgen. Oder die Pflicht, wenn etwas schiefgeht, dafür geradezustehen. Die Liste ließe sich fortsetzen. Sie müssen auch nicht den Eltern, deren Kinder jahrgangsübergreifend unterrichtet werden, Rede und Antwort stehen. Weil sie ja keine Verantwortung für ihre Entscheidung haben und die Folgen ihrer Entscheidung nicht in die Praxis umsetzen müssen. Sie sind gewählte Vertreter der Gesamtelternschaft der Schule, und ihre einzige Legitimation für ihre weitreichende Entscheidungsbefugnis ist die Tatsache, dass sie ein Kind an der Schule haben. Wenn sie abgewählt oder andere Eltern gewählt werden oder ihr Kind die Schule verlässt, ist ihr Mandat zu Ende, aber die Schule lebt weiter mit ihren Entscheidungen. Fachlich legitimiert sind sie nur durch Zufall, wenn sie beruflich im pädagogischen Bereich tätig sind.

Nachdem die meisten Schulen auch auf Druck und Betreiben der Schulbehörde JÜL eingeführt hatten, wurde es zum Schuljahresbeginn 2011/12 den Schulen wieder freigestellt, ob sie nicht doch lieber wieder in Jahrgangsstufen unterrichten wollten! Die von mir und vielen anderen Kollegen vorausgesehenen schlechten Erfahrungen waren offenbar eingetreten.

Dieses Beispiel zeigt auch, dass es natürlich leichter ist, Laien von einer »neuen« Idee (JÜL ist im Übrigen uralt) zu überzeugen als Fachleute. So lassen sich Eltern auch für politische Ziele im Schulsystem einspannen oder missbrauchen.

Auch über Grundsätze der Hausaufgabenerteilung an einer Schule entscheidet die Schulkonferenz. Über den Sinn und Unsinn von Hausaufgaben ist schon viel diskutiert worden. Abgeschafft hat sie keiner, und das mit guten Gründen. Unser Gehirn ist so gebaut, dass es Wiederholung und Übung braucht, bis ein neuer Lernstoff fest verankert ist. Hier liegt eine wesentliche Funktion der Hausaufgaben. Zu wenig oder gar keine Hausaufgaben bedeuten, der Lernstoff sitzt nicht richtig, der Schüler ist noch unsicher, aufbauender neuer Lernstoff hat eine geringe oder auch gar keine Chance, vom Schüler verstanden und behalten zu werden. Die Stellung von Hausaufgaben richtet sich also nach dem behandelten Stoff und der Notwendigkeit, diesen zu beherrschen. In einer Ganztagsschule ist der Name Hausaufgaben irreführend, denn diese werden nicht zu Hause, sondern in der Schule angefertigt. Sie sollten eigentlich Silentium, Stillephase oder einfach Schularbeit heißen. Die Hauptaufgabe bleibt dieselbe: nämlich den Lernzuwachs zu festigen.

Es dauerte lange, bis ich begriff, dass es noch eine Version von Hausaufgaben gibt: nämlich, je weniger Hausaufgaben ich aufgebe, desto besser muss mein Unterricht sein, weil ich ja mit so wenigen Hausaufgaben auskomme! Natürlich ist es richtig, dass, je mehr Lernstoff im Unterricht gründlich behandelt wird, desto mehr können und wissen die Schüler. Der Umkehrschluss, da ich wenig Hausaufgaben aufgebe, muss ja mein Unterricht gut sein, gilt allerdings nicht. Ebenso wenig gilt, dass eine größere Hausaufgabenmenge auf einen schlechteren Unterricht schließen lässt. Die Menge der Hausaufgaben lässt keinen Schluss auf die Qualität des Unterrichts zu.

Werden Hausaufgaben zu Hause angefertigt, unterliegen die Schüler ihren persönlichen häuslichen Bedingungen. Der eine hat jede erdenkliche Unterstützung von elterlichem Rat und Interesse bis zum eigenen Schreibtisch und Lexika. Der andere hat weder einen Schreibtisch noch ein ruhiges Zimmer oder hilfreiche Eltern. Die Bedingungen sind höchst unterschiedlich und von Chancengleichheit keine Spur. Werden die Hausaufgaben in einer Ganztagsschule von allen Kindern in der Schule erledigt, sind die Chancen schon gleicher, denn alle haben in der Schule Hilfe und Unterstützung. Deswegen hat man ja die Ganztagsschule eingeführt, um der Chancengleichheit von Schülern ein Stückchen näher zu kommen. Eines tun Ganztagsschulen nicht: Sie verringern nicht den Bedarf an Hausaufgaben bei gleichbleibender Stoffmenge und gleichbleibender Stundentafel. Die Hausaufgabenmenge zur Beherrschung des Stoffes bleibt also gleich.

Nachdem bereits schon freitags keine Hausaufgaben mehr aufgegeben werden durften, beschloss die Schulkonferenz, dass auch donnerstags für alle Klassen außer für die sechsten Schuljahre keine Hausaufgaben mehr gestellt werden durften. Begründet wurde das mit dem AG-Nachmittag des Hortes, der immer donnerstags stattfand. Die Horterzieher gaben an, deswegen keine Zeit für die Hausaufgabenbeaufsichtigung der Kinder an diesem Wochentag zu haben.

In diesem Falle wirkten der Hort und die Eltern, die in den Gremien vertreten waren, zusammen. Die Reinhold-Otto-Schule ist eine offene Ganztagsschule, das heißt, da nachmittags nicht alle Kinder anwesend sind, kann dann auch kein Unterricht stattfinden. Der Nachmittag der Kinder gehört den Horterziehern. Die haben sich ein umfangreiches Programm für die Kinder überlegt. Zu ihren Aufgaben gehört aber auch die Beaufsichtigung der Hausaufgaben. Aus personellen Gründen seien sie nicht in der Lage, diese auch zu kontrollieren oder den Kindern dabei zu helfen, so wird es von ihnen angegeben. Horterzieher haben in der Regel ein engeres Verhältnis zu den Eltern als Lehrer. Es war sicher nicht schwer, interessierte Eltern mit guten Schülern für die Idee zu gewinnen, auch den Donnerstag hausaufgabenfrei zu gestalten. Es reichte dafür, die Eltern, die in der Schulkonferenz saßen, zu überzeugen, denn dieses Gremium hat in einer Schule die größte Entscheidungsbefugnis. Und so kam es dann auch. Schulleiter Syska fand auch, dass Hausaufgaben donnerstags und freitags entbehrlich seien. Seit dem vergangenen Schuljahr dürfen Hausaufgaben nur noch an drei Schultagen aufgegeben werden. (Ausnahme: die sechsten Schuljahre. Damit nicht der Anschluss an die Oberschule in Frage gestellt ist!)

Diese absurde Regelung widerspricht dem Geist und Gedanken der Ganztagsschule. Diese Schulform wurde gerade eingeführt, um die geringeren Chancen der Kinder aus bildungsfernen Schichten zu verbessern. Das Gegenteil ist hier der Fall: Kinder mit wenig bis keiner häuslichen Unterstützung haben sie in der Schule jetzt auch nicht. Sie haben noch nicht einmal zu Hause die Chance, etwas zu üben, und sei es auch unter widrigen Bedingungen, da sie ja gar nichts aufhaben! Gerade denen, die von dem Ganztagssystem profitieren sollten, wird so wieder nicht geholfen! Dann gibt es noch diejenigen, die naiverweise der Schule glauben, mit Hausaufgaben an nur drei Tagen sei ein gutes Schulergebnis zu schaffen. Sie verlassen sich auf die Organisation der Schule – und ihr Kind lernt weniger, als es könnte. Die interessierten, bildungsnahen Schichten haben keine Nachteile zu erwarten: Wenn solche Elternhäuser merken, die Schulergebnisse ihrer Sprösslinge lassen zu wünschen übrig, wissen sie sich auch ganz gut ohne die Schule zu helfen! Das fängt bei zusätzlichen Übungen und Nachhilfe an und endet mit einer Anmeldung an einer Privatschule mit besseren Lernbedingungen.

Die meisten meiner Kollegen waren wie ich gegen diese Hausaufgabenregelung, hielten ihre Meinung aber weitgehend zurück. Ich versuchte auch noch in letzter Minute, diesen Beschluss zu verhindern, und handelte mir damit die Gegnerschaft des Hortes ein, der sich von mir kritisiert fühlte. Manche Elternvertreter wurden allerdings nachdenklich. Elternvertreter in der Schulkonferenz gehören in der Regel zu den interessierten, der Schule zugewandten Eltern. Sie fördern ihre Kinder mit allen Kräften, so wie oben beschrieben. Für diese Eltern spielt ein Tag mehr oder weniger Hausaufgaben nicht so eine wichtige Rolle. Offenbar waren sie bei der Abstimmung zu stark von ihrer eigenen Lage ausgegangen und nicht von der Eltern- und Schülerschaft einer ganzen Schule. Dass es ganz andere Familienstrukturen gibt als ihre eigenen, dass es Kinder gibt, die dringend die Unterstützung der Schule brauchen, konnten sie sich nicht konkret genug vorstellen, um das bei ihrem Beschluss, die Hausaufgaben zu reduzieren, zu berücksichtigen.

Auch hier stellt sich die Frage, ob die ausgedehnten Elternrechte ihren Zweck erfüllen, nämlich die Schule zum Wohle der Kinder zu gestalten.

Auch beim Thema Inklusion hat die Schulkonferenz Mitbestimmungsrechte. Unter diesem Schlagwort wird gemeinhin die möglichst vollständige gemeinsame Beschulung von behinderten und gesunden Kindern in der Schule verstanden. Das geht zurück auf Artikel 24 der UN-Behindertenrechtskonvention 2006. Dort heißt es unter (1): »Die Vertragsstaaten anerkennen das Recht von Menschen mit Behinderungen auf Bildung. Um dieses Recht ohne Diskriminierung und auf der Grundlage der Chancengleichheit zu verwirklichen, gewährleisten die Vertragsstaaten ein integratives Bildungssystem auf allen Ebenen …«

Der erste Satz wird in unserem Land von niemandem in Frage gestellt. Dazu muss man wissen, dass diese UN-Konvention für alle Länder dieser Welt gleichermaßen geschrieben ist, und in weiten Teilen unserer Welt werden Behinderte denkbar schlecht behandelt, keine Rede von Schulbildung. Brutale Ausnutzung, Folter und Tod sind in vielen Fällen die grausamen

Fakten. Diese UN-Konvention ist nicht speziell auf unsere fortgeschrittene Förderung von Kindern mit Behinderungen zugeschnitten.

Im zweiten Satz geht es um ein »integratives Bildungssystem auf allen Ebenen«. In der Grundschule werden heute, das begann vor etwa zwanzig Jahren in Versuchsschulen, behinderte Kinder beschult, und es gibt behinderte Studenten, die mit Erfolg studieren. Im Prinzip haben wir ein integratives Bildungssystem. Die Anwendung der UN-Konvention ist für uns also eine Frage des Ausmaßes: Fördern wir die behinderten Kinder in ausreichendem Maße, damit sie ihr Potenzial voll ausschöpfen können?

Nirgendwo stellt die UN-Konvention die deutsche Tradition in Frage, behinderte Kinder dann in getrennten Einrichtungen zu beschulen, wenn sie dort besser gefördert werden können. Von den deutschen Vertretern der Inklusion wird die UN-Konvention so interpretiert, als ob sie die Abschaffung von Sonderschulen fordere.

Unter Artikel 24 Satz (2) a) heißt es: »Bei der Verwirklichung dieses Rechts stellen die Vertragsstaaten sicher, dass … Kinder mit Behinderungen nicht aufgrund von Behinderungen vom unentgeltlichen und obligatorischen Grundschulunterricht …ausgeschlossen werden.« Das bedeutet, dass, wenn der Wunsch besteht, ein behindertes Kind in der Grundschule zu unterrichten, dieses Kind diese Möglichkeit auch erhalten muss. Es heißt nicht, dass jedes behinderte Kind grundsätzlich eine Grundschule besuchen soll. Die UN-Konvention legt nämlich auch detailliert fest, welche geeigneten Maßnahmen ergriffen werden müssen, um behinderten Kindern zu helfen. Das reicht von der Gebärdensprache bis zu Brailleschrift. Und so heißt es auch unter (2) e): »Bei der Verwirklichung dieses Rechts stellen die Vertragspartner sicher, dass in Übereinstimmung mit dem

Ziel der vollständigen Integration wirksame individuell angepasste Unterstützungsmaßnahmen in einem Umfeld, das die bestmögliche schulische und soziale Entwicklung gestattet, angeboten werden.« Hier ist nun von einem »Umfeld« die Rede, nicht gesagt wird, dass dieses Umfeld unbedingt die Grundschule sein muss. Wichtig ist: Es geht um das Umfeld, das die bestmögliche Entwicklung gestattet. Es geht in dieser UN-Konvention auch nicht darum, den behinderten Kindern bloß eine Schulzeit zu verschaffen, bei der sie – vielleicht – unter ihren Klassenkameraden integriert sind, sondern sie fit für ein Leben in Würde zu machen, bei dem sie in die Gesellschaft integriert sind, nicht nur für die Dauer ihrer Schulzeit. Hierfür gilt es, den richtigen Weg für jedes behinderte Kind zu finden.

Im gesamten Artikel 24 fällt das Wort »Inklusion« oder »inklusiv« in der amtlichen Übersetzung nicht. Erst in der »Schattenübersetzung« des Vereins für Menschenrechte und Gleichstellung Behinderter e. V. wird das Wort »Inklusion« verwandt.

Das Wort »Inklusion« fällt weiterhin im Vorwort zur UN-Konvention von Karin Evers-Meyer, der Beauftragten der Bundesregierung für die Belange behinderter Menschen. Es ist vermutlich aus der »Schattenübersetzung« unkritisch übernommen worden. Ebenso heißt eine Kampagne für die Belange behinderter Menschen »alle inklusive!«, für eine Kampagne natürlich ein sehr eingängiger Titel!

Im Artikel 24 wird deutlich, dass nicht die vollständige undifferenzierte Übernahme aller behinderten Kinder in die Grundschule gemeint ist und auch nicht die Auflösung zwar teurer, aber vielleicht doch recht erfolgreich arbeitender Sonderschulen.

Die Eingliederung von behinderten Kindern, die immer auf besonderen Schutz angewiesen sind, in x-beliebige Grundschulklassen bedeutet noch lange nicht, dass sie auch integriert werden, das heißt u. a. auch beim gemeinsamen Spiel respektiert und beachtet oder gar als Freunde anerkannt werden. Dazu gehört in der Grundschule vor allem auch eine positive Einstellung der Eltern zu Behinderungen und man hüte sich vor der einfachen Annahme, die Lehrkräfte der Grundschule seien in der Lage, die Eltern, die gerade vor ihnen sitzen, von einer positiven Einstellung zu überzeugen! Es ist auch gar nicht ihre Aufgabe. In Bonn habe ich schon vor zwanzig Jahren in einer Versuchsschule mit Integration behinderter Kinder gearbeitet. Dort bauten wir auf die Freiwilligkeit der Eltern, indem eine Klasse mit behinderten Kindern arbeitete und die Parallelklasse ohne diese Kinder. Die Eltern hatten die Wahl, wo sie ihre Kinder hinschickten. (Auch Lehrern, die sich eine solche Arbeit nicht zutrauten oder nicht hinter diesem Modell standen, war so geholfen.) Das bewährte sich gut, denn die Eltern in den integrativen Klassen brachten eine positive Einstellung zu Behinderungen mit, sie hatten sich ja bewusst und freiwillig für die Integration entschieden.

Der Schulleiter Syska in Berlin war von dem Gedanken der »Inklusion« so begeistert, dass er an seiner Schule sofort konkrete Maßnahmen einleitete. Er gründete sogleich eine Steuergruppe, in dessen »Konzept« kein Mangel an den zurzeit gängigen Schlagworten wie »das Lernen lernen«, »Teamstrukturen« oder »Individualisierung des Unterrichts« herrscht. Die zwölf Mitglieder dieser Steuergruppe bestehen lehrerseitig aus ihm selbst und der Konrektorin, dem Religionslehrer der Schule, der Leiterin des Hortes und zwei Kolleginnen. Von denen hat sich meines Wissens niemand jemals intensiv mit Behinderungen und dem Umgang mit ihnen befasst. Die teilnehmende Sonderschullehrerin hat sich von der Schule weggemeldet, und die übrigen Teilnehmer sind Eltern. Auf der letzten Gesamtkonferenz meiner Schulzeit am 8. Juni 2011 fragte ich in Gegenwart der ebenfalls anwesenden Schulrätin Frau Liebherr, ob denn die Eltern außer gutem Willen irgendeine fachliche Qualifikation haben, um auf einer soliden Grundlage in der Steuergruppe mitreden zu können. Meine Frage wurde übergangen, indem die Schulrätin das Wort ergriff und von etwas anderem sprach. Ich kam nicht einmal dazu nachzufragen, wie denn der Unterschied zwischen Integration und Inklusion verstanden wird. Eine wichtige Unterscheidung, wie in dem sehr lesenswerten Buch »Der Umgang mit Behinderung« von Bernd Ahrbeck[19] nachzulesen ist. Das Buch weist eindringlich auf die besondere Aufmerksamkeit und Fürsorge hin, die Menschen mit Behinderungen brauchen. Er stellt darin u. a. fest: »Die Inklusion soll zu einem fundamentalen Neubeginn führen. … Lehrerinnen und Lehrer jedenfalls, die einen solchen Neuanfang für möglich halten, trauen sich zu, eine Aufgabe zu lösen, die bisher nicht zu bewältigen war. Dazu müssen sie mit außerordentlichen Kräften ausgestattet sein.«

Auch bei diesem Thema reden die Eltern also entscheidend mit. Es sind nicht etwa Eltern behinderter Kinder, die ihr Erfahrungswissen und ihre Wünsche und Sorgen für die Beschulung ihrer Kinder einbringen könnten, sondern Eltern, die sich freiwillig dafür gemeldet haben, ohne irgendeine Bedingung dafür erfüllen zu müssen, die sie fachlich kompetent als verantwortungsbewusste Entscheidungsträger ausweist. Wie schon angedeutet, versuchen verschiedene Gruppen auch politisch unterschiedliche Standpunkte über Schule durchzusetzen, ganz ähnlich wie beim jahrgangsübergreifenden Lernen. Da werden Eltern zum Spielball von Interessengruppen, denn »Wer nichts

---

19 Bernd Ahrbeck ist Professor für Rehabilitationswissenschaften mit dem Schwerpunkt Verhaltensgestörtenpädagogik an der Humboldt-Universität zu Berlin.

weiß, muss alles glauben«. (Maria von Eschenbach) und die Schule, also letztlich die Kinder, muss es ausbaden.

Am 3. März 2012 besuchte die neue Bildungssenatorin Sandra Scheeres eine Förderschule für geistig behinderte Kinder. So stand es am folgenden Tag in der »Morgenpost«. »Das Projekt ist zu wichtig, um überstürzt zu werden«, äußerte sie danach. Die Schließung von Förderschulen soll vorerst gestoppt und das ganze Konzept noch einmal überarbeitet werden, stellte sie klar. Ich hoffe, Schulleiter Syska und seine Steuergruppe schließen sich dem an.

Eltern und Presse

Eltern nehmen Einfluss auf das gesamte Schulleben. Das ist so gewollt und richtig. Ob da schon die geeigneten Strukturen gefunden worden sind, sei noch dahingestellt. Denn wer mitreden und vor allem mitentscheiden will, braucht auch Fachverstand und Fachwissen, wie ich versucht habe zu zeigen.

Um ihren Einfluss auf schulische Entwicklungen möglichst effektiv geltend zu machen, nutzen Elternvertreter natürlich auch die Verbreitung ihrer Vorstellungen von guter Schule in der Veröffentlichung, nämlich in Fernsehen, Rundfunk, Internet und Presse. Auch das ist in einer demokratischen Gesellschaft gewollt und notwendig. So hat sich der derzeitige Landeselternsprecher Günter Peiritsch zum Beispiel mit den Aufnahmeverfahren für weiterführende Schulen öffentlich auseinandergesetzt, er setzte sich für mehr Geld für die Bildung ein, er äußerte sich zur Schulstrukturreform, er bedauerte, dass es in Berlin zu wenig Lehrer gibt, vor allem in den naturwissenschaftlichen Fächern. Das machen in den anderen Bundesländern die Landeselternsprecher genauso. Sie äußern sich zu allgemeinen aktuellen Schulthemen und versuchen, ihren Einfluss geltend zu machen.

Landeselternsprecher Günter Peiritsch, den ich nicht persönlich kenne und der niemals ein Kind in meinen Klassen hatte, ließ sich in der Mobbingkampagne gegen mich instrumentalisieren und machte sich sogar zu ihrer Speerspitze. Er äußerte öffentlich in

BILD am Sonntag vom 9.1.2011: »Kinder weinen, die Schüler werden gedemütigt und angeschrien, wenn sie etwas nicht können.« »Frau Sarrazin unterrichtet nicht mit pädagogischer Qualität.«

BILD vom 10.1.2011: »Frau Sarrazin ist eine hochproblematische Lehrkraft. Sie ist für die Schule eine hohe Belastung. Sie soll Kollegen anbrüllen und Kinder ungerecht behandeln.«

Focus Nr. 02/11 vom 10.1.2011: »Laut Günter Peiritsch, dem Vorsitzenden des Landeselternausschusses in Berlin, beschweren sich Eltern über Ursula Sarrazins autoritären Unterrichtsstil und verbale Ausfälle.«

Der Berliner Zeitung vom 10.1.2011: »Ursula Sarrazin verhalte sich im höchsten Maße unpädagogisch.«

Diese Hetze bekamen natürlich auch meine drei sechsten Klassen mit, in denen ich Deutsch, Mathematik und Kunst unterrichtete. Sie fassten sich an den Kopf, buchstäblich, und wunderten sich sehr: War ich es doch, die sie als Letztes ins Klassenbuch eintrug. »Nur im äußersten Notfall«, wie sie sich anschaulich ausdrückten. Gern wären sie mit mir auf Klassenfahrt gefahren, aber da ich nicht Klassenlehrerin war, hatte ich darauf keinen Einfluss. Meine Deutschklasse fragte mich, wie man sich denn gegen Mobbing wehrt. Fernab vom Lehrplan besprach ich dieses Thema mit ihnen und konnte ihnen so vielleicht einige gute Ratschläge für ihr weiteres Leben mitgeben, denn Mobbing kann bekanntermaßen jeden, auch jeden Schüler, treffen.

Herr Peiritsch korrespondierte mit den schon erwähnten Eltern Nerner und Zimzinsky. Er bot meinem Schulleiter am 5. Januar 2011 beim Vorgehen gegen mich seine Hilfe an.[20] Erst ein Schreiben meines Anwaltes stoppte seine öffentlichen Aktivitäten. Daraufhin beklagte er sich in einer Mail, die am 16. Januar 2011 an verschiedene Eltern ging, er werde vom Anwalt eines »Multimillionärs« verfolgt. Gemeint war damit offenbar, dass mein Mann angesichts der hohen Verkaufsauflage seines Buches *Deutschland schafft sich ab* auch entsprechend hohe Tantiemen bekommen hatte. An diesem Beispiel wird exemplarisch deutlich, dass die Schlussphase des Mobbings gegen mich nicht nur gegen die Frau eines bekannten ehemaligen Landespolitikers gerichtet, sondern vor allem von unreflektiertem Neid getrieben war.

Selbst wenn die Vorwürfe zutreffend gewesen wären, sie hätten niemals und unter gar keinen Umständen in die Öffentlichkeit gehört. Weil kein Lehrer, nicht nur ich, mit so einem Hintergrund seinem Beruf nachgehen kann, weil sich so eine öffentliche Zerstörung eines guten Rufes nicht wieder rückgängig machen lässt. In der Regel ist ein Lehrer auf seinen Beruf angewiesen, er bekommt ein Gehalt dafür und lebt davon. Was Günter Peiritsch hier betrieben hat, kommt einem Berufsverbot gleich. Was er sich dabei gedacht hat, dass er gerade mir dieses zumutete, liegt auf der Hand. In unserem Staat gilt allerdings gleiches Recht für alle. Es gibt keine Sippenhaft, und wir leben

20 *So festgehalten in einer Mail, die Schulleiter Syska an Oberschulrat Kuhring schrieb.*

auch nicht mehr im Mittelalter. Es gab und gibt auch noch mehr prominente Ehepartner im Berliner Schuldienst, also aufgepasst! Denn, soweit mir bekannt ist, gab es für Landeselternsprecher Günter Peiritsch keinerlei Konsequenzen. Er könnte daher auf die Idee kommen, ein so übles Spiel zu wiederholen, wenn ihm ein Lehrer oder eine Lehrerin nicht genehm sein sollte.

Günter Peiritsch war der bitterböse Höhepunkt elterlicher Pressearbeit in Bezug auf mich.

Mit der Drohung von Eltern, »an die Presse zu gehen«, wenn ich nicht in ihrem Sinne reagierte, lebte ich, seit mein Mann Finanzsenator in Berlin war. Zum ersten Mal wurde ich an der Reinfelder Montessori-Schule damit konfrontiert, als ich zögerte, einem Schüler die von den Eltern gewünschte Empfehlung zum Gymnasium zu geben. Ganz unverblümt drohte der Vater am Telefon damit.

Im November 2007 kam ein Mädchen probeweise in meine damalige 3. Klasse an der Reinhold-Otto-Schule. Es sollte festgestellt werden, ob sie das 2. Schuljahr überspringen könne. Sie wurde mir als hochbegabt vorgestellt. Ein Gutachten gab es nicht. Sie bestand die Probezeit nicht. Der Klassenkonferenzbeschluss war einstimmig. Im November 2008 erschienen in mehreren Berliner Zeitungen Artikel zu diesen Vorgängen, allerdings unsachlich und falsch in der Wiedergabe. Da wird behauptet, dass das Kind gar nicht nur zur Probe in meiner Klasse war (*Berliner Zeitung* 6. November 2008), da wird mir von der Mutter »eigenmächtige Entscheidung« in Bezug auf ihr Kind vorgeworfen, da forderte der damalige Elternsprecher Schindler, wenn das so wäre, »müsse ich aus dem Berliner Schuldienst entlassen werden«.

Welches berechtigte Interesse hat die Öffentlichkeit an schulischen Entscheidungen, die ein einzelnes Kind betreffen? Die

Mutter wollte eine Sonderregelung für ihr Kind, für die die Voraussetzungen nicht gegeben waren. Daher wurde ihr der Wunsch nicht erfüllt. Was ist hieran für Unbeteiligte wissenswert? Welche Motive hat eine Mutter, die schulische Entscheidungen über ihr Kind in die Öffentlichkeit zerrt? Und das fast ein Jahr später? Hat sie jemand angestiftet? Hat sie sich instrumentalisieren lassen? In diesem Fall spielte der damalige Schulrat Hartmann eine recht fragwürdige Rolle. Vielleicht traf es sich da gut, dass diese Mutter von Beruf Journalistin war. Es ist auch erstaunlich, dass die Zeitungen überhaupt etwas über diesen Fall schrieben, denn ich war gar keine Person des öffentlichen Lebens, daher durfte ohne mein Einverständnis gar nichts über mich veröffentlicht werden, und bisher hatte sich die Presse daran gehalten. Und nur wegen einer unzufriedenen Mutter werden solche Regeln eigentlich nicht gebrochen …

Der Einfluss der Eltern auf das Schulleben

Der große Einfluss von Eltern durch direkte bedeutende Mitentscheidungsbefugnisse auch über grundlegende Strukturen einer Schule und des gesamten Schulsystems sollte durchaus einmal kritisch hinterfragt werden, denn:

- Den Eltern fehlt in der Regel das nötige Fachwissen.
- Sie haben keinen Überblick über die Gesamtlage der Schule.
- Sie haben keine Unterrichtserfahrung.
- Sie urteilen und entscheiden aus ihrer persönlichen Situation heraus.
- Sie können das Amt für persönliche Zwecke ausnutzen.
- Sie gehen Modeströmungen rasch auf den Leim.
- Sie lassen sich leicht politisch instrumentalisieren.
- Ihren Rechten stehen keine Pflichten gegenüber.

– Sie müssen ihre Entscheidungen nicht verantworten.
– Eine Schweigepflicht besteht nicht und ist auch nicht durchsetzbar.
– Ihr Eigeninteresse kann dem Interesse der Gruppe, die sie vertreten sollen, zuwiderlaufen.
– Ihre einzige Legitimation ist ihr Kind an der Schule.

Elternvertreter üben ihr Amt ehrenamtlich aus. Das zeugt von gutem Gemein- und Bürgersinn, was jedem, der sich in der Elternarbeit engagiert, hoch anzurechnen ist. Erfolgreiche, gute Schule braucht auch die tätige Mithilfe von Eltern. Mir ist aber kein Arbeitsbereich bekannt, wo durch ein Ehrenamt so viel Mitbestimmung gewährt wird, dass der Einfluss der Fachkräfte selbst bei grundlegenden Weichenstellungen entscheidend geschwächt werden kann. Dabei sollte die politische Dimension nicht vernachlässigt werden: Es gibt in unserem Land natürlich wesentlich mehr Eltern als Lehrer. Also sind auch bei der Elterngruppe mehr Wählerstimmen zu holen. Der Spruch »Wes Brot ich ess, des Lied ich sing« passt auch hier … Die Elternmitbestimmung ist im Schulgesetz genau geregelt: die Wahlen der Elternvertreter, die Aufgaben der Gremien, die Art und der Umfang ihres Einflusses auf das Schulgeschehen. Eltern tun nichts Falsches, wenn sie den gesetzlich ihnen zugebilligten Einfluss nutzen. Vielleicht hat der Gesetzgeber hier des Guten zu viel getan und den Eltern zu weitgehende Rechte eingeräumt. Ein Zurück wäre allerdings schwierig. Niemand verzichtet gerne und kampflos auf einmal zugestandene Rechte. Wenn der Gesetzgeber hier einschreiten wollte, müsste er sich außerdem mit einer politisch nicht unbedeutenden Gruppe anlegen, und welche Partei verzichtet schon sehenden Auges freiwillig auf Wählerstimmen. Also wird die Elternschaft wohl weiterhin in die Schule hineinregieren ohne eine fundierte sachlich-fachliche Grundlage.

Kapitel 4

Der Lehrer

Der Lehrer – eine Persönlichkeit?

Vom Lehrer erwartet man zu Recht fachlich fundierte Kenntnisse, didaktisches Geschick, soziale Kompetenz, psychische Stabilität, Tatkraft, Stressresistenz, Humor, Warmherzigkeit, Zielorientiertheit, Durchsetzungsvermögen, Engagement, Flexibilität, sicheres Auftreten, Selbstdisziplin, Ehrlichkeit, Einfallsreichtum, Gerechtigkeit, Geduld, Ausdauer, Gelassenheit, Einfühlungsvermögen … Kurz, alles, was den idealen Menschen ausmacht. Deshalb spricht man ja auch gern von der Lehrerpersönlichkeit. Große Frage: Wie wird man eine Persönlichkeit? Schon in der Frage liegt die halbe Antwort: Niemand ist von vorneherein eine Persönlichkeit, sondern man wird es – vielleicht. Mir fallen spontan diese Dinge dazu ein: Reife, Ausstrahlung, in sich ruhend, Sicherheit im eigenen Tun, Eigenständigkeit im Denken, Durchsetzungskraft, Tatkraft, Klugheit.

Als ich in Köln, 23 Jahre alt, als Lehrerin zur Anstellung anfing, stand ich vor Kindern aus sozialen Brennpunkten, dazu den ersten Migranten, die noch kein Wort Deutsch sprechen konnten. In meinen Lehrbüchern und Seminaren kam davon nichts vor. Die Bücher halfen mir nicht weiter, ich stand kurz vor einer Bücherverbrennung. Was tun? Mir kamen Zweifel: War das der richtige Beruf für mich? Gedanken zur Lehrerpersönlichkeit waren mir ferner denn je, es ging erst mal ums reine

Überleben. Ich entwickelte eigene Ideen: Viele Schüler kamen ohne ein Frühstück in die Schule. Bei einigen hatte ich den Verdacht, dass sie in denselben Klamotten, in denen sie vor mir saßen, auch schliefen. Dagegen konnte ich nichts tun. Wohl aber gegen das fehlende Frühstück: Ich verlegte das Schulfrühstück an den Schulanfang, brachte auch schon mal selber Brötchen mit – und der erste offene Schulanfang war geboren. Ich fragte die erfahrenen Kollegen um Rat und bekam viele hilfreiche Ratschläge. (Etwas, was ich heute bei den jungen Kollegen vermisse. Sie fragen nicht, scheinen alles schon zu wissen.) Ich gewann Sicherheit und fand Möglichkeiten, auch den schwierigsten Schülern zu helfen.

Aber war ich dadurch zur Persönlichkeit geworden?

Aus Köln nahm ich die Gewissheit mit, im Lehrerberuf nicht ganz am falschen Platz zu sein. Mit dieser Stabilität und Überzeugung unterrichtete ich die nächsten Jahre in Oberdollendorf im Siebengebirge bei Bonn, ein völlig anderes Umfeld. In einer meiner Klassen hatte ich es mit sieben Kollegenkindern zu tun. Alle sieben Mütter unterrichteten in den umliegenden Grundschulen. Ich dachte schon, jetzt hast du es mit acht unterschiedlichen Fachmeinungen von guter Schule zu tun – aber nein, alle richteten sich nach meinen Vorstellungen und Vorgaben, obwohl ich damals sechs bis zehn Jahre jünger war als die Eltern.

War ich nun eine Persönlichkeit geworden?

Nach meiner Beurlaubung wegen meiner eigenen Kinder unterrichtete ich in Bonn an einer Versuchsschule mit Integration behinderter Kinder. Das war damals ein neues Experiment, das meine ganze Aktivität und mein volles Engagement verlangte.

War ich nun zu einer Persönlichkeit geworden?

In Mainz sammelte ich weitere neue Erfahrungen. Ich sah allen Herausforderungen gelassen entgegen, probierte weiter neue Methoden aus, flocht die schon bewährten ein.

Ohne diesen Erfahrungsschatz, ohne Gelassenheit und ohne die Gewissheit um das eigene Können hätte ich die innere Distanz zu den grotesken Erlebnissen in Berlin nicht aufbringen können.

Konsequenz und Magie

In meiner Mainzer Schulzeit übernahm ich eines Tages zum Schuljahresbeginn eine dritte Klasse als Klassenlehrerin. Meine Vorgängerin war eine sehr nette, ältere Kollegin, die bekannt für ihre Gutmütigkeit war. Ich fand eine freundliche, fröhliche, lustige Klasse vor. Klassen sind oft in gewisser Weise das Spiegelbild ihrer Lehrer. Im Unterricht allerdings hatte ich das Gefühl, neben einem lustig plätschernden Gebirgsbach zu sitzen, es war nie ganz still. Ich nannte diese Klasse meine »Murmelklasse«. Bei Ermahnungen nickten die Kinder freundlich – und schwatzten weiter. Ich hatte ein Problem. Strafandrohungen nach dem Motto: »Wenn ihr nicht still seid, dann …« waren nicht mein Stil und passten auch nicht zu dieser Klasse. Die offene freundliche Haltung der Kinder wollte ich natürlich auch erhalten. Was tun? Ich gestaltete meinen Unterricht konsequent (!) so, dass nicht viel Gelegenheit zum Schwatzen und Trödeln blieb. Das heißt, es gab erst mal viel Einzelarbeit in Schriftform. Ich achtete darauf, dass die Aufgaben einfach waren und nicht viele Nachfragen auftauchten. Ein Gedicht abschreiben oder einen Text, einfache Rechtschreibübungen, mehrere gleichmäßige Päckchen rechnen, einfache Textaufgaben mit gleichem Aufbau u. a. Ich klopfte meine Aufgabenstellungen konsequent darauf ab, ob sie meinem Ziel, Ruhe in die Klasse zu bringen, dienten. Meine Sorge, die Kinder könnten diesen Unterricht als langweilig empfinden, erfüllte sich – zu meiner eigenen Überraschung –

nicht. Sie waren stolz auf ihre sichtbaren Leistungen: ein schön abgeschriebenes Gedicht, eine Menge ordentliche und richtig gerechnete Päckchen, eine Reihe von »fachmännisch« gelösten Textaufgaben, eine kleine, aber gut gearbeitete Rechtschreibübung … Sie genossen die ruhige Arbeitsatmosphäre. »Es war so schön ruhig« oder »Das war aber eine schöne, ruhige Stunde« hörte ich immer öfter von ihnen. Allmählich erweiterte ich das Arbeitsspektrum, gestaltete Gesprächsphasen länger und führte nach und nach schülerzentriertere Methoden ein. Es entstand ein lebendiges Klassenleben, die Kinder lernten gut und gerne, der plätschernde Gebirgsbach allerdings war wieder in den Alpen gelandet.

Dazu muss ich sagen, dass es sich in diesem Fall um eine prinzipiell gesunde Klasse handelte, die Kinder – und Eltern – standen der Schule positiv gegenüber. Die Klasse war einfach ein wenig »verstrubbelt« und nicht konsequent geführt worden. So ein bisschen Schwatzen bei netten und zugänglichen Kindern ist doch nicht so schlimm, könnte man ja denken. Wie richtig ich lag, hier konsequent für ein konzentrierteres Arbeiten zu sorgen, merkte ich erst später.

In dieser Klasse gab es einen Jungen, nennen wir ihn mal Peter, der mir gleich zu Schuljahresbeginn durch eine vermehrte Unruhe auffiel. Er kippelte ständig auf seinem Stuhl herum, spielte mit seinen Stiften u. a., kurz, war unkonzentriert, schien gelangweilt und verträumt. Er schien schwer zu begreifen, schien ständige Wiederholungen zu brauchen, und sein Zeugnis vom zweiten Schuljahr wies ihn als recht schwachen Schüler aus. Je ruhiger die Klasse wurde, desto mehr wachte er auf wie aus einem Dornröschenschlaf. Er gab auf einmal gescheite Antworten, begriff ohne weitere Umstände die Arbeitsanweisungen, begann flott zu arbeiten und hatte gute Ergebnisse. Was war passiert? Das zeigte sich in einem Gespräch mit Peters Mutter.

Er litt unter einer Wahrnehmungsstörung. Sein Gehirn war nicht oder nur begrenzt in der Lage, wichtige von unwichtigen Informationen zu filtern. Bei ihm kam alles auf einmal an: das Schwatzen der Kinder, ihr Gekicher, das Klappern mit Stiften, das vorbeifahrende Auto und der Unterricht eben. Daher die Unkonzentriertheit, die Notwendigkeit, alles noch mal extra erklärt zu bekommen, die flüchtigen Arbeiten, das Getrödel usw. Er war durch die Unruhe der Klasse gar nicht in der Lage, sich zu konzentrieren. Das änderte sich schlagartig, als es keine oder kaum noch Nebengeräusche gab mit den oben beschriebenen dramatischen Folgen. Peter besuchte nach dem vierten Schuljahr mit Erfolg das Gymnasium. Frage: Wo wäre er wohl gelandet, wenn die »harmlose« Unruhe in seiner Klasse angehalten hätte? Seine Fähigkeiten wären ja vermutlich gar nicht entdeckt worden! Seine sich schon andeutende Schulmüdigkeit wäre sicher verstärkt worden mit allen fatalen Folgen, die das haben kann.

Ich zog aus diesem Erlebnis natürlich auch »Konsequenzen«! Noch stärker als bisher schon, versuchte ich jedem Kind gerecht zu werden, und dazu gehörte auch und noch verstärkt, dass ich auf die gegenseitige Rücksicht der Kinder aufeinander achtete.

Konsequentes Verhalten ist kein Selbstläufer, führt auch nicht immer zum Ziel. Manchmal muss man auch inkonsequent sein. Dafür ein Beispiel.

In einer meiner Berliner Schulklassen war im zweiten Schuljahr ein Junge, bei dem der Verdacht auf ADS bestand. Der Mutter wurde die Verabreichung von Ritalin empfohlen. Nach einigem Überlegen lehnte sie das ab. Ich konnte das gut verstehen. Es hatte allerdings den großen Nachteil, dass dieser Junge, nennen wir ihn einmal Klaus, den Unterricht massiv störte, weil er ständig unaufgefordert spontan drauflosredete. Er zog sich damit den Ärger seiner Klassenkameraden und viele nervende Ermahnungen von mir zu. Eines Tages war es seltsam ruhig. Klaus hielt seinen Mund. Und zwar eine ganze Schulstunde lang. Ich beobachtete ihn genauer und stellte fest, er kaute – verbotenerweise – im Unterricht Kaugummi. Eigentlich hätte ich ihn auffordern müssen, seinen Kaugummi sofort in den Papierkorb zu befördern und die Klassenregeln abzuschreiben. Davon sah ich in diesem Fall ab. Ich tat erst mal so, als hätte ich sein Kauen nicht bemerkt. Und siehe da, mein »Verdacht« bestätigte sich: solange Klaus Kaugummi kaute, war er in der Lage, seinen spontanen Redefluss zu beherrschen! Das war natürlich kein Dauerzustand, ihn heimlich Kaugummi kauen zu lassen, denn er hatte ein schlechtes Gewissen, und seinen Klassenkameraden wäre es über kurz oder lang auch aufgefallen. Ich besprach dieses Phänomen mit der ganzen Klasse und wir beschlossen, dass Klaus im Unterricht Kaugummi kauen dürfe – als Einziger. Für alle anderen Kinder galten die oben erwähnten Regeln. So war allen geholfen.

Leider setzte meine Nachfolgerin diese Verabredung nicht fort. Klaus hatte wieder seine alten Probleme und die Mutter meldete ihn schließlich von der Schule ab.

Vielleicht spielten hier auch ganz andere Dinge eine Rolle: Der betroffene Junge, die Klasse und ich auch »glaubten« an die gute Wirkung des Kaugummikauens, die neue Klassenlehrerin tat das offenbar nicht. Also kam die gute Wirkung auch nicht zustande. Hier zeigen sich auch die Grenzen von Konsequenz: nämlich das noch latent magische Denken kleiner Kinder oder wie es Erwachsene ausdrücken: Glaube kann Berge versetzen.

Dieses latent magische Denken findet sich natürlich besonders bei den Erstklässlern. Will man sie hier »abholen«, sind Konsequenzen allein zu nüchtern. Das Leben ist nicht nur eine

»Wenn – dann«- Beziehung. Manch ein Erstklässler hat so seine Schwierigkeiten, sich in der Schule angemessen zu verhalten. Das hat vielfältige Gründe, an denen die Schule meist nicht viel ändern kann. Aber manchmal hilft ein wenig Magie. Zum Beispiel beim Betreten der Klasse, denn in diesem besonderen Raum gelten ja besondere Regeln, die einzuhalten gelernt werden soll. Oft habe ich mich in den Türrahmen gestellt und mit meinen Armen und dem Türrahmen ein Tor gebildet. Durch dieses »Tor« zu gehen, war schon gefühlsmäßig etwas anderes, als einfach so in die Klasse zu laufen oder gar zu stürmen. (Auch im Märchen ist dieses Motiv zu finden, zum Beispiel bei »Frau Holle«.) Ein freundlicher Satz oder ein guter Vorsatz für diesen Schultag, bevor das »Tor« durchschritten wurde, taten ein Übriges, um eine gute Anfangsstimmung zu erzeugen. Bei einem offenen Schulanfang kann man auch Kindern etwas Zeit lassen, bis sie »bereit« sind, durch dieses Tor zu gehen. Die Wirkung zeigte sich bei fast allen Kindern: Sie gingen ernsthafter an ihre Arbeit und gingen behutsamer miteinander um. So viele Konsequenzen waren dann gar nicht mehr nötig.

Aber Kinder werden größer und älter, Faulheit, Bequemlichkeit und Schlamperei sind allen Menschen nicht fremd. Lehrer brauchen gerade hier immer wieder ihre ganze Kompetenz, um eine angemessene Arbeitshaltung und Disziplin dauerhaft aufzubauen. Die kindliche Magie verschwindet mit der Zeit, und bloßes gutes Zureden reicht nur bei wenigen Kindern aus. Bei Regelverstößen gibt es nicht viele Möglichkeiten in der Hand des Lehrers: Erklärung, Ermahnung, schriftlicher Tadel. Natürlich, bei ganz gravierenden wiederholten Regelverstößen gibt es, bei entsprechender Dokumentation, den Wechsel in die Parallelklasse, die zeitweise Freistellung vom Unterricht oder gar den Schulverweis. Das ist ja hier nicht gemeint. Es geht um die im schulischen Alltag üblichen Nachlässigkeiten und Disziplinlosigkeiten. Vergessene Hefte und Hausarbeiten, schlampige Ausführungen, patzige Antworten und Beschimpfungen, Prügeleien auf dem Schulhof. Schon bei einem schriftlichen Tadel im Klassenbuch muss ein Lehrer mit elterlichem Protest rechnen. Versäumte Hausaufgaben nachholen? Um Gottes willen, das arme Kind wird ja demotiviert, da es ja auch noch die neuen Hausaufgaben machen muss! In der Pause mal im Schulhaus bleiben, weil sich das Kind ständig prügelt oder im Unterricht nicht gearbeitet hat und jetzt wenigstens einen Teil nachholen soll? Das ist Freiheitsberaubung, das Kind braucht seine Pause, zudem wird es isoliert und verliert bestimmt alle Freunde. Ein Lehrer, der das wagt, muss mit Beschwerden beim Schulleiter rechnen, weil er so unmenschlich und hart zu den Kindern ist. Es gehört heute Rückgrat und ein gewisser Mut dazu, erzieherische Maßnahmen zu ergreifen und durchzusetzen. Dabei wird vergessen, dass es meist einer einmaligen Konsequenz bedarf, um eine Verhaltenskorrektur bei einem Kind zu erzeugen. Als Ergebnis ist das Zusammenleben danach friedlicher, das Kind hat gelernt, in Zukunft seine Hausaufgaben lieber pünktlich, seine Arbeiten ordentlicher anzufertigen oder sein Schulhofverhalten doch mal zu überdenken. Konsequenzen bei Regelverstößen wirken eben nur, wenn sie unbequem sind. Bequeme Konsequenzen eines Fehlverhaltens wären geradezu widersinnig.

Konsequenzen sind die Grenzlinien der aufgestellten und einzuhaltenden Regeln, die in einer Gemeinschaft Gültigkeit haben sollen.

Ein Schwimmer im offenen Meer hat eine grenzenlose Weite vor, neben und hinter sich. Freiheit pur. Aber fühlt er sich wohl? Sicher nicht. Kein rettendes Ufer in Sicht, wohin sich wenden? Sein Schwimmen verliert Richtung und Ruhe. Er zappelt wild herum, schreit nach Hilfe. Panik bricht aus.

Derselbe Schwimmer im Wasser eines Sees. Das Ufer erreichbar und sichtbar. Er probiert verschiedene Stile aus, fühlt sich sicher und geborgen. Er sieht und kennt die Grenze, sie bietet Schutz und Sicherheit. Würde er das Ufer, die Grenze, missachten, er würde sich den Kopf an Felsen oder die Knie am Boden verletzen. Das wären die Konsequenzen.

So wie der Schwimmer im See sollte ein Kind sich fühlen dürfen.

Wie viel pädagogische Freiheit hat ein Lehrer?

»Die Lehrkräfte fördern die persönliche Entwicklung, das eigenständige Lernen und das eigenständige Handeln der Schülerinnen und Schüler. Sie unterrichten, erziehen, beurteilen und bewerten, beraten und betreuen in eigener pädagogischer Verantwortung im Rahmen der Bildungs- und Erziehungsziele und der sonstigen Rechts- und Verwaltungsvorschriften sowie der Beschlüsse der schulischen Gremien … Die eigene pädagogische Verantwortung darf durch Konferenzbeschlüsse nicht unzumutbar eingeschränkt werden.«

Das steht im Berliner Recht für Schule und Lehrer. (Teil VI Schulverfassung Abschnitt I Schulpersonal, Schulleitung §67 Aufgaben und Stellung der Lehrkräfte (2))

Seine Aufgaben sind anscheinend klar umrissen, die Grenzen seines pädagogischen Tuns gesteckt. Die »eigene pädagogische Verantwortung« wird gleich zwei Mal genannt. Sie wird beschränkt durch die »Bildungs- und Erziehungsziele« und der sonstigen Rechts- und Verwaltungsvorschriften, darf aber andererseits nicht durch Konferenzbeschlüsse unzumutbar eingeschränkt werden. Nur, wer über die »Unzumutbarkeit« entscheidet und wo sie beginnt, das wird nicht geklärt. Und das kann durchaus wichtig sein.

Zum Beispiel bei meiner Lernzielkontrolle (Diktat) im 4. Schuljahr, deren Benotung angeblich falsch war. Hierbei berief sich mein Schulleiter auf einen Beschluss der Fachkonferenz Deutsch, die für Klassenstufe 4 festgelegt hatte, dass bei »Beurteilungen von Rechtschreibleistungen in Übungsdiktaten« noch ausreichend zu geben ist, wenn 15% der Wörter falsch geschrieben worden sind, ohne Vorankündigung des Testes, Intensität der Übungen, Zeitraum der Vorbereitung, Schwierigkeitsgrad usw. zu berücksichtigen. Man darf wohl zu Recht fragen, ob solche engen Vorschriften sinnvoll sind. Ziel ist ja wohl, eine angemessene Beurteilung für eine Schülerleistung zu finden.

Es gibt aber noch grundlegendere Beispiele. Dazu einige Erläuterungen zur Schuleingangsphase, kurz SAPH, und zum jahrgangsübergreifenden Lernen, kurz JÜL genannt.

JÜL und SAPH sind im Prinzip nichts Neues. Mein Vater, Jahrgang 1924, erzählt aus seiner Grundschulzeit, damals Volksschule, dass alle Schüler aller Jahrgänge in einem Raum von einem Lehrer unterrichtet wurden. Es gab eben nur einen Lehrer in seinem Geburtsort. Das war eine Notlösung, aus der der Lehrer notgedrungen das Beste machte.

Wer heute SAPH, besser noch JÜL, als Unterrichtsform befürwortet, gilt als fortschrittlich und pädagogisch auf dem neuesten Stand. Wer diesen Formen skeptisch oder gar ablehnend gegenübersteht, gilt als ewig gestrig. Er muss das Vorurteil aushalten, die Kinder alle über einen Leisten scheren zu wollen und Differenzierungen im Unterricht abzulehnen mit der unausgesprochenen Unterstellung, dafür zu faul zu sein. Diesen Schuh wollen sich selbst diejenigen unter den Lehrern nicht anziehen, auf die das zutrifft. Also war die Kritik an JÜL und SAPH zur

Zeit der Meinungsbildung und Beschlusssituation eher verhalten, wenn es um offizielle Gremien ging, und desto offener, je inoffizieller der Kreis war, in dem man sich äußerte. In meinen Augen keine gute Voraussetzung für die Einführung einer grundlegend neuen Unterrichtsform, die doch vom ganzen Kollegium getragen werden sollte. Es ist leider ein typisches Zeichen unserer Zeit, eine abweichende Meinung mit ideologischen Abwertungen zu versehen, gegen die sich die Betroffenen schwer wehren können, weil diese Abwertungen eben nicht sachlich sind und sich damit einer zielführenden und lösungsorientierten Diskussion entziehen.

Ich habe gerade meine Erst-, Zweit- und Drittklässler stets sehr differenziert geführt. Wenn der Stundenplan es zuließ, waren die ersten beiden Schulstunden der Freiarbeit gewidmet. Das heißt, die Kinder lernten im eigenen Lerntempo, mit für sie persönlich passendem Material. Um diese Unterrichtsmaterialien musste ich kämpfen. Es galt z. B. den Finanzausschuss der Schule von der Notwendigkeit zu überzeugen, besonders viel Materialien für die persönliche Hand des Schülers anzuschaffen. Anderes musste dafür zurückstehen. Zum großen Teil hatte ich im Laufe der Jahrzehnte auch eigenes Material selbst angefertigt oder auf eigene Kosten gekauft. Mein Klassenraum war so eingerichtet, dass die Kinder alles gut erreichen konnten. Jedes Unterrichtsmaterial hatte seinen festen Platz. Jedes Kind wusste, wo alles zu finden war, kannte die Ordnung und hielt sie zum Wohle aller ein. Das war ganz wichtig: Es erzeugte ein Gefühl der gemeinsamen Verantwortung. Auch die allgemeinen Unterrichtsphasen waren, so weit es möglich und sinnvoll war, differenziert. Die Freude am gemeinsamen Tun und Lernen wird leider oft unterschätzt, aber ein Lehrer muss auch wissen, wie er diese erzeugt. Interessierte Kollegen, die offenen Unterricht noch nicht kannten, hospitierten häufig bei mir an den verschiedenen Schulen, so auch an der Reinhold-Otto-Schule.

Ich hatte eine Teilzeitstelle mit zwanzig Wochenstunden, der Mathematikunterricht wurde von einer Kollegin gegeben. Wir harmonierten sehr gut, waren zudem beide selten krank, und so war ein hervorragendes Zusammenspiel gegeben, das den Kindern und ihrer Entwicklung sehr zugutekam. Zweimal führten wir zwei Klassen vom 1. Schultag bis zum Ende des dritten Schuljahres. (Hätte ich eine volle Stelle gehabt und hätte genauso arbeiten wollen – es wäre wohl nicht möglich gewesen, weil es viel zu zeit- und arbeitsaufwendig gewesen wäre. Ein Problem, das es verdient, einmal näher beleuchtet zu werden.)

Im ersten Durchgang fand der erste VERA-Test statt. Oben habe ich ausgeführt, wie wichtig aus meiner Sicht schulübergreifend regelmäßig ausgeführte Leistungsvergleiche sind. Nicht zuletzt deshalb, weil sie die Leistungsmessung des Lehrers objektivieren und auf diese Weise manchem Dünnbrettbohrertum einen Riegel vorschieben. Es ist kein Zufall, dass in Berlin der Widerstand der Lehrerschaft gegenüber schulübergreifenden Leistungstests besonders heftig war und ist.

Immerhin kam auch die Berliner Schulverwaltung nicht umhin, im Mai und Juni 2004 erstmals die Vergleichsarbeiten für Deutsch und Mathematik durchzuführen. Wenn die Tests korrekt durchgeführt werden, darf die Durchführung selbstverständlich nicht in der Hand der betroffenen Lehrer liegen. Das wäre ja so, als ob der Vereinskassierer die Kassenprüfung selber durchführen würde. Da Berlin halt ein besonderes Pflaster ist und man sich keinen Ärger machen wollte, wurden und werden alle Tests von den Lehrern selber durchgeführt. Ihre Ergebnisse sind also mit Vorsicht zu genießen. Dies vorausgesetzt, ergab sich 2004 bei den Vergleichstests an unserer Schule, dass meine Klasse mit deutlichem Abstand am besten abschnitt. Ich muss wohl nicht extra betonen, dass ich nicht gemogelt hatte. Das hatte ich gar nicht nötig. Die Schulleiterin Frau Liebherr teilte mir unter vier Augen das Ergebnis mit und bat mich gleichzeitig, im Kollegium nichts davon verlauten zu lassen, das könne die Kollegen verletzen und den Schulfrieden stören. Hier erleben wir den Geist des Berliner Schulsystems in einer Nussschale: Schon über Leistungsunterschiede auch nur zu reden, ist tendenziell ungehörig und eigentlich menschenfeindlich. Besonders natürlich in meinem Fall, wo es sich um die aus dem Westen importierte viel zu leistungsorientierte Frau des Berliner Finanzsenators handelte. Mich würde interessieren, ob die Schulrätin Frau Liebherr jetzt auch so mit den Vergleichstests im Schulbezirk verfahren ist. Mittlerweile geht das ja nicht mehr, die Tests stehen im Internet. Aber immer noch führen die betroffenen Lehrer die Tests in ihren Klassen selber durch.

Als mein zweiter Schülerdurchgang im dritten Schuljahr angekommen war, stand die Prüfung von Frau Windisch zur Konrektorin an. Dazu gehört, dass sich der Prüfling eine Stunde eines Kollegen ansieht und diesen Kollegen dann berät. Die Prüfung besteht also darin, ob die angehende Leitungskraft in der Lage ist, eine Schulstunde zu beurteilen. Große Frage: Welcher Kollege stellte sich hierfür zur Verfügung? Es riss sich – verständlicherweise – keiner darum. Mir war das ziemlich egal. Aus meinen vorherigen Schulen, vor allem in Bonn, die ja eine Versuchsschule war, war ich an Hospitationen gewohnt, aber auch aus der Reinfelder Schule und auch an meiner jetzigen Schule waren immer wieder Hospitationen angesagt gewesen. Um es kurz zu machen, ich hielt diese Stunde. Die Schulrätin, die Schulleiterin Frau Liebherr und Frau Windisch selber, die gar nicht wusste, was sie eigentlich noch beraten sollte, waren sehr angetan. Sozialverhalten, Atmosphäre, Arbeitsweise und Arbeitstechniken, Stoffbeherrschung und -anwendung, Sprachschatz und -ausdruck, Rechtschreibung – alles stimmte. Am Ende eines dritten Schuljahres lässt sich durchaus erkennen, wo eine Klasse steht, von Fachleuten allemal.

Warum ich dies alles schreibe: Zweimal hatte ich jetzt an der Reinhold-Otto-Schule eine Klasse vom ersten Schuljahr bis zum Ende des dritten Schuljahres geführt. In beiden Durchgängen hatte ich sehr differenziert gearbeitet, neue und hergebrachte Methoden miteinander verbunden, moderne Lese- und Schreiblernmethoden angewandt, meine Montessorikenntnisse einfließen lassen und hatte sehr gute Ergebnisse. Meine Arbeitswoche umfasste 40 bis 50 Stunden – als Teilzeitkraft mit 20 Stunden Unterrichtsverpflichtung! Ich habe das gern gemacht und konnte zudem aus jahrzehntelanger Erfahrung schöpfen. Jetzt packen wir noch JÜL oder SAPH obendrauf: Dann bereitet die Lehrkraft nämlich bei SAPH zwei Jahrgänge und bei JÜL drei Jahrgänge gleichzeitig vor! Ich glaube, auch das beste Team ist damit überfordert, 6-9-mal zu differenzieren, nämlich pro Jahrgang etwa drei Differenzierungen.

Zusammenfassend lässt sich sagen, dass im binnendifferenzierten Unterricht erfahrene Lehrer das individualisierte Lernen, die Weiterentwicklung sozialer Fähigkeiten, die Entwicklung von Eigenverantwortung und die angemessene Förderung aller Begabungen durch eine gut organisierte Binnendifferenzierung in einer Jahrgangsklasse genauso gut, wenn nicht besser, umsetzen können als in jahrgangsgemischten Gruppen.

Da mir keine Untersuchung bekannt ist, die diese Aussage bestätigt oder widerlegt, habe ich meine eigenen Erfahrungen zugrunde gelegt.

Es gibt pädagogisch wünschenswerte Strukturen und Entwicklungen, die nur über Jahre wachsen können: dazu gehören Bindungsfähigkeit, Ausbildung von Gruppenzugehörigkeit, Identität und Werteerziehung. Bei der jährlich wechselnden

Gruppenzusammensetzung beim jahrgangsübergreifenden Lernen fehlt die hierfür notwendige Nachhaltigkeit. Sie wird eingetauscht gegen eine Kurzlebigkeit, die dem Bindungsbedürfnis kleiner Kinder nicht Rechnung trägt. Die Schule verstärkt damit in unguter Weise die vielfach in den Familien stattfindende Bindungslosigkeit: alleinerziehende Mütter oder Väter, Patchworkfamilien, die den Kindern grundlegende Bindungen vorenthalten oder neue zu gestalten zumuten, die aber auch wiederum nicht von Dauer sein müssen.

Die methodisch-didaktischen Ansätze dieser Konzeption bedeuten in jedem Falle eine weitgehende Ausrichtung auf Wochenplanarbeit, worin auch die Gefahr einer Verarmung des Lerngeschehens liegt: Sachverhalte und Lerninhalte werden lediglich abgearbeitet und nicht gemeinsam gestaltet, erkämpft und ausgekostet. Bewährte Methoden der Anleitung, Begleitung, Unterweisung und Unterstützung werden beiseitegeschoben und nicht gebührend eingebracht. Der Lehrer wird hauptsächlich auf eine moderierende und dokumentierende Funktion beschränkt, was eine rückschrittliche Reduzierung der Lehrerpersönlichkeit bedeutet.

Das Primat der absoluten Individualisierung, wovon überzeugte JÜL-Anhänger zweifelsohne ausgehen, schwächt die Gesellschaft, die auf Gemeinschaftsgeist (Bürgersinn) angewiesen ist, und unterstützt die in unserer Zeit immer stärker feststellbare Orientierungslosigkeit. Individualisierung wird dann zum pädagogischen Fehler, wenn nicht gleichzeitig erlebte Gemeinschaft und menschliche Zuwendung bewusst betont werden. Diese Überlegungen stellen viele Schulfachleute an, nicht nur ich. Sie werden bloß wenig gehört.

Eine praktische Voraussetzung ist aber doch, dass eine Lehrkraft, die jahrgangsübergreifend unterrichten möchte, erst einmal gelernt haben muss, einen einzigen Jahrgang binnendiffenziert zu unterrichten, und dieses auch durchgeführt haben muss. Besonders Spitzfindige wollten JÜL aber einführen, um den Lehrer endlich zu zwingen, überhaupt binnendiffenziert zu arbeiten. Das musste schiefgehen, weil dabei das Pferd vom Schwanz her aufgezäumt wurde. Es endet dann damit, dass den Erstklässler ein (und nur ein!) Unterrichtsangebot gemacht wird und den Zweitklässlern ebenfalls ein (und nur ein!) Lernangebot gemacht wird. Binnendifferenzierung? Fehlanzeige! Nur saßen eben alle Kinder in einem Raum, aber das machte die Sache nicht besser, eher im Gegenteil. Man war erleichtert, wenn der sogenannte Teilungsunterricht stattfand, dann zogen die Erstklässler in den Teilungsraum und lernten »ihren Stoff« und die Zweitklässler blieben in der Klasse und lernten auch »ihren Stoff«. Es gab weder einen gut strukturierten Raum, wie oben geschildert, noch fand der Teilungsunterricht verlässlich statt, weil bei nötigen Vertretungen der eine Lehrer abgezogen wurde. Es war ein ständiges, unplanbares Hin und Her von Räumen, Gruppen, Lehrkräften und Erziehern. Gift für Kinder, deren Konzentration und Ausdauer noch gering entwickelt waren, und irritierend für alle Kinder, was sich in einer Grundunruhe ausdrückte, die mit normalem Schwatzen und vergnügtem Gekicher von fröhlichen Erst- und Zweitklässlern nichts zu tun hatte.

Ich fand ein solches Arbeiten unzumutbar und lehnte einen weiteren Unterricht in den SAPH-Gruppen der Reinhold-Otto-Schule ab, indem ich meinen Schulleiter Herrn Syska schriftlich bat, mich nicht mehr im SAPH-Bereich einzusetzen, und dieses auch begründete. Das machte mich nicht beliebter, aber ich konnte wieder ruhig schlafen.

Das jahrgangsübergreifende Lernen, sei es nun als SAPH oder JÜL, wurde mit dem Jahrgang 2007/08 verbindlich an den Berliner Grundschulen eingeführt. Das war ein drastischer und einschneidener Eingriff in die Methodenfreiheit der Lehrer und

Schulen. Er war möglich, weil im Schulgesetz zwar von »Unzumutbarkeit« die Rede ist, diese aber nicht näher definiert ist. Er war befremdlich, weil beständig von der »Autonomie der Schule« die Rede ist, Stichwort Schulprogramm. So wie an der Reinhold-Otto-Schule wird die Einführung von SAPH oder JÜL an vielen Schulen gelaufen sein.

Die allermeisten von etwa 30 Kollegen standen im Jahre 2006 dieser Unterrichtsform sehr skeptisch bis ablehnend gegenüber, so wie ich auch. Nur unsere damalige Konrektorin, die gleichzeitig kommissarische Schulleiterin war, und drei Kollegen befürworteten SAPH oder JÜL. Die Konrektorin und eine dieser Befürworterinnen saßen in der Schulkonferenz. Die Elternvertreter fanden JÜL ganz toll (wie auch immer sie zu dieser Meinung gekommen waren), ebenso die »schulfremde Person«. Mehrheitlich stimmte die Schulkonferenz also für die Einführung des jahrgangsübergreifenden Lernens ab, und so wurde diese Lernform in der Reinhold-Otto-Schule eingeführt gegen den erklärten Willen fast aller Kollegen und noch bevor es verbindlich vorgeschrieben wurde, sozusagen im vorauseilenden Gehorsam. Wo blieb hier die pädagogische Freiheit des Lehrers? Wer entschied über die »Unzumutbarkeit«? Für viele Lehrkräfte bedeutete das nämlich, dass sie gegen ihre Überzeugung arbeiten mussten. Nun könnte man ja sagen, dann sollen sie sich doch eine Schule suchen, die nach Jahrgangsklassen unterrichtete. Dieser Weg war versperrt, denn JÜL wurde schnell weitgehend verbindlich den Grundschulen vorgeschrieben, und nur eine kleine standfeste Minderheit von Schulen blieb beim hergebrachten, doch recht bewährten System. Manche Schulen halfen sich aus der Klemme mit einem Kompromiss und unterrichteten nur Nebenfächer wie Kunst, Musik und Sport jahrgangsübergreifend. Meine Idee, eine Klasse von zwei Parallelklassen als Jahrgangsklasse und die andere jahrgangsübergreifend zu führen, fand keinen Anklang. Dann hätten Eltern, Lehrer und Schüler eine Wahl gehabt. Ich fand es sehr erstaunlich, dass mein Vorschlag abgelehnt wurde, weil man sonst immer von der Vielfalt der Schulformen, der Vielfalt der Schulprogramme (jede Schule hat ein anderes), der Vielfalt der Unterrichtsmethoden und überhaupt vom »offenen« (!) Unterricht spricht. Hier sollte ganz »geschlossen« gehandelt werden, indem man die Schulstrukturen der Kleinsten radikal ummodelte, ohne dass sich dieses etwa in Langzeitstudien oder überhaupt in Studien auch nur annähernd als bessere Unterrichtsform herausgestellt hätte. Den Bedenken der Lehrer wurde nicht Rechnung getragen. Es gab ein paar Fortbildungen. Da diese aber nicht für alle reichten, sollten die Teilnehmer als »Multiplikatoren« für ihre Kollegen wirken. Das war wirklichkeitsfremd.

Das Meinungsbild des Kollegiums zu JÜL in unserer Schule habe ich schon beschrieben. Immer wieder versuchte ich, meine Kollegen dazu zu bewegen, ihrer Meinung entsprechend auch zu handeln. Zum Beispiel durch entsprechende Beschlüsse in den Fachgremien, durch Redebeiträge auf den Gesamtkonferenzen, um unsere Bedenken darzustellen, oder Elterngespräche bei den verschiedensten Gelegenheiten, um ihnen einen mehr fachlich geprägten Blick auf das jahrgangsübergreifende Lernen zu ermöglichen. Meine Kollegen zögerten sehr herum. »Ach, ich weiß nicht.« »Das kommt doch sowieso.« »Das entscheiden doch die da oben.« Sie trauten sich nicht, offen zu ihrer meist gut begründeten Meinung zu stehen. Unserer Konrektorin, die ja eine Befürworterin dieser »neuen« Unterrichtsform war, blieb natürlich nicht verborgen, dass ich versuchte, die Bedenken gegen JÜL und SAPH zu kanalisieren. Sie nahm es mir übel. Das sollte ich später noch zu spüren bekommen.

SAPH wurde im Schuljahr 2007/08 eingeführt, an unserer Schule und vielen anderen Schulen auch. Seit 2011 darf jede

Schule JÜL und SAPH offiziell wieder ausführen! Erst brauchte jede Schule ein Konzept für die Schulverwaltung, in dem sie überzeugend darlegte, wie die nötige Differenzierung des Unterrichts auch in einer Jahrgangsklasse zu bewerkstelligen ist, aber die Koalitionsgespräche zwischen der SPD und der CDU nach der Abgeordnetenhauswahl im September 2011 waren noch nicht ganz abgeschlossen, da brauchte man auch das nicht mehr.

Warum nicht gleich so? Schon ein Blick ins Schulgesetz (Teil VI Schulverfassung Abschnitt 1 Schulpersonal, Schulleitung § 67 Aufgaben und Stellung der Lehrkräfte (2) Letzter Satz: »Die eigene pädagogische Verantwortung darf durch Konferenzbeschlüsse nicht unzumutbar eingeschränkt werden«) wäre auch in der Schulverwaltung des kurzen Nachdenkens wert gewesen, bevor man sich auf das Abenteuer JÜL und SAPH eingelassen hätte, von vielen anderen Gründen, vorher nachzudenken, ganz abgesehen.

Ich sehe hier auch einen Mangel an Respekt vor denjenigen, die diese zweifelhafte Reform zur Zufriedenheit aller, nämlich den Kindern, den Eltern, den Vorgesetzten und nicht zuletzt sich selbst gegenüber, durchführen sollten, nämlich den Lehrkräften.

Zur Verdeutlichung ein Vergleich: Die Feuerwehr braucht neue Schläuche. Sie dürfen nicht teurer sein als die alten, weil gespart werden muss. Am besten wären natürlich billigere und gleichzeitig bessere Schläuche. Ach ja, umweltfreundlich sollten sie auch sein. Wie wäre es denn da mit Wollschläuchen? Wolle ist billiger als komplizierte Kunststoffe und sehr umweltfreundlich und auch gerade »in«. Gesagt, getan … vorherige gründliche Untersuchung auf Wasserundurchlässigkeit etwa? Das ist nicht nötig, Wolle ist ein zuverlässiger, längst bekannter Stoff. Die Feuerwehrleute melden sich empört zu Wort, sie wollen ihre alten Schläuche dann doch lieber behalten? Ach, da schicken wir ein paar von ihnen auf Fortbildung, dann kriegen die das schon hin! Und diejenigen, die dann immer noch nicht fähig sind, Wollschläuche zum Feuerlöschen zu verwenden, schicken wir in den Innendienst oder gleich zum Amtsarzt …

Lehrerkompetenz und Elternwünsche

Zum Schuljahr 2005/06 kam Frau Windisch als Konrektorin an unsere Schule. Sie leitete die Schule kommissarisch seit Frau Liebherrns plötzlichem Weggang zur Schulaufsicht im Januar 2007. Durch ihr Gesamtverhalten zeigte mir die neue Konrektorin von Anfang an deutlich, dass sie gegen meine Person intensive Vorbehalte hatte. Daran änderte sich weder etwas durch Gespräche noch durch Hinzuziehung von Personalrat und Vorgesetzten. Da Letztere nicht aktiv wurden, steigerte sich ihr übergriffiges Verhalten mit der Zeit. In meiner damaligen Klasse gab es auch Eltern, die im Lehrberuf tätig waren, sie kannten die Rechte und Pflichten einer Schulleitung genauso gut wie ich. Das Verhalten von Frau Windisch in Bezug auf meine Klasse gehörte nicht dazu. Obwohl sie schulöffentlich meinen offenen Anfang und die Freiarbeit als vorbildlich lobte, bekam ich in meinem damaligen zweiten Schuljahr stundenplanmäßig keine Gelegenheit mehr dazu. Ich übernahm unter Frau Windischs Schulleitung schließlich keine eigene Klasse mehr, weil ich hoffte, so den ständigen Reibereien entgehen zu können. Aber ich sollte mich leider sehr täuschen. Aus heutiger Sicht kann ich nur vermuten, dass Frau Windisch große Komplexe mir gegenüber hatte.

Am 12. November 2007 kam Frau Windisch, damals kommissarische Konrektorin, im Schulflur auf mich zu. Im Hintergrund gewahrte ich eine Mutter mit ihrer kleinen Tochter. Diese Mutter war Frau Patricia Appel. Erst viel später erfuhr ich, dass sie von Beruf freie Journalistin war. Hätte ich geahnt, wie viel Kummer und Verdruß mir Frau Appel noch bereiten sollte, hätte ich alles darangesetzt, ihre Tochter nicht unterrichten zu müssen. Frau Windisch teilte mir mit, die Kleine hätte bisher eine andere Schule besucht und käme nun probeweise bis zum Ende des Schulhalbjahres in mein 3. Schuljahr. Es handele sich um ein hochbegabtes Kind, und es solle festgestellt werden, ob sie das 2. Schuljahr überspringen könne, deshalb die Probezeit. In der Annahme, dieses Ansinnen sei rechtens, nahm ich das Kind mit in meine Klasse. Einige Tage später, bei einem ersten Gespräch mit der Mutter, erfuhr ich von ihr, dass der Rektor und die Klassenlehrerin der vorherigen Schule sich gegen ein Überspringen ausgesprochen hatten. Dem entsprechend gab es auch keinen Klassenkonferenzbeschluss der alten Schule dazu. Einen Hochbegabtentest konnte die Mutter mir auch nicht vorlegen. Mich beschlich ein mulmiges Gefühl. Kurz, die beabsichtigte Überspringerei beruhte ausschließlich auf dem Wunschdenken der Mutter, dem unsere Konrektorin unkritisch und offenbar in Unkenntnis der Rechtslage viel zu schnell nachgegeben hatte.

Nun hätte es ja sein können, dass das Kind wirklich ins dritte Schuljahr gehört hätte. Dafür musste es auch gar keine Hochbegabung sein. Ich hoffte es geradezu, denn das hätte mir viele Schwierigkeiten erspart, zumal die Mutter alles daransetzte, ihre Tochter in meiner Klasse heimisch werden zu lassen. So brachte die Kleine allen Kindern Süßigkeiten mit ohne einen besonderen Anlass wie etwa einen Geburtstag. Auch ich wurde nach allen Regeln der Kunst umschmeichelt. Ich sah mir das Kind genauer an. Es war ein aufgeschlossenes Mädchen, aber es stellte sich heraus, dass es für ein drittes Schuljahr noch zu unreif war. Die anderen Mädchen waren ihm sozial überlegen, was sie ihrerseits mit Maulereien und Beleidigtsein quittierte. Sie schrieb noch sehr langsam und ungelenk. Beim Lesen hatte sie Mühe, den Sinn zu erfassen, weinte schnell, wenn etwas nicht gleich gelang, wie einen Würfel zu falten und zu kleben. Beim Rechnen wurden mir von der Fachlehrerin auch große Schwierigkeiten genannt, ebenso gab es im Fach Englisch Probleme. Meine Kollegen und ich kamen zu dem eindeutigen Schluss, dass man dem Mädchen keinen Gefallen damit tat, es eine Klasse überspringen zu lassen. Man riskierte Schulmüdigkeit und Frustration. Gern hätten wir den Zeitpunkt des Klassenwechsels vor die Weihnachtsferien gelegt, um dem Kind einen Abstand zu gönnen, aber nach einigem unschönen Hin und Her war die Mutter dann doch nicht damit einverstanden. So fand unter Leitung unserer Konrektorin am 29. Januar 2008 eine Klassenkonferenz statt, die den einstimmigen Beschluss fasste, das Mädchen wieder das zweite Schuljahr besuchen zu lassen. Jetzt war eigentlich alles geregelt, aber die Schwierigkeiten gingen erst richtig los.

Konrektorin Frau Windisch gab an, gegen den Willen der Eltern werde sie nichts entscheiden. Aber hatte sie eigentlich versucht, die Mutter entsprechend zu beraten? Jetzt, obwohl eigentlich alles geregelt war, griff nämlich Schulrat Hartmann ein.

Schulrat Hartmann war wohl der meistgefürchtete und meistgehasste Schulrat, den ich je kennengelernt habe. Wenn auf Fortbildungen sein Name fiel, gab es Kollegen, die puterrot anliefen oder kreidebleich wurden. Er schlug mir einmal gönnerhaft vor, ich könne zu einem Gespräch gerne die Frauenvertreterin mitbringen. Ich sei ja so schüchtern gegenüber Männern! Er begann ein anderes Gespräch am 14. Februar 2008, in dem es um die Unrechtmäßigkeit des Verbleibs der Schülerin im dritten Schuljahr ging, mit der grundlosen rätselhaften Drohung: »Der Krug geht so lange zum Brunnen, bis er bricht, und der ist jetzt im freien Fall.« Am 12. Januar 2011 findet sich bei der Beantwortung von Fragen an die Pressesprecherin für die Zeitschrift *Spiegel* durch Oberschulrat Kuhring in seinen gesammelten – illegalen – Akten folgende distanzlose, übergriffige Bemerkung: »Die Übernahme der Aufsicht für die Reinhold-Otto-Schule ca. 2007 … hatte er (Schulrat Hartmann) bereits damit kommentiert, dass er und Frau Sarrazin ein ›schönes Pärchen‹ werden würden.« Zu dem Zeitpunkt kannte er mich überhaupt noch nicht, er war gerade im Begriff, in Charlottenburg Schulrat zu werden. Ich hätte mir seine nähere Bekanntschaft gerne erspart, aber ich sollte ihn noch kennenlernen.

Schulrat Hartmann traf sich am 8. Februar 2008 mit Frau Windisch, der Mutter Frau Appel und einer Psychologin zu einem Gespräch über den weiteren Schulverlauf der Tochter von Frau Appel. Lehrer wurden nicht beteiligt. Dieser »Kreis« beschloss, die Kleine sollte bis Ostern in meiner Klasse bleiben. Meine Kollegen und ich waren empört. Das war gegen den gültigen Konferenzbeschluss. Und was fast noch schwerer wog: Nach so einer langen Probezeit ist es für ein so junges Kind auf jeden Fall eine Katastrophe, wieder herausgenommen zu werden aus einer Klasse. Das hätte bedeutet, das Mädchen wäre auf Gedeih und Verderb ohne jede Berechtigung in der dritten Klasse geblieben gegen den pädagogischen Rat aller beteiligten Lehrer. So ein Verhalten von Vorgesetzten hatte ich bisher nicht für möglich gehalten.

Daher schrieb ich am 10. Februar 2008 einen Brief an Herrn Schulrat Hartmann, in dem ich ihn auf die Unrechtmäßigkeit des ganzen Vorganges hinwies. Zitat: »Offenbar soll in diesem Falle auf Wunsch des Schulamtes der eindeutige Beschluss der Klassenkonferenz ignoriert werden. Ich habe im gesamten Schulgesetz (genauer: in der Grundschulverordnung, Anm. der Verf.) keine Bestimmung gefunden, dass ein solches Übergehen eines rechtmäßigen Beschlusses der Klassenkonferenz durch das Schulamt überhaupt möglich oder zulässig wäre.« Ich lebte immer noch in dem naiven Glauben, dass vielleicht etwas nicht richtig angekommen oder falsch übermittelt worden sei.

Auf meinen Brief habe ich nie eine Antwort erhalten. Stattdessen erhielt ich die dienstliche Anweisung von Schulrat Hartmann, mit der Mutter ein Vier-Augen-Gespräch zu führen, ohne dass er eine Zielangabe für dieses Gespräch machte. Die Hinzuziehung einer dritten Person wurde mir ausdrücklich von ihm verboten. Er ordnete das Gespräch so kurzfristig an, dass ich mir nur zu Beginn meiner nächsten Unterrichtsstunde beim Personalrat telefonisch Rat holen konnte. (Obwohl ich die Klasse aufsichtsmäßig versorgt hatte, rügte er mich am 12. Februar 2008 schriftlich dafür.) Der Personalrat Herr Bialke gab mir den guten Rat, ein Gesprächsprotokoll zu verfassen und von der Mutter unterschreiben zu lassen. So waren spätere »Missverständnisse« über den Gesprächsinhalt ausgeschlossen. Genauso machte ich es. Die Mutter unterschrieb folgendes Protokoll: »Frau Appel wünschte meine Meinung zur Verlängerung der Probezeit: Ich verwies sie auf meine Ausführungen in mehreren persönlichen Gesprächen und auf die Klassenkonferenz. ...« Als die Mutter Appel unterschrieben hatte, stieß sie noch einige spitze Drohungen gegen mich aus, so zum Beispiel, dass das Ganze noch ein »übles Nachspiel« für mich haben würde. Und: Ich würde – verbotenerweise – gegen den Schulrat handeln und allein entscheiden. Ich hielt diese Bemerkungen ebenfalls schriftlich fest, wenn auch ohne ihre Unterschrift!

Schulrat Hartmann bestellte mich am 14. Februar 2008 zum Gespräch ein. Vorsichtshalber nahm ich den Personalrat mit. Die Aufnahme des Kindes in meine Klasse sei falsch gewesen, gestand er mir zu. Da es nun aber in der Klasse sei, müsse es auch dort bleiben. Ich sollte also einen einmal gemachten Fehler mit einer gravierenden pädagogischen Fehlentscheidung fortsetzen! Gleichzeitig verlangte er eine Entschuldigung von mir für meinen oben zitierten Brief vom 10. Februar 2008, in dem ich ihm den gerade zugegebenen Fehler vorgeworfen hatte. Der Brief insgesamt war wohl für Herrn Hartmann ungewohnt entschieden, aber er enthielt nichts, wofür ich mich zu entschuldigen gehabt hätte. Also lehnte ich das ab. Das erklärte ich ihm in einem weiteren Brief am 17. Februar 2008 auch schriftlich. Ich erklärte ihm darin auch, warum es mir leider nur während der Unterrichtszeit möglich gewesen war, mit dem Personalrat zu telefonieren. Es lag ja an seiner eigenen kurzfristigen Anweisung. (Vermutlich sollte ich mich auch gar nicht erkundigen können!) Ich schrieb ihm auch, dass mein Gespräch mit Frau Appel mir den Eindruck vermittelte, dass er selber und Frau Windisch der Mutter den Eindruck vermittelt hatten, lediglich meine »Sturheit« sei ein Hindernis für den Verbleib ihrer Tochter in der dritten Klasse.

Daraufhin wurde ich von Schulrat Hartmann zu einem weiteren schulaufsichtlichen Gespräch, diesmal über dieses Schreiben, bestellt. Es fand am 21. Februar 2008 ebenfalls in Gegenwart des Personalrates statt. Jetzt bedrohte er mich mit einer Strafanzeige! Das war eine abartige Drohung. Mein Vergehen: Mein schon erwähntes Telefongespräch mit dem Personalrat zu Beginn der dritten Schulstunde. Und ich hatte ihm vorgeworfen, als Schulaufsicht sich nicht an die Grundschulordnung zu halten, was ja stimmte. Schulrat Hartmann fand das »ginge wieder in die Kerbe der Ehrenrührigkeit«. Er stellte im Übrigen keine Strafanzeige. Das wäre ja auch lächerlich gewesen. Mein Vertrauen in diesen Schulrat war allerdings in absolutes Misstrauen umgeschlagen.

Die Mutter Frau Appel nahm sich einen Rechtsanwalt, um sich über mich zu beschweren. Über den Inhalt der Beschwerde erfuhr ich erst mal nichts. Aber ich sollte an einem weiteren

Gespräch teilnehmen, bestehend aus Frau Appel, ihrer Anwältin, Herrn Schulrat Hartmann, Frau Windisch und mir. Thema: Die Beschwerde von Frau Appel über mich. In mehreren Briefen begründete ich meine Weigerung, an einem solchen Gespräch teilzunehmen und erhielt teilweise unverschämte Antworten. Hier, um einmal exemplarisch den Umgang dieses Schulrates mit mir darzustellen, den vollständigen Briefwechsel:

Brief von Schulrat Hartmann an Frau Brucker, die Rechtsanwältin der Mutter Appel, mit Kopie an mich:

4.3.2008: Beschwerde gegen die Lehrkraft Ursula Sarrazin

Sehr geehrte Frau Brucker, wie telefonisch vorgeklärt lade ich hiermit in der vorbezeichneten Angelegenheit zu einem Gespräch ein. Es findet statt am Donnerstag, dem 13.3.08 um 14.00 Uhr in meinem Amtszimmer. Teilnehmer werden sein Frau Appel und Sie, Frau Windisch und Frau Sarrazin. Mit freundlichen Grüßen Hartmann

Meine Antwort:

Sehr geehrter Herr Hartmann, Sie haben mir die Kopie eines Schreibens an Frau RA Brucker übersandt, mit der Sie meine Teilnahme an einem von Ihnen anberaumten Gespräch zwischen der RA, Frau Windisch, Frau Appel und Ihnen ankündigen. Dazu teile ich mit: Ich verweise auf meine Schreiben vom 10.2.2008 und vom 17.2.2008 und insbesondere auf den Umstand, dass eine inhaltliche Gegenäußerung nach wie vor aussteht. Ich habe keinen Anlass, ein Gespräch mit einer Anwältin von Frau Appel zu führen. Sollte es zu einer Klage kommen, werde ich meinerseits einen Anwalt einschalten. Dann wird die gesamte Vorgeschichte einschließlich des Verhaltens von Schulleitung und Schulaufsicht mit zur Sprache kommen. Mit freundlichen Grüßen Sarrazin

Jetzt erhielt ich folgendes Schreiben vom 7.3.2008 von Schulrat Hartmann:

Sehr geehrte Frau Sarrazin, meine Einladung an Sie vom 4.3.2008 und das o.g. Fax zeigen mir, dass ein klassischer Fall von Missverständnis vorliegt. Ich lade Sie hiermit nochmals zu einem weiteren schulaufsichtlichen Gespräch ein zu Donnerstag, 13.3.08 um 14.00 Uhr in meinem Büro. Sowohl der Termin als auch die Teilnehmer sind Ihnen bereits bekannt. Mit freundlichen Grüßen Hartmann

Am 10.3.2008 antwortete ich ihm:

Sehr geehrter Herr Hartmann, für das Gespräch am 13.3.2008 um 14.00 Uhr stehe ich nicht zur Verfügung. Mit freundlichen Grüßen Sarrazin

Fax vom 11.3.2008 an mich:

Sehr geehrte Frau Sarrazin, mit Fax vom 7.3.2008 habe ich Sie zu Do., dem 13.3.2008 zu einem schulaufsichtlichen Gespräch eingeladen. Ich entnehme dem o.g. Fax, dass Sie dieser Aufforderung offensichtlich nicht folgen werden. Daraus folgt für mich das, was ich bereits im Gespräch am 21.2.2008 vermutet habe: Sie erzwingen eine dienstrechtliche bzw. disziplinarrechtliche Aufarbeitung Ihres diesbezüglichen Verhaltens. Der Termin am Donnerstag, 13.3.2008 um 14.00 Uhr bleibt bestehen. Mit freundlichen Grüßen Hartmann

Meine Antwort vom selben Tag:

Sehr geehrter Herr Hartmann, durch Ihr Fax vom heutigen Tage sehe ich mich veranlasst, den Sachverhalt etwas näher auszufüh-

ren: Ich nehme Bezug auf Ihr Schreiben vom 7.3.2008, in dem Sie von einer Einladung mich betreffend in Ihrer Kopie vom 4.3.2008 sprechen. Das war keine Einladung, sondern die Kopie eines Schreibens an die Anwältin von Frau Appel, in der Sie meine Teilnahme an einem Gespräch schon voraussetzten, ohne mich vorab wenigstens informiert zu haben. Als Einladung kann ich das nicht bezeichnen. Daher laden Sie mich in Ihrem Schreiben vom 7.3.2008 auch nicht »nochmals« ein. Weiterhin sprechen Sie von »einem klassischen Fall von Missverständnis«. Auch das will sich mir nicht recht erschließen. Leider erklären Sie das »Missverständnis« nicht, auch nicht, was daran »klassisch« sein soll. Unmissverständlich hingegen steht fettgedruckt in Ihrem Schreiben an Frau Brucker vom 4.3.2008, dass eine Beschwerde gegen mich vorliegt. Mir den Inhalt der Beschwerde mitzuteilen, halten Sie offenbar nicht für nötig, erwarten aber gleichzeitig von mir, dass ich uninformiert an diesem Gespräch mit der Rechtsanwältin von Frau Appel, Frau Appel selber, Frau Windisch und Ihnen teilnehmen soll. Herr Bialke (zur Information: Personalrat) teilte mir telefonisch mit, dass Sie das Gespräch als schlichtendes Gespräch ansehen. Die Vorgeschichte und die Tatsache, dass Frau RA Brucker teilnimmt, geben mir keinen Anlass, mich darauf zu verlassen. Davon abgesehen, kann ich in diesem dritten schulaufsichtlichen Gespräch keinen rechten Sinn entdecken, denn wir haben schon zwei Gespräche auf Ihren Wunsch hin zu diesem Thema geführt, die sich auch in Dauer und Inhalt nach Ihren Vorstellungen richteten. Sie sollten auch einmal überlegen, wofür Sie meine Zeit und Kraft in Anspruch nehmen. Falls Sie auf meiner Teilnahme unter den gegebenen Umständen weiter bestehen sollten, werde ich einen Anwalt hinzuziehen müssen. Bitte bestätigen Sie mir vor dem Gespräch schriftlich die Übernahme der Anwaltskosten durch die Schulaufsicht. Ansonsten sehe ich mich weiterhin außerstande, an dem Gespräch teilzunehmen. Im Übrigen erwäge ich, das Verhalten der

Schulaufsicht durch die Dienstaufsicht prüfen zu lassen und fordere Sie hiermit ein letztes Mal auf, meine Schreiben vom 10.3.2008 und 17.3.2008 Punkt für Punkt schriftlich zu beantworten. Mit freundlichen Grüßen Sarrazin

Ich erhielt folgende Antwort:

Sehr geehrte Frau Sarrazin, Ihre und meine Zeit ist gleichermaßen kostbar. Auch der rege Schriftverkehr wie mehrfach thematisiert von Ihnen immer wieder verursacht, bindet Zeit und Kraft. Jeder setzt bei der Lösung von Problemen eigene Akzente. Ich als Ihr Vorgesetzter habe mich festgelegt und bleibe dabei. Deeskalation im Gespräch ist grundsätzlich ziel- und lösungsorientiert. Es ist Ihnen unbenommen, eine oder mehrere Personen Ihres Vertrauens zu dem morgigen Gespräch mitzubringen. Ich muss nur die Anzahl der Personen kennen, damit ich einen entsprechend großen Raum organisieren kann. Ich erwarte Sie am Do. 13.3.2008 um 14.00 Uhr bei mir. Der Raum ist bekannt, und an meinem Besprechungstisch haben maximal 8 Personen Platz. Mit freundlichen Grüßen Hartmann

Am 13.3.2008 schreibt Schulrat Hartmann an mich:

Termin heute bei mir. Sehr geehrte Frau Sarrazin, auf mein gestriges Fax haben Sie nicht geantwortet und sind heute zum Termin nicht gekommen. Zurückhaltend formuliert ist das schlechter Stil. Konkret haben Sie einer dienstlichen Aufforderung nicht Folge geleistet. Dies wird zu klären sein. Als Anlage erhalten Sie die mir von der RAin Brucker heute übergebene Beschwerde mit der Bitte um kurze schriftliche Stellungnahme zu den angekreuzten Passagen bis zum 04.04.08, Eingang bei mir spätestens 13.00 Uhr. Mit freundlichen Grüßen Hartmann

Die Beschwerde von Frau Appel war vom 4. März 2008 und umfasste dreiundzwanzig nicht nummerierte Punkte, zu denen ich laut Schulrat Hartmann bei sechs Punkten Stellung nehmen sollte. Ich zog es vor, alle Punkte zu beantworten. (Alle Beschwerden, die Frau Appel gegen mich anstrengte, wurden am 5. Januar 2009 (!) vollständig zurückgezogen.) Gleichzeitig erhob ich selbst Dienstaufsichtsbeschwerde gegen Schulrat Hartmann und Konrektorin Windisch.

Am 3. Juni 2008 (!) versicherte mir Oberschulrat Kuhring in einem Gespräch, dass ich im Fall der Tochter von Frau Appel richtig gehandelt hatte. Am 11. Juni 2008 bestätigte er dieses auch schriftlich. Ein Dienstvergehen von Schulrat Hartmann und Konrektorin Windisch konnte er aber nicht erkennen! Er begründete das damit, dass ja die Rechtsfrage des Klassenbesuches der Tochter von Frau Appel zufriedenstellend gelöst sei. Bloß darum ging es in meiner Dienstaufsichtsbeschwerde gar nicht. Es ging um die empörende Behandlung, die mir durch Konrektorin und Schulrat zuteilwurde, bis und nachdem die Schülerin völlig rechtmäßig wieder die zweite Klasse besuchte. Am 16. Juni 2008 weist Oberschulrat Kuhring meine Dienstaufsichtsbeschwerde zurück, ohne auf einen einzigen meiner angeführten Punkte einzugehen. Da war die Tochter von Frau Appel schon seit vier Monaten im zweiten Schuljahr und das Schuljahresende und damit Um- und Versetzungstermine standen vor der Tür.

Dieser absurde Versuch, an dem fundierten Urteil aller Kollegen, die mit der Tochter von Frau Appel einige Wochen gearbeitet, sie genau beobachtet hatten und an der eindeutigen Rechtslage vorbei, dem persönlichen Wunsch der Mutter wider besseres Wissen nachzugeben, ist nur gescheitert, weil ich als Pädagogin standhaft geblieben bin. Das hat viel Kraft gekostet. Zu viel Kraft, um sie jedes Mal aufzubringen, wenn unliebsame

Entscheidungen getroffen werden müssen. Was war das für eine Schulleitung, die nicht den Mut aufbrachte, eine überehrgeizige Mutter im Sinne der Urteile ihrer Fachkräfte, nämlich der beteiligten Lehrer, zu beraten? Warum startete der Schulrat Hartmann eine Fehde gegen mich persönlich, wo es doch »nur« um die Beschulung einer Achtjährigen ging?

Lehrer sollen und müssen Persönlichkeiten sein, wenn sie die nächste Generation überzeugend erziehen und bilden sollen. Aber dieser Fall zeigt exemplarisch, dass sie von ihren eigenen Vorgesetzten nicht als solche behandelt werden. Sondern ganz im Gegenteil. Ihr Urteil wird nicht ernst genommen. Wenn sie standhaft bleiben, wird Druck ausgeübt und alles getan, um den Lehrer in die Enge zu treiben. Möchte man gerne Duckmäuser?

Oberschulrat Kuhring brauchte vier Monate, um festzustellen, dass ich a) völlig rechtmäßig gehandelt hatte, b) die Beschwerden gegen mich von Frau Appel keine Grundlage hatten und c) Schulrat Hartmann und Konrektorin Windisch sich angeblich nichts hatten zuschulden kommen lassen. Schon die reine Logik sagt, dass, wenn a) und b) richtig sind, kann c) nicht auch richtig sein! Denn die ganzen Schwierigkeiten mit diesem Fall lagen in dem Verhalten der Schulleitung und Schulaufsicht begründet! Und das war mehr als eine »Stilfrage«, auf die Oberschulrat Kuhring sich bequemerweise zurückzog. Auch hier wieder das Phänomen, dass sich die Verwaltung vor jeder inhaltlichen Stellungnahme oder Auseinandersetzung drückt und schlicht keine Verantwortung übernimmt.

In diesen vier Monaten, in denen keiner so richtig wusste, woran er eigentlich war, ging der Schulbetrieb natürlich weiter. Das war ein »Eiertanz«, denn Konrektorin Windisch versuchte mit viel Eifer, mir irgendwelche Fehler nachzuweisen. Das gipfelte am 5. Juni 2008 mit der Drohung, dienstliche Konsequenzen gegen mich zu ergreifen, weil ich es gewagt hatte, Bedenken gegen die regelmäßige Hortbetreuung durch Lehrkräfte zu äußern. (Nur zu äußern, nicht die von ihr angeordnete Betreuung zu verweigern!) Da sie mich regelrecht schnitt, wenn andere Kollegen dabei waren, und andere mehr oder weniger lächerliche Verhaltensweisen an den Tag legte, wäre ich über eine zeitnahe Beantwortung der Dienstaufsichtsbeschwerden froh gewesen. Ich hatte keine Lust, monatelang Kraft und Nerven für ihre zunehmenden Provokationen zu vergeuden. Um wenigstens meinen Kollegen eine Erklärung für die rüde Behandlung meiner Person durch Frau Windisch zu geben, informierte ich sie am 9. Juni 2008 über meine Dienstaufsichtsbeschwerde.

Schikane durch Vorgesetzte

Am 16. Juni 2008 informierte mich der Personalrat telefonisch und vertraulich, dass Schulrat Hartmann meine Zwangsumsetzung plane, da ich die Kollegen von meiner Dienstaufsichtsbeschwerde informiert hatte und damit den Betriebsfrieden gestört hätte.

Am 18. Juni 2008 hielt Schulrat Hartmann eine Dienstbesprechung an der Reinhold-Otto-Schule vor allen Kollegen ab, auf der er erzählte, er habe eine zweistellige Zahl von Dienstaufsichtsbeschwerden hinter sich. Er nehme das nicht ernst, sie seien durchweg dümmlich, sachlich unrichtig und peinlich. Die von mir vorliegende sei das allerdings nicht. Dann informierte er das Kollegium davon, dass Kollegen bei ihm gewesen seien, weil ich die Stimmung an der Schule belaste. Das sei dem Kollegium nicht zuträglich, und die Situation könne so nicht bleiben. Er habe den Kollegen, die sich über mich beschwert hätten, Vertraulichkeit zugesichert und es solle sich jetzt niemand outen. Ich war entsetzt.

Er gab die Namen dieser reizenden Kollegen auch nicht in einem Gespräch am 26. Juni 2008 vor dem Personalrat Herrn Bialke und der Frauenbeauftragten Frau Quast preis. Auch die Aussage von Frau Quast, dass sich bei ihr mehrere Kollegen gemeldet hätten, die ausdrücklich wollten, dass ich bleibe, weil ich mich in den Gesetzen auskennen würde und sehr konstruktiv sei, konnte Schulrat Hartmann nicht beeindrucken. Ich fragte ihn, ob er sich nicht vorstellen könne, dass meine Rolle als Ehefrau des Finanzsenators auch Neid hervorriefe. Er antwortete, dass das mein Problem sei, damit müsse ich fertigwerden, die anderen hätten damit nichts zu tun. War er selber neidisch? Oder welchen Grund gab es sonst, diese naheliegende Überlegung so brüsk zurückzuweisen?

Schließlich erklärte er sich bereit, dass die Kollegen, die sich angeblich so negativ über mich geäußert hatten, mir selber Rede und Antwort stehen sollten.

Am 3. Juli 2008 fand dieses »Tribunal« statt. Die »Kollegen« entpuppten sich als die erweiterte Schulleitung! Eine Kollegin davon war erst seit einem Jahr als Musiklehrerin an der Schule. Ich kannte sie kaum, hatte noch nie dienstlich etwas mit ihr zu tun gehabt. Mit einer anderen Lehrkraft hatte ich vor einem Jahr ein schönes Märchenprojekt in bester Einigkeit gemacht. Es war nie ein böses Wort zwischen uns gefallen. Die dritte Kollegin hatte sich, als ich im Jahre 2002 an die Reinhold-Otto-Schule kam, sehr intensiv um privaten Kontakt zu mir bemüht. Kollegen hinterbrachten mir, dass sie gleichzeitig einen Zeitungsartikel ans Schwarze Brett der Schule gehängt habe, in denen mein Mann als bösartig u.Ä. beschimpft wurde. Natürlich ging ich auf ihre privaten Annäherungsversuche nicht mehr ein. Gern hätte ich meine langjährige Kollegin zu diesem »Tribunal« hinzugezogen, mit der ich sechs Jahre so gut zusammengearbeitet hatte. Sie war seit April dieses Jahres pensioniert.

Grund genug für Schulrat Hartmann, sie sei schon »lange« in Pension, ihre Teilnahme zu verbieten. Es wäre ja seiner Absicht, mich zu isolieren, zuwidergelaufen.

Da saßen die drei nun. Schulrat Hartmann war in seinem Element. Konrektorin Windisch schaute sehr vergnügt in die Runde. Frau Quast und Herr Bialke unterstützten mich. Ich saß fünf Gegnern gegenüber und wollte es genau wissen. Wann und wo hatte ich den Schulfrieden erheblich (!) gestört? Wann, wo und wem gegenüber waren »meine Umgangsformen nicht mehr tolerabel«? Wo war ich ein »mieses Vorbild für jüngere Kollegen«? Wie sah denn meine angeblich »destruktive Kritik aus«? Ich erhielt keine einzige Antwort, ratloses Schweigen, kein einziges Beispiel! Sie hätten ihr »dickes Buch« vergessen! Wir saßen nicht überraschend da, und das Thema war auch allen Anwesenden bekannt. Jetzt war ich richtig sauer. Einfach so, ohne dass auch nur eine klitzekleine Kleinigkeit vorlag, wurde ich auf diese Art und Weise vorgeführt? Sie hätten sich sozusagen schon aus Höflichkeit etwas überlegen können, damit die ganze Sache überhaupt Sinn machte. Ich kam mir regelrecht veräppelt vor. Irgendeine dumme, vorlaute Bemerkung oder einen missverstandenen Satz findet man doch bei jedem. Nicht einmal diese Mühe hatten sie sich gemacht! Die drei Damen der erweiterten Schulleitung folgten offenbar ganz einfach den Wünschen von Schulrat Hartmann und Konrektorin Windisch.

Die erweiterte Schulleitung war blamiert. Sie dachte allerdings nicht daran, sich bei mir zu entschuldigen. Ob die beteiligten Kollegen jemals für ihr hinterhältiges Verhalten zur Rechenschaft gezogen wurden, weiß ich nicht. Ich glaube es allerdings nicht, denn die Entwicklung in den Jahren bis zu meinem Dienstausscheiden lässt deutlich den Schluss zu, dass sie hinter meinem Rücken weiter gegen mich arbeiteten. Sie hatten wohl relativ leichtes Spiel, denn die Vorbehalte gegen und den Neid auf mich hatte ich unterschätzt.

Zwei Tage vor dieser lächerlichen Vorführung fand am 1. Juli 2008 mein letzter Elternabend mit den Eltern meiner dritten Klasse statt, die ich als Klasse abgab. Ich traute meinen Augen nicht, als Schulrat Hartmann auftauchte. Er stand mit Stift und Klemmbrett unterm Arm in der Tür. Mein erster Impuls war, ihm die Tür zu weisen, aber erste Impulse sind nicht die besten Ratgeber. Sollte er doch ruhig teilnehmen.

Was war passiert? Schulrat Hartmann hatte den einen Elternsprecher (ein alleinstehender Vater, der stets guten Kontakt zu dem schon erwähnten Herrn Nerner hielt) nachmittags angerufen und ihn a) gebeten, nichts davon zu sagen, dass er, der Schulrat, heute Abend käme und b) er, der Elternsprecher, solle doch bei dieser – letzten – Gelegenheit die volle Wahrheit über mich erzählen und nicht mit Kritik hinter dem Berg halten. So gab mir der Vater am nächsten Tag seinen »Auftrag« wieder. Wobei er nicht vergaß, mich besorgt zu fragen, ob ich ihm deswegen auch nicht böse sei. (Es gibt eben auch noch erwachsene Kindsköpfe!) Dieser Elternsprecher handelte »auftragsgemäß«. Er erwähnte sämtliche Problemkinder der Klasse (Problemkinder haben nun mal – leider – Probleme!), ohne allerdings ihren wahren Hintergrund zu kennen, und konstruierte daraus Aussagen, die nicht zutrafen. In der Tat hatten auch mehrere Kinder die Klasse verlassen, aber nicht meinetwegen! Ein Kind ging zur Sprachheilschule, eines zur Sonderschule, eines zog in die USA, ein weiteres ging in die Schweiz zurück, ein Drittes zog in sein Heimatland, dem Iran. Ein Mädchen zog innerhalb Berlins um, wurde deswegen abgemeldet – und kam wieder zurück, weil es sich in der neuen Schule nicht wohl fühlte! Meine Elternschaft war empört. Der Elternsprecher gab ausschließlich seine persönliche Meinung zum Besten, was er auch selber bestätigte. Die Eltern waren nicht nur empört, sie hielten auch dagegen und nun schwelgten sie in Erinnerungen an unsere »highlights« in diesen drei Jahren. Das war ein abendfüllendes Programm, es reichte von unserem Besuch in der Rettungsstelle eines Krankenhauses bis zur Seidenraupenzucht. Am Ende des Elternabends beklagte sich Schulrat Hartmann, er sei ganz vergessen worden. Recht so!

Diesen Elternabend hat er offensichtlich nirgends erwähnt, er taugte wohl nicht für seine unlauteren Zwecke! War wohl zu peinlich für ihn. Meine Eltern ließen nicht locker. Sie riefen ihn einzeln am nächsten Tag an und fragten nach, was er denn eigentlich gewollt habe. Mehrere Eltern schrieben mir, vor allem auch die zweite Elternsprecherin im Namen aller Eltern, wie sehr sie meine Arbeit mit den Kindern schätzten, mit der ausdrücklichen Bitte, es an Schulrat Hartmann weiterzuleiten. Das habe ich natürlich gerne getan, allerdings nie wieder etwas davon gehört oder gesehen …

Schulrat Hartmann und Konrektorin Windisch waren immer noch nicht fertig mit mir.

Am 11. Juli 2008 hielt Frau Windisch eine »Dienstbesprechung« ab. Sie diente ausschließlich dazu, mich weiter bloßzustellen. Es war ja klar: Das »Tribunal« war ins Lächerliche abgeglitten, der Elternabend gab auch keinen Anlass, mir etwas anzuhängen, ganz im Gegenteil, was nun? Auf dieser Dienstbesprechung behauptete Konrektorin Windisch, der Konflikt mit mir hätte sich »zugespitzt«, die erweiterte Schulleitung solle sich hinter sie stellen, sie bäte um »Schulterschluss« der Kollegen mit ihr, der Konrektorin. Wenn ich nicht gehen würde, würde sie gehen. So ein Verhalten bedarf keines Kommentars. Es war einfach zu würdelos.

Meine Kollegen waren wie vor den Kopf geschlagen. Nach Schulschluss saßen wir im Lehrerzimmer zusammen, und es fand eine denkwürdige Besprechung statt. Die spätere Konrektorin begann, indem sie mich fragte, wie das Kollegium mir helfen könne. Eine Kollegin war empört und äußerte, ich würde sagen, was ich denke, man könne gut mit mir zusammenarbeiten und ich sei eine tolle Lehrerin, eine Weitere pflichtete ihr bei. Eine Kollegin der erweiterten Schulleitung fragte, was ich mir wünsche. Sie zeigte sich entsetzt, dass Kollegen hinter meinem Rücken zum Schulrat gingen. (Anmerkung: Sie war selber bei dem »Tribunal« mit dabei gewesen!) Jemand schlug vor, einen Mediator zu suchen. Die Leiterin des Hortes bot ihre Vermittlung zwischen Frau Windisch und mir an. Ansonsten herrschte allgemeine Ratlosigkeit.

Am nächsten Tag war Schulfest. Auch hier erschien Schulrat Hartmann. Er stand, meist mit Konrektorin Windisch gemeinsam, mitten auf dem Hof umringt von meinen Kollegen zwischen den spielenden Kindern und versuchte unter den Kollegen Unterschriften gegen mich zu sammeln. So wurde es mir am nächsten Tag hinterbracht. Allerdings habe ich von so einer Liste nie etwas gesehen. Ich glaube nicht, dass dabei viel herausgekommen ist.

Schulrat Hartmann unternahm eine Menge gegen mich. Das Meiste war nicht rechtmäßig, nichts war fair oder auch nur berechtigt. Es fehlten jeder Anstand und Respekt vor mir als Person und meiner Arbeit. Er hatte es leicht, weil seine Helfer schwache Persönlichkeiten waren, die sich geschmeichelt fühlten, dass ein Schulrat so viel Interesse an ihnen zeigte. Sie fühlten sich wichtig und konnten unter dem Vorwand, den Schulrat auf ihrer Seite zu haben, ihren negativen Gefühle mir gegenüber ihren freien Lauf lassen. Sie hatten ja die Rückendeckung ihres Vorgesetzten! Es war verantwortungslos und bösartig.

Nur eines tat Schulrat Hartmann nicht, obwohl er jedes Recht dazu gehabt hätte. Es hätte zu seinen primären Aufgaben gehört: Er besuchte niemals meinen Unterricht. Stattdessen fischte er lieber im Trüben.

Und Oberschulrat Kuhring?

Oberschulrat Kuhring sollte sich als die wandelnde Unschärfe herausstellen. Er hätte Schauspieler werden sollen. Nie zeigte er sich mir über eine Sache konkret informiert und kaum je war er ehrlich. Es ist mir völlig rätselhaft, wie jemand mit solch einem Profil in einer deutschen Bildungsverwaltung eine Führungsposition erklimmen kann. Offenbar haben hier Auswahlmechanismen versagt oder wurden erst gar nicht eingesetzt.

Oberschulrat Kuhring behauptete, nichts von alledem gewusst zu haben. Ich hatte ihn aber am 30. Juni 2008 in einem Schreiben über alle Schikanen seines Untergebenen informiert, auch von seiner Umsetzungsabsicht: »Für den 26.6.2008 lud mich Schulrat Hartmann zu einem Gespräch über meinen Einsatz ab dem 1.8.2008«.

Wie kann er da behaupten, von nichts gewusst zu haben?

Erst hinterher, als sich herausgestellt hatte, dass Schulrat Hartmanns unbegründete Vorbehalte gegen mich kein Grund waren, beteuerte er, mich nie umsetzen haben zu wollen.

Oberschulrat Kuhring reagierte nicht auf mein Schreiben. Ich hatte aber nicht vor, meine Schule wegen einer überengagierten Mutter und eines nicht ausreichend qualifizierten, schrägen Schulrates zu verlassen. Es gab noch eine Möglichkeit, mich zu wehren: ein Schreiben auf dem Dienstweg an den obersten Chef der Senatsverwaltung für Bildung, Wissenschaft und Forschung, Herrn Dr. Prof. Jürgen Zöllner. Dieser Weg steht jedem Bediensteten des Landes Berlin offen, also auch mir. Daran änderte auch meine Rolle als Ehefrau des damaligen Finanzsenators nichts. Wenn ich eine andere Möglichkeit gesehen hätte, hätte ich allerdings gerne auf dieses Recht verzichtet.

Ein kurzes Schreiben oder auch nur ein kurzer Anruf von Oberschulrat Kuhring, dass er einer Umsetzung gar nicht zustimmen würde, hätte diesen Brief und damit wohl viel Ärger verhindert!

Ich schrieb Folgendes:

Sehr geehrter Herr Senator Zöllner, 3. Juli 2008

Ich bin seit dem 1. August 2002 an der Reinhold-Otto-Schule tätig. Der zuständige Schulrat, Reinhold Hartmann, beabsichtigt, mich gegen meinen Willen an eine andere Schule zu versetzen. Diese Versetzung soll nicht etwa aus Bedarfsgründen erfolgen, ich bin Lehrerin für Deutsch und Mathematik, und der Bedarf ist an der Schule gegeben.

Vielmehr führt Herr Hartmann einen persönlichen Rachefeldzug gegen mich, seitdem die von mir gegen ihn und die Konrektorin der Reinhold-Otto-Schule, Frau Windisch, erhobenen Dienstaufsichtsbeschwerde abschlägig beschieden wurde. Herr Hartmann hat seitdem unablässig versucht, mich zu demütigen und vor Eltern und Kollegen bloßzustellen.

Ich bitte Sie, die von ihm geplante Umsetzung zu untersagen. …

Mit freundlichen Grüßen Ursula Sarrazin

Der Brief war nicht etwa persönlich/vertraulich oder verschlossen adressiert, sondern ausdrücklich für alle Beteiligten in den beteiligten Stellen offen auf dem Dienstweg übermittelt worden. Selbstverständlich überprüfte auch nicht Senator Zöllner persönlich mein Anliegen, sondern er gab es an die zuständigen Stellen in seinem Haus weiter.

Abteilungsleiter Laube (nicht Senator Zöllner!) verhinderte meine unrechtmäßige Versetzung.

Im November 2008 erschienen überraschend mehrere tendenziöse und sachlich falsche Zeitungsartikel zum Fall Appel, die sicher nicht so erschienen wären, hätte Oberschulrat Kuhring die Beschwerde von Frau Appel über mich rechtzeitig abgelehnt.

Das tat er erst am 5. Januar 2009 (!), also ein halbes Jahr später. Gleichzeitig mit der Mitteilung, dass Frau Appels Beschwerde gegen mich völlig gegenstandslos war, im selben Schreiben, warf mir Oberschulrat Kuhring vor, mit meiner Weigerung, an dem Gespräch am 13. März 2008 mit Frau Appel, ihrer Rechtsanwältin, Schulrat Hartmann und Konrektorin Windisch teilzunehmen, gegen eine dienstliche Anordnung von Schulrat Hartmann verstoßen zu haben. Diese Ermahnung wurde ein Jahr lang in meiner Personalakte aufbewahrt!

Vier Monate vorher, am 3. September 2008, hatte sich Schulrätin Frau Liebherr ganz empört über die Zumutung, solch ein Gespräch führen zu sollen, mir gegenüber folgendermaßen geäußert: »An so einem Gespräch mussten Sie auch nicht teilnehmen, Frau Sarrazin!«

Mir erschließt sich bis heute nicht, welche Gründe Oberschulrat Kuhring hatte, mich für Vorgänge, die schon fast ein Jahr zurücklagen und die eine Zumutung für mich waren, überhaupt abzustrafen.

So ist wegen des unvernünftigen Wunsches einer verbohrten Mutter, einer unqualifizierten Schulleiterin und eines übelwollenden, rechthaberischen und selbstherrlichen Schulrates viel Porzellan zerbrochen und viel guter Wille auf allen Seiten zerstört worden.

Nun macht ja jeder einmal Fehler, auch die Schulaufsicht. Das dann aber als Vorgesetzter an dem Lehrer auszulassen, der seiner pädagogischen Verantwortung nachkommt, ist schikanös und unrechtmäßig.

Das Beispiel zeigt, dass die eigene pädagogische Verantwortung ein hohes Gut ist und dass es manchmal sehr unbequem sein kann, darauf zu bestehen. Aber eigene Verantwortung bedeutet nun mal auch eigene Entscheidung. Jeder kann nur das verantworten, was er selber auch entschieden oder mitentschieden hat.

Vor allem zeigt es, wie schwer einem Lehrer, der sich mit all seiner Erfahrung, Wissen und Können um seine Schüler bemüht, das Leben von der Schulbehörde und seinen Vorgesetzten gemacht werden kann.

Was passiert wohl, wenn das einem Lehrer mehrfach in seinem Lehrerdasein passiert? Sein Bemühen um ein Kind wird, wie in diesem Fall, damit quittiert, dass er sogar vor Rechtsanwälte zitiert wird, aber ohne dass ihm ein gleicher Schutz gewährt wird. Ja, er erhält eine Abmahnung, die ein Jahr in seiner Personalakte verbleibt! Er entgeht nur mit Mühe einer ungerechtfertigten Umsetzung! Das macht man einmal, vielleicht zweimal mit. Dann gibt man in der Regel auf und gibt eben die unverdiente bessere Note, spricht die nicht angemessene Empfehlung aus, stellt eine zweifelhafte Bescheinigung über Lese- und Rechtschreibschwäche aus oder lässt das Kind eben eine Klasse ungerechtfertigterweise überspringen usw. Jahrzehntelang hat wohl keiner das Rückgrat, sich für gewissenhafte Entscheidungen auf zweifelhafte Weise angreifen zu lassen und sich jedes Mal von Neuem zu verteidigen, vom beschädigten Ansehen bei Vorgesetzten ganz zu schweigen. In der Regel ist man immer mal wieder auf das Wohlwollen der Schulbehörde angewiesen. Wenn es Lehrern so schwer gemacht wird, pädagogisch sinnvolle Entscheidungen zu treffen, werden sie sich mehrheitlich opportunistisch verhalten. Hier gilt das Gleiche wie bei den Noten: Es wäre viel bequemer gewesen, das Kind überspringen zu lassen. Keiner hätte sich beschwert. Ich fand aber, es überschritt die Grenzen der Zumutbarkeit, einen offensichtlichen Fehler meiner Vorgesetzten zum Schaden eines Kindes fortzusetzen unter bewusster Ignorierung von rechtlich bindenden Beschlüssen, in diesem Fall der Klassenkonferenz.

In dem geschilderten Fall wurde zudem die Mutter in dem Glauben gelassen, nur meiner »Sturheit« habe es ihre Tochter ungerechtfertigterweise zu verdanken, dass sie wieder in die zweite Klasse gehen musste. Der Zorn der Mutter wurde völlig auf mich gelenkt, sie beschwerte sich ja auch nur über mich und nicht etwa über die Fehler meiner Vorgesetzten.

Soweit kann das Geschilderte im Prinzip, bei entsprechend fragwürdigem Verhalten der Vorgesetzten, jedem Lehrer passieren. Wohl den Lehrern, die es mit vernünftigen Vorgesetzten zu tun haben! Vielleicht liegt hier ein Grund, warum so viele Lehrer, so wie ich sie kennengelernt habe, von Ausnahmen abgesehen, oft so indifferent, unentschlossen oder auch doppelzüngig reagieren. Die Angst, etwas »Falsches« zu tun oder zu sagen, auch auf Konferenzen, war häufig spürbar. Offene Diskussionen um fachliche Themen, pädagogische Grundsätze, zum Beispiel bei der Einführung von SAPH, wurden bestenfalls »unter der Hand«, aber selten in den zuständigen Gremien geführt. So auch bei der aktuellen Diskussion über die inklusive Schule, der viele Kollegen sehr skeptisch gegenüberstehen. In den offiziellen Gremien ist davon wenig zu merken.

Rufmord durch die Presse und seine Folgen

Am 5. November 2008 erschien in der *Berliner Zeitung* ein Artikel unter der Überschrift »Die Frau des Senators sorgt für Streit«. Es ging um die schon behandelte »Möchtegernüberspringerin«, Tochter von Frau Appel. Mein – selbstverständliches – Verbleiben an der Schule wurde als fragwürdig dargestellt, mein pädagogisches Handeln als übergriffig, gar die

Umsetzung des Schulrates Hartmann mir zur Last gelegt. Weitere Artikel in verschiedenen Zeitungen folgten. Selbst der *Spiegel* titulierte in einer Ausgabe: »Schutz für Senatorengattin?«

So wurde Folgendes in der *Berliner Zeitung* vom 5. November 2008 berichtet: »Gegen die Lehrerin liegt bereits seit April eine Beschwerde bei der Senatsbildungsverwaltung vor … wird ihr vorgeworfen, schulrechtliche Dienstvorschriften verletzt zu haben. Es geht um ihr eigenmächtiges Verhalten gegenüber einer Schülerin.« Und »Die Mutter des Mädchens schaltete schließlich nach Absprache mit der kommissarischen Schulleiterin, die das Verhalten der Lehrerin Sarrazin ebenfalls missbilligte, den zuständigen Schulrat von Charlottenburg-Wilmersdorf, Reinhold Hartmann, ein. Dieser … bemühte sich um ein klärendes Gespräch zwischen Ursula Sarrazin und der Kindesmutter. Doch Frau Sarrazin, so Anwältin Brucker, habe vorgeschlagene Termine kurzfristig abgesagt – auch ohne Angabe von Gründen.« Die Mutter Appel weiter: »Um weitere Belastungen zu vermeiden, habe sie ihr Kind schließlich tatsächlich in die untere Klasse gegeben.« Und »Er« (Schulrat Hartmann) verordnete der Lehrkraft Sarrazin »einen pädagogischen Neuanfang« an einer anderen Schule – »sie sollte versetzt werden«.

Mein Schreiben an Senator Zöllner wird erwähnt, dass Schulrat Hartmanns Umsetzung Spannungsumsetzung gewesen sei (er hatte mit den meisten Schulleitern in Charlottenburg Streit), nur ich unterrichtete weiter an der Schule, sei aber trotz mehrerer Anfragen der Zeitung zu keiner Stellungnahme bereit. Die Bildungsverwaltung teilte lediglich mit, dass man sich zu Personalangelegenheiten prinzipiell nicht äußere. Der *Tagesspiegel* sprach von Intrigen, der *Spiegel* vom 10. November 2008 machte unter der Überschrift »Schutz für Senatorengattin?« ein Politikum daraus.

Da die Schulverwaltung die Beschwerden der Mutter Appel über mich allerdings erst im Januar 2009 beantwortete, konnte die Mutter dieses Vakuum nutzen, um in der Presse so über mich herzufallen. Hätte die Schulverwaltung etwas zügiger gearbeitet, wäre es der Mutter Appel nicht möglich gewesen, mich öffentlich so zu verleumden! Vermutlich hat erst diese öffentliche Gerüchteküche die Schulverwaltung aufgeschreckt und dazu gebracht, sich endlich zu bequemen, den haltlosen Beschwerden der Frau Appel entgegenzutreten. Leider nicht auch genauso öffentlich.

Und wie schützte die Schulverwaltung mich? Gar nicht! Sie gab lediglich an, sich zu Personalangelegenheiten nicht öffentlich zu äußern. Damit trug sie unweigerlich zu dem Eindruck bei, an den erhobenen Vorwürfen sei »etwas dran«, und sie, die Schulverwaltung, äußere sich nur deswegen nicht, weil sie die von dem Senator angeblich persönlich protegierte Lehrerin beschützen wolle. Dabei hätte sie den erhobenen Vorwürfen einfach entgegentreten können, indem sie gesagt hätte, dass die unterlassene Umsetzung meiner Person rechtmäßig gewesen sei und sie nach Überprüfung in meinem Verhalten im Falle der S. Appel keinen Grund zur Beanstandung gefunden hat. Dazu hätte man natürlich mal tatsächlich und vor allem rechtzeitig prüfen müssen!

Was aber taten meine Kollegen, mit denen ich täglich zusammenarbeitete? Normal wären Fragen an mich gewesen, eine Welle der Empörung, dass eine Lehrkraft ihrer Schule so durch die Presse diffamiert wurde. Nichts dergleichen geschah. Die damalige Konrektorin Frau Windisch hielt in meiner Abwesenheit eine Dienstbesprechung zu diesem Thema ab. Ich weiß bis heute nicht, was sie den Kollegen dort mitteilte. Schließlich hatte sie ja den entscheidenden Fehler gemacht, das Kind überhaupt in die dritte Klasse aufzunehmen! Eine Kollegin, unsere spätere Konrektorin, legte allen Kollegen den mich am meisten diskreditierenden Zeitungsartikel in ihr offizielles Schulfach mit der Begründung, sie täte das, damit »alle Bescheid wüssten«.

Ich war ratlos. Sollte es so sein, dass meine Kollegen den reißerischen Presseartikeln Glauben schenkten? Schließlich erfolgte ja auch keine richtigstellende Presseerklärung durch die Schulverwaltung, der ja die tatsächlichen Vorgänge bestens bekannt waren.

So wie die Dinge gelaufen waren, war mir jede Möglichkeit genommen, mich zu den infamen Zeitungsartikeln innerhalb meiner Dienststelle zu äußern.

Um nun wenigstens an meiner Dienststelle eine Informationsbalance herzustellen, stellte ich für meine Kollegen in kurzen Worten zusammen, worum es eigentlich gegangen war. Das handelte mir eine weitere Abmahnung von Oberschulrat Kuhring ein, die ein Jahr lang in meiner Personalakte verwahrt wurde.

Hier der originale Text:

Basisinformationen zum Fall Sophie Appel Berlin, den 9.11.2008

Sophie Appel kam im November 2007 unrechtmäßig auf Wunsch der Mutter und durch Veranlassung der kommissarischen Rektorin Frau Windisch zur Probe in meine Klasse. Sie sollte das 2. Schuljahr überspringen und gleich das 3. Schuljahr besuchen, da die Mutter sie für hochbegabt hielt. Für das Überspringen einer Klasse sind zwei Voraussetzungen nötig: ein amtliches schulpsychologisches Gutachten und ein Beschluss der Klassenkonferenz der abgebenden Klasse. Beides lag nicht vor. Die Klassenlehrerin und der Schulleiter ihrer alten Schule waren vielmehr gegen das Überspringen eines Schuljahres (Information von der Mutter selber an mich). Das Kind bestand die Probezeit nicht. Mein Versuch, das Kind vor den Weihnachtsferien (längere Zäsur für das Kind, um den Wechsel zu verkraften) scheiterte, weil die Mutter ihr schon gegebenes Einverständnis (in einem einstündigen Gespräch am 18.12.2007) überraschenderweise am letzten Schultag vor den Ferien wieder zurücknahm. Das stellte sich heraus, als ich ihr – netterweise – die Schulbücher für das 2. Schuljahr zur Verfügung stellen wollte (Zwischenzeitlich hatte sie mit der Schulleitung gesprochen). Am 29. Januar 2008 wurde auf der Klassenkonferenz unter Leitung von Frau Konrektorin Windisch einstimmig beschlossen, dass das Kind wieder ins 2. Schuljahr geht. Das passierte auch. Die Mutter wandte sich – offensichtlich – an Herrn Schulrat Hartmann. Der wollte ohne Einbeziehung der Lehrkräfte des Kindes eine Verlängerung der Probezeit bis Ostern verfügen. Das wäre gar nicht rechtmäßig gewesen und hätte für das Kind bedeutet, in der 3. Klasse zu verbleiben, da eine so lange Probezeit mit einem so jungen Kind nicht möglich ist. Dieses hätte dem Wohle des Kindes und seiner Entwicklung sehr geschadet. Daher habe ich mich dagegen gewehrt. Das gefiel dem Schulrat und meiner Schulleiterin nicht, weil sie wohl gerne ihren Fehler, das Kind überhaupt ins 3. Schuljahr gegeben zu haben, vertuschen wollten. Gegenüber der Mutter stellten sie es so dar, als ob ich allein dafür gesorgt hätte, dass das Kind S. Appel wieder ins 2. Schuljahr gehen musste. Daraufhin schrieb die Rechtsanwältin der Mutter am 4.3.2008 eine Beschwerde, zu der ich zwar gegenüber der Schulaufsicht schriftlich Stellung genommen habe, aber die, laut Presse, immer noch nicht von der Schulaufsicht beantwortet ist. Ich selber wurde seit meiner Weigerung, damit einverstanden zu sein, dieses Kind weiterhin rechtswidrig in meiner Klasse zu behalten, von Schulrat und Schulleitung auf vielfältigste Weise unter Druck gesetzt.

Daraufhin schrieb ich am 3.4.2008 eine Dienstaufsichtsbe-

schwerde über meine Schulleitung und meinen Schulrat. Diese wurde unter fadenscheiniger Begründung abgewiesen.

Seitdem wurde ich von der Schulleitung und dem Schulrat regelrecht schikaniert bis zum schulöffentlichen Mobbing. Herr Hartmann wollte mich von meiner Schule umsetzen, dazu war ihm offenbar jedes Mittel recht. In letzter Minute, am 3. Juli 2008 wandte ich mich daher auf dem Dienstweg an Herrn Zöllner als meinem obersten Dienstherrn, um diese völlig ungerechtfertigte Umsetzung gegen meinen Willen zu verhindern. Herr Zöllner übergab den Fall Herrn Laube. Dieser untersagte meine Umsetzung.

Diese »Basisinformation« veranlasste Oberschulrat Kuhring zu einem wahren, ganz ungewohnten Aktivismus: Er erschien auf einer Dienstbesprechung und wies die Kollegen an, dieses mein Schreiben zu vernichten. Ich hätte das nicht schreiben dürfen. (Kein Wort über den Wahrheitsgehalt!) Auf der kurz darauf stattfindenden Frauenversammlung am 17. November 2008 zeigte er sich in Gegenwart der Schulrätin Frau Liebherr sehr besorgt, ob er mich nicht zu streng wegen dieser Basisinformation getadelt hätte. Um dann am 5. Januar 2009 im Zusammenhang mit der Zurückweisung der Beschwerde von Frau Appel eine schriftliche dienstliche Ermahnung über meine schulinterne Bekanntgabe meiner »Basisinformation« auszusprechen, die – wie die schon erwähnte Weigerung, an dem Gespräch am 13. März 2008 teilzunehmen – ebenfalls ein Jahr lang in meiner Personalakte aufgehoben wurde! Offenbar fehlt Oberschulrat Kuhring ein klarer moralischer Kompass. Wie will er da seiner Aufgabe gerecht werden? Ich tat mit der Basisinformation nur das, was die Schulbehörde versäumt hatte: Informieren über die Faktenlage.

Die Hetzjagd geht weiter

Ich war nun in der Presse denunziert und viermal vor dem gesamten Kollegium verunglimpft und bloßgestellt worden:

1. durch Frau Windisch, als sie die Kollegen vor die »Alternative« stellte, entweder sie oder ich blieben an der Schule.
2. durch Schulrat Hartmann, der sich erdreistete, anonyme, haltlose Kritik gegen mich auf einer Dienstbesprechung auszubreiten,
3. durch das »Tribunal«, wo Kollegen über mich herziehen durften oder sollten und
4. durch Oberschulrat Kuhring, der mich ebenfalls vor allen Kollegen tadeln zu müssen glaubte, weil ich mit meiner »Basisinformation« den Versuch gemacht hatte, wenigstens vor meinen Kollegen meinen guten Ruf zu retten.

Das blieb natürlich nicht folgenlos für mich im Kollegium. Nun hatte aber auch jeder Kollege begriffen, dass man mir ohne unangenehme Folgen übel mitspielen konnte, wenn man das denn wollte. Das rief alle Neider auf den Plan. Das einzig Gute war, dass sich für mich immer mehr die Spreu vom Weizen trennte. Ich weiß heute, wer von meinen Kollegen verlässlich und integer war und ist. Es gab auch abstruse Vorkommnisse. Eine Kollegin versuchte mich zu provozieren, indem sie ein Schreiben einer trotzkistischen Partei, die vom Verfassungsschutz beobachtet wurde, an das offizielle Schwarze Brett der Schule hängte, in dem mein Mann beschimpft wurde. Ein Teil meiner Kollegen fiel darauf herein, weil das Schreiben als eines der GEW ausgegeben wurde!

Eine Kollegin der erweiterten Schulleitung behandelte mich wie Luft, eine andere grüßte nicht mehr.

Die erweiterte Schulleitung war verschnupft, weil ich eine

Entschuldigung von ihnen für ihre unsubstantiierten Verleumdungen auf dem »Tribunal« verlangte.

Daraufhin wandten sich einige Kollegen an Schulrätin Frau Liebherr, angeblich wussten sie sich keinen Rat mehr, wie sie mit mir »verfahren« sollten. Das sollte eigentlich vor mir geheim gehalten werden. Blieb es natürlich nicht.

Was das Ergebnis dieses Gespräches war, habe ich nie erfahren. Von der Schulrätin nicht und von den beteiligten Kollegen auch nicht.

Am 8. Dezember 2008 fand sich dann die kommissarische Konrektorin Frau Windisch endlich bereit, in Gegenwart von Vorgesetzten mit mir zu reden. Sie hatte sich selbst dem Abteilungsleiter Herrn Laube gegenüber geweigert, mit mir in seiner Gegenwart Gespräche zu führen. Letztendlich machte es die Sache aber auch nicht besser, da Oberschulrat Kuhring anordnete, dass über Vergangenes gar nicht gesprochen werden sollte! Es nahm auf seinen Wunsch hin auch Schulrätin Liebherr teil. Frau Windisch und ich »durften« uns jeder einen begleitenden Kollegen aussuchen. Frau Windischs Wahl fiel auf Frau Hirt, unsere spätere Konrektorin, ich bat Herrn Schlacher, von dem ich damals noch glaubte, er sei ein aufrechter Mensch. Selten sollte ich mich so getäuscht haben. Mir war damals nicht klar, dass mit dieser Hereinnahme von unbeteiligten Kollegen die ganze Angelegenheit verschlimmert werden würde. Ich wusste auch nicht, dass ausgerechnet Frau Hirt teilnehmen würde, die ja schon den schlimmsten Zeitungsartikel allen Kollegen präsentiert hatte. Oberschulrat Kuhring hatte betont, dass die Gespräche absolut vertraulich seien. Deshalb gab es laut Vorgabe von ihm auch kein Protokoll. Frau Windisch ließ erste Anzeichen von Einsicht erkennen, machte einen recht zerknirschten Eindruck und reagierte sehr emotional. Ich glaube nicht, dass sich irgendjemand der Beteiligten heute noch daran wird erinnern wollen, aber im Laufe des Gespräches dachte Oberschulrat Kuhring laut darüber nach, ob ich nicht Schulleiterin werden wolle. (Ich schreibe das hier, um darzustellen, wie das Gespräch sich gestaltete, nämlich ganz anders, als Oberschulrat Kuhring es später in einer Aktennotiz darstellte, die sich dreieinhalb Jahre später in seiner illegalen Aktensammlung zu meiner Personalakte fand.) Am Morgen nach dem ersten Gespräch fiel mir Frau Hirt im Sekretariat vor unserer Sekretärin und anderen zufällig Anwesenden erst mal um den Hals und meinte, sie sähe mich jetzt in einem ganz anderen Licht. Na schön, dachte ich, dann ist wohl ein normaler Stundenplan nicht mehr so fern.

Wiederum einen Tag später erfuhr ich, dass Konrektorin Windisch einen Rechtsanwalt eingeschaltet haben sollte. Angeblich wegen meiner »Basisinformation«. Wie ich gerüchteweise erfuhr, drohte der Anwalt der Schulverwaltung mit Unterlassungsklage. Ich habe nie wieder etwas davon gehört. Ich war aber geschockt, als ich davon hörte. Was war das für eine Frau? Wie sollte ich sie einschätzen? Da bemühten sich alle um eine Bereinigung, um die Wiederherstellung einer Arbeitsbasis, und kaum wurde auch ihr Verhalten mal ein wenig in Frage gestellt, holte sie sich einen Anwalt.

Am 15. Januar 2008 bestellte mich Oberschulrat Kuhring durch Anruf auf meinem Handy für 14.00 Uhr am selben Tag zu einem Gespräch unter vier Augen: Er führte mich zu der gemütlichen Korbgarnitur in seinem Arbeitszimmer, dort nahmen wir Platz. Er teilte mir mit, ich dürfe meine Kollegen nicht über Meinungsverschiedenheiten oder Beschwerden über die Schulleitung informieren. Ich war überrascht: Es war Frau Windisch, die die Kollegen instrumentalisierte, nicht ich! Er hatte selber in dem oben beschriebenen Gespräch um die Hinzuziehung von Kollegen gebeten! Ich solle mir stärkere Gegner suchen.

Schließlich brachte er seine Abneigung gegen schriftliche Äußerungen zum Ausdruck. Er bevorzuge das mündliche Gespräch, denn »Schrift sei Gift«. Er forderte mich auf, weder ihm noch den Kollegen noch sonst irgendeinem Briefe zu schreiben. Im Übrigen solle die Vergangenheit ausgespart bleiben. Damit rechtfertigte er, dass meine verschiedenen brieflichen Äußerungen ihm gegenüber ohne Antwort geblieben waren. Zum Abschluss dieses Gespräches, das ja von der Rollenverteilung her zwischen einer kleinen Grundschullehrerin und dem zuständigen Oberschulrat geführt worden war, fragte er mich unvermittelt, ob ich gewusst hätte, dass Claudia Zinke als Staatssekretärin in die Senatsverwaltung für Bildung wechsle. Ihr Wechsel hatte am Morgen unseres Gespräches in der Zeitung gestanden. Frau Zinke war die Büroleiterin meines Mannes in der Senatsverwaltung für Finanzen gewesen und arbeitete dort zuletzt als stellvertretende Leiterin der Haushaltsabteilung. Was für eine Grenzüberschreitung! Er war mein überübernächster Vorgesetzter und konnte offensichtlich meine Rollen als Lehrerin und als Ehefrau des Finanzsenators mir gegenüber nicht auseinanderhalten.

Oberschulrat Kuhring beließ es nicht bei dem einen oben erwähnten Gespräch mit Frau Windisch. Er ordnete ein zweites Gespräch für den 21. Januar 2009 an. Das hatte für mich unvorhersehbar einen völlig anderen Charakter. Als ich im Schulamt ankam, erscholl fröhliches Lachen aus dem Besprechungszimmer von Oberschulrat Kuhring. Die »Gegenseite« amüsierte sich anscheinend prächtig. Später stellte sich heraus, dass dort ein »Vorgespräch« stattfand. Da ich um keines gebeten hätte, hätte ich auch keines erhalten, hieß es auf meine Nachfrage!

Zu Beginn verteilte er an jede Partei je einen Zettel, »Schnipsel«, wie er sagte, der fünf Minuten gelesen werden und dann vor allen Gesprächsteilnehmern vorgelesen und besprochen werden sollte. Auf meinem »Schnipsel« stand, dass ich darauf verzichten solle, »alleiniger Inhaber der Wahrheit« zu sein, als Frau des Finanzsenators müsse ich mich »besonderer Vorsicht befleißigen«, ich solle nicht rechthaberisch sein, ich würde Kollegen unrechtmäßigerweise in Konflikte einbeziehen, ich solle mir stärkere Gegner suchen, die Vergangenheit solle ausgespart werden. Ich machte mir Notizen am Rand des »Schnipsels«, wie ich es mit allen Schriftstücken mache, über die ich nachdenke. Nachdem alle Platz genommen hatten, sollte ich mich zu dem »Schnipsel« äußern. Das ging mir zu schnell, ich bat um mehr Zeit zum Nachdenken. Ich wunderte mich und erwähnte, er habe doch selber gesagt »Schrift sei Gift«. Daraufhin verlangte er den Zettel zurück. Ich hatte ihn auf meinen Aktenordner gelegt, der neben mir auf dem Boden stand. Ich zögerte, ihm den Zettel zu geben, denn darauf standen schließlich meine persönlichen Notizen. Oberschulrat Kuhring stand auf, ging um mich herum, bückte sich und ergriff den Zettel, der unter meiner Hand auf meinem Ordner lag! Zurück an seinem Platz zerriss er den »Schnipsel« in vier Teile (groß genug, um den »Schnipsel« wieder zusammensetzen zu können) und brachte ihn ins Nebenzimmer. Dabei kritisierte er mich noch, weil ich Anmerkungen und Unterstreichungen angebracht hatte.

Eine gute Freundin gab mir später den Rat, ich hätte den Zettel statt unter meine Hand in meinen Ausschnitt stecken sollen. Vielleicht wäre er ja dann für die Nachwelt gerettet worden. Jedenfalls war sein Verhalten übergriffig.

Konrektorin Windisch las ihren Zettel vor. Er war wesentlich kürzer als meiner. Er enthielt Hinweise zu Strukturen, die es an einer Schule geben müsse, um Konflikte zu lösen. Frau Windisch dürfe keine Kollegen in Konflikte mit einbeziehen. Außerdem sollte sie sich überlegen, inwieweit sie Widerspruch zuließe. Auch diesen Zettel zerriss Oberschulrat Kuhring, allerdings in ganz viele klitzekleine Schnipsel.

Dann machte Oberschulrat Kuhring einen kleinen Ausflug zu den Palästinensern. Er wollte ja die Vergangenheit ausklammern. Ich nicht, weil die Vergangenheit in die Gegenwart fortwirkt, solange wie geschehenes Unrecht nicht als solches festgestellt ist. Nun, meinte er, dann würden die Palästinenser ja auch so lange kämpfen, bis dieses festgestellt sei. Ja, sagte ich, genau das tun sie ja auch. Er sagte nichts mehr. Ich verzichtete darauf, ihn auf die naheliegende Parallele zu Nachkriegsdeutschland hinzuweisen. Dort hatte auch die Mehrheit der Bevölkerung gemeint, man solle doch die Vergangenheit ruhen lassen. Als Beispiel wäre das sicherlich passender gewesen als die Palästinenserfrage.

Wie gesagt, diese zweite Gesprächsrunde hatte einen völlig anderen Charakter als die erste.

Denn nun wurde mir ein Brief vom 5. Januar 2009 an den Elternsprecher der damaligen 5b als zu scharf vorgehalten. Dabei kannte Oberschulrat Kuhring weder die Vorgeschichte dieses Schreibens von mir, noch hatte er meinen Brief zur Hand! Da ich nicht wusste, dass er hierüber sprechen wollte, hatte ich ihn natürlich auch nicht dabei. Wir sprachen also über ein Phantom. Passiert war Folgendes: Ich gab Mathematik in der fünften Klasse von Frau Hirt, die ja praktischerweise mit am Tisch saß (als »Unterstützung« für Frau Windisch). Die Arbeitshaltung der Klasse ließ zu wünschen übrig, bei mir und anderen Lehrern. (Kommt bei Fünftklässlern schon mal vor!) Deshalb hatten Frau Hirt und ich vereinbart, hierüber mit den Eltern zu sprechen und einen Elternabend zum Thema Leistungsbereitschaft, häuslicher Fleiß und Pflichten der Eltern zu veranstalten. Sie wollte mit dem Elternsprecher einen Termin absprechen. Am 5. Januar 2009 erhielt ich eine Einladung vom Elternsprecher der Klasse 5b, die schon an alle Eltern verteilt worden war, mit folgendem, einzigen Thema: Mathematikunterricht, Notendurchschnitt, Inhalt und Umfang der letzten Klassenarbeiten. Ich war empört. Das war gegen unsere Abmachung, und der Elternsprecher hatte es auch nicht für nötig gefunden, mit mir darüber zu sprechen! Ich schrieb ihm zurück, dass »es aus meiner Sicht geboten gewesen« wäre, »den Inhalt und die Formulierung mit mir persönlich abzustimmen«. Ich schlug ihm vor, wie nach meiner Meinung die Tagesordnung hätte aussehen müssen, nämlich 1. Informationen von Frau Sarrazin über den Leistungsstand der Klasse in Mathematik, 2. Diskussion darüber. Abschließend wies ich den Elternvertreter darauf hin, dass mir weniger der »Notendurchschnitt« als vielmehr die Leistungsrückstände der Klasse Sorgen machen würden. (Der Notendurchschnitt war ja erst eine Folge davon!)

Oberschulrat Kuhring warf Frau Hirt einen bitterbösen Blick zu, als er erfuhr, welche Vorgeschichte mein Elternbrief gehabt hatte. Frau Hirt guckte kleinlaut, sie ließ es später als Konrektorin an mir aus.

Trotzdem blieb er dabei, der – ihm persönlich unbekannte und im Gespräch nicht vorliegende Brief – sei zu scharf. In der Folge entspann sich immerhin ein Gespräch über die Notwendigkeit, Absprachen über die Formen der Elternarbeit an einer Schule zu treffen.

Oberschulrat Kuhring hatte sich ja zu Beginn dieses Gespräches, in dem es angeblich um die »Konflikte« zwischen Frau Windisch und mir gehen sollte, jede Reflexion über Vergangenes verbeten. Nun wies Schulrätin Frau Liebherr, wohl mangels anderer Dinge, die man mir noch vorwerfen könnte, auf eine Begebenheit hin, die stattfand, als Frau Windisch noch gar nicht an der Schule war! Im Jahre 2005 (!) hatte in meinem damaligen ersten Schuljahr ein Mädchen eine völlig verkrampfte

Schreibhaltung, die unweigerlich auf Dauer zu Beschwerden in der Schreibhand führen musste. Ich zeigte ihr die übliche Stifthaltung, die sie auch gutwillig übernahm. Aber ich hatte nicht mit der alleinerziehenden Mutter gerechnet, die fand, dass ihr Kind so schreiben sollte, wie es wolle. Sie beklagte sich bei Frau Liebherr, damals unsere Schulleiterin. Frau Liebherr verstand zwar nichts von Erstklässlern und vom Schreibenlernen – sie hatte null Grundschulerfahrung –, gab aber der Mutter recht. Abgesehen davon, dass das im Jahre 2005 pädagogisch ein kleines Problem gewesen war, hatte ich nicht die geringste Idee, was diese Geschichte jetzt und hier in dieser Runde zu suchen hatte, außer man hatte es darauf angelegt, auf Teufel komm raus Belastendes gegen mich zu suchen und möglichst auch etwas zu finden.

Ich war einigermaßen perplex. Da saßen wir in einer hierarchisch recht hoch angesiedelten Runde, beide Seiten mit »Zeugen«, um die desolate Schulsituation zu befrieden, wie gesagt worden war – und dann so? Ich hatte mich jetzt lange genug hergeholten, haltlosen Vorwürfen, die zudem gar nichts mit Frau Windisch und mir zu tun hatten, ausgesetzt: Von Frau Windisch fühlte ich mich, seit sie an der Schule war, immer wieder schikaniert (bereits am 1. Juni 2007 hatte sie sich vor Personalrat Elsbach in einem Gespräch deswegen verantworten müssen) und dann wurden lächerliche Vorwände gesucht und aus dem Zusammenhang gerissene Vorgänge gegen mich in Stellung gebracht. In meinem Schlusswort forderte ich eine Entschuldigung von Frau Windisch, weil sie mich auf einer Dienstbesprechung bloßgestellt hatte, die Kollegen vor die Wahl gestellt hatte, entweder sie oder ich sollten die Schule verlassen (wörtlich an die Kollegen: »Ich bitte um Schulterschluss mit mir«), wies auf ihre Beteiligung bei dem »Tribunal« unter Leitung von Schulrat Hartmann hin, wo die erweiterte Schulleitung über mich herziehen durfte. Frau Windisch stritt alles ab – und kam damit durch! Keine Ermahnung, keine Rüge, nichts.

Noch am selben Tag schrieb ich einen Brief an Oberschulrat Kuhring, in dem ich ihn darauf hinwies, dass ich es nicht in Ordnung fand, dass ich mich nicht vorbereiten konnte, dass notwendige Unterlagen fehlten, dass er nur auf Hörensagen hin agierte. Vor allem stellte ich die Frage, ob es bei der Schulaufsicht in Charlottenburg üblich sei, Unwahrheiten von Führungskräften zu tolerieren. Eine Antwort erhielt ich nicht.

In der Rückschau zeigt sich hier im Übrigen schon deutlich die Sammelwut von Oberschulrat Kuhring gegen mich, von der später noch die Rede sein wird.

In dieser diffusen, von Misstrauen, Fehlinformationen, Gehässigkeiten und hilflosem, mir gegenüber boshaftem und intrigantem Agieren der Konrektorin Frau Windisch geprägten Stimmungslage im Kollegium war das Arbeiten natürlich erschwert.

Ab jetzt bekam ich Schwierigkeiten in der Klasse 5b, Frau Hirts (!) Klasse. Die Kinder wurden aufmüpfig (einige Eltern auch), der Elternsprecher behauptete, ich würde sein Kind benachteiligen, ein Junge beschimpfte mich als »Schlampe«, um nur einiges zu nennen. Da im ersten Schulhalbjahr von solchen Problemen nichts zu spüren war, mag ich an einen Zufall nicht glauben.

Eltern eines dritten Schuljahres, wo ich ebenfalls Mathematik unterrichtete, steigerten sich in geradezu unsinnige Klagen hinein, die sich im Nachhinein allesamt als unhaltbar und als üble Nachrede herausstellten. Die Elternsprecherin Frau Zimzinsky, von ihr war schon die Rede, ergriff die Gelegenheit, eine regelrechte Hetzjagd auf mich zu veranstalten.

Inzwischen war seit dem 9. Februar 2009 Joachim Syska unser neuer Schulleiter. Selbst er erkannte schnell, dass da etwas nicht stimmen konnte. Am 2. April 2009 teilte er mir mit, dass es eine Verbindung zwischen den beiden Elternsprechern der beiden Klassen gebe. Er habe erkannt, dass da »aufgebauscht« würde, wie er sich ausdrückte. Als er mir am 5. Mai 2009 vorschlug, im nächsten Schuljahr eine eigene Klasse zu übernehmen, entschloss ich mich, an der Schule zu bleiben.

Zur Gruppendynamik unter Lehrern

Solche Verhaltensweisen und Zustände wie die oben geschilderten waren mir, bevor ich in Berlin als Lehrerin arbeitete, vollkommen fremd. Die Zusammenarbeit mehrerer Lehrer in der gleichen Klasse war selbstverständlich, und schon gar nicht wurde eine Lehrkraft vor versammelter Eltern- und Lehrerschaft im Stich gelassen oder gar bloßgestellt. Das konnte nie zu einem guten Ende führen, selbst bei berechtigter Kritik. Dann mussten Wege gefunden werden, die die Situation besserten und mit keinem Gesichtsverlust der Betroffenen verbunden waren. Bis auf die letzten drei Berliner Jahre war ich dreißig Jahre lang Klassenlehrerin gewesen. Absprachen mit den Fachlehrern, gemeinsame Unternehmungen mit den Kindern, gemeinsame Elternarbeit, fächerübergreifende Projekte, gemeinsame Planungen usw. waren unser tägliches Handwerkszeug. Für irgendwelche Neidkampagnen, Gerüchte und ähnliche kontraproduktiven gehässigen Stimmungstöter und Motivationszerstörer hatten wir weder Sinn noch Zeit noch Interesse, von der moralischen Fragwürdigkeit einmal ganz zu schweigen.

Wie erklären sich dann meine Erlebnisse diesbezüglich in Berlin? Erst einmal traf ich hier auf einen wesentlich kleineren Anteil von hoch engagierten Lehrkräften, als ich es gewohnt war. Es war wohl einfach mehr Energie für solche Bösartigkeiten frei. Und der ohne Frage vorhandene Neid auf meine persönliche Situation verstärkte alles noch. Ganz klar drückte das die Konrektorin Frau Hirt einmal aus, als sie mich zur x-ten Mehrarbeitsstunde mit folgenden Worten heranzog: »Ach, Ulla, dir geht es ja so gut, da kannst du doch ruhig ein paar mehr Mehrarbeitsstunden machen!«

Manche Kollegen gaben offenbar tatsächlich an, vor mir Angst zu haben. Ich habe lange darüber nachgedacht, was an mir so angsteinflößend sein sollte! Das hatte bisher noch nie jemand von mir behauptet. Bis mir ein Interview in der *FAZ*-Sonntagszeitung vom 13. November 2011 mit der frisch ernannten Chefredakteurin der *New York Times* Jill Abramson in die Hände fiel. Auf die Frage, warum sie von vielen Mitarbeitern gefürchtet würde, antwortet sie: »Auf manche Leute wirke ich vielleicht einschüchternd. Ich kann mir vorstellen, dass das daran liegt, dass ich hohe Ansprüche habe, und wenn ich Fragen stelle, werden die manchmal als Kritik missinterpretiert.« Da ich mit meiner westdeutsch geprägten Kompetenz Fragen inhaltlich auf den Punkt gebracht habe und weil weder die Vorgesetzten noch viele Kollegen dem inhaltlich gewachsen waren, hieß es dann eben, sie hätten Angst vor mir. Dass das eine bekannte Tatsache und ein üblicher Mechanismus ist, zeigt dieses Interview. Das erklärt auch, warum ich von übelwollenden Kollegen für rechthaberisch gehalten wurde: Ich hatte eben meistens tatsächlich Recht, was allerdings das Gegenteil von rechthaberisch ist. Manche Kollegen gestanden mir das auch respektvoll zu. (Sie schrieben es auch an die Frauenbeauftragte von Charlottenburg, Frau Quast.)

Die tatsächliche Leistung eines Lehrers wird bis heute nicht festgestellt oder gemessen. Das ist nicht einfach, vielleicht auch nie so richtig möglich. Ein Lehrer arbeitet mit Kindern und Jugendlichen. Naturgemäß sind sie alle verschieden, haben unterschiedlichste Begabungen und andere gute oder schlechte Lernvoraussetzungen, für die der Lehrer nichts kann. Eine schwache Klasse mit vielen verhaltensauffälligen Kindern wird schlechter abschneiden als eine begabte Klasse voller gut erzogener Kinder. Schon einfach deshalb, weil der Lehrer nicht so viel Zeit mit der Erziehung der Schüler verbringen muss, die dann zum Lernen fehlt. Aber auch aus vielen anderen Gründen, aber das wäre ein anderes Thema. Wie soll da die Lehrerleistung gemessen werden? Punktuell ist das nicht möglich. Eine Möglichkeit liegt in der Querschnittmessung mit standardisierten Tests. Das heißt, jedes Jahr werden alle Schüler einer Schulstufe mit dem gleichen Testverfahren getestet. So zeigen sich die Fortschritte, die in einem Jahr erzielt worden sind. Damit lassen sich gleichwertige Schülergruppen vergleichen, und es ergeben sich Anhaltspunkte für die Lehrleistungen der Lehrer. Dann kann man »die Lehrerqualität daran messen, was der Lehrer den Schülern wirklich beibringt«[21].

Heute ist das – noch – nicht so. Das heißt, die Leistung eines Lehrers spielt in den Kollegien keine große Rolle für die Stellung eines Kollegen im Gruppengefüge. Die Achtung, die er genießt, steigt nicht mit seinem Einsatz und seinem Erfolg für die Schüler. Ausgenommen hiervon sind Tätigkeiten, die er freiwillig für die Schule übernimmt: die Vorbereitung der Bundesjugendspiele etwa, die Übernahme von Gremienmitarbeit oder auch die Pflege der Blumenbeete auf dem Schulhof. (Wobei ich nichts gegen die Wichtigkeit solcher und anderer Tätigkeiten sagen will!) Die Wertschätzung eines Kollegen durch die Schulleitung spielt bei seinem Ansehen innerhalb des Kollegiums eine große Rolle. Dabei ist es gleichgültig, worauf diese Wert-

---

21 *Aus Ludger Wössmann: Letzte Chance für gute Schulen, München 2007, S. 97.*

schätzung beruht. Es kann sogar passieren, dass ein hoch engagierter Lehrer, der sichtbar erfolgreich unterrichtet, die »Preise verdirbt« und mit Repressalien rechnen muss. Oder wie es mir passiert ist, als zum ersten Mal Vergleichsarbeiten stattfanden: Meine Klasse schnitt signifikant besser ab als die Parallelklasse, die damalige Schulleiterin wies mich an, dieses Ergebnis doch für mich zu behalten, weil sonst der Schulfriede gestört werden würde! Das heißt, ein leistungsbewusster Lehrer erntet damit keine Lorbeeren, im Gegenteil, er wird unter Umständen regelrecht ausgebremst.

Es gibt keine Hierarchie unter Lehrern. Alle sind erst mal gleich. Es gibt keine Ober-, Unter-, Hilfs-, Assistenz- oder sonstige Lehrer. Es gibt auch keinen Teamlehrer, der etwa ein Team von Lehrern zu leiten hätte. In solch unstrukturierten Gruppen bildet sich schnell eine informelle Gruppendynamik, die relativ leicht zu problematischen Konstellationen wie Cliquenbildung, persönlichem Hickhack oder Ausschluss Einzelner führen kann, weil es keine formellen Stützen gibt.

Je kleiner ein Kollegium ist, desto stärker entfalten die ersten beiden Punkte ihre – ungute – Wirkung. Es gibt ja keine Ausweichmöglichkeiten, sondern nur die eine Gruppe. So wie man auch in einem Dorf der Gruppenstruktur nicht ausweichen kann, sehr wohl aber in einer Großstadt.

Über diesem sozial unstrukturierten Gebilde »thront« der Rektor, unterstützt von Konrektor oder Konrektorin, weiter unterstützt von einer sogenannten erweiterten Schulleitung aus dem Kreise der Kollegen.

Ich finde es nicht verwunderlich, dass unter solchen gruppendynamischen Voraussetzungen Lehrer nicht besonders mutig sind und häufig den Weg des geringsten Widerstandes gehen. Wenn die eigene Leistung nichts oder nur unerheblich wenig zählt, man auf informelle Gruppenbeziehungen angewiesen ist, und es im Kollegium wohl eine fest installierte Unterstützung der Schulleitung durch die erweiterte Schulleitung gibt, aber keine institutionelle Unterstützung für die Kollegen. Für üble Nachrede und deren Unterstützung, Dulden von und Mitmachen bei Beleidigungen einer Lehrkraft, Unwahrhaftigkeiten und Meiden einer Lehrkraft, kurz für Mobbing sind diese zugegeben günstigen Bedingungen allerdings auch keine Entschuldigung.

Nach meinem Ausscheiden aus dem Schuldienst im Sommer 2011 behielt ich zu einigen Kollegen den Kontakt. Bei einem nachmittäglichen Treffen mehrerer Kollegen traf ich auch Frau Mattig-Krone, die »schulexterne Person« in den Gremien der Reinhold-Otto-Schule ist. Sie war auf der Schulkonferenz am 17. Januar 2011 dabei gewesen, von der es in der *BZ* geheißen hatte, eine Lehrerin habe angegeben, dort wäre zwei Stunden über mich gesprochen worden. Was lag näher, als sie bei dieser Gelegenheit danach zu fragen, denn im Protokoll zu dieser Schulkonferenz stand davon nichts. Sie bestätigte den Inhalt dieser Zeitungsmeldung nicht, es sei nur allgemein über die »Unruhe an der Schule« gesprochen worden. Damit war unser Austausch hierüber auch schon zu Ende. Der sich anschließende Mailverkehr zwischen der Gastgeberin und mir wirft ein bezeichnendes Licht auf die scheinbar unbeteiligte Einstellung vieler meiner ehemaligen Kollegen.

Am 6. Mai 2012 bekam ich eine Mail mit sinngemäß folgendem Inhalt:

> *Meine Kollegin fände es schade, dass unsere beiden letzten Zusammenkünfte für uns beide anstrengend waren. Sie habe mich nie gemobbt, auch wenn wir Meinungsverschiedenheiten hatten. Die Akte Sarrazin interessiere sie jedoch überhaupt nicht. Es gäbe für*

sie keinen Grund, warum sie Kraft und Lebenszeit in das Studieren, Verstehen und Aufarbeiten dieser Geschichte stecken sollte. Sie brauche ihre Energie anderweitig. … Die Akte Ulla sei für sie Vergangenheit und sie möchte sich gar nicht damit beschäftigen … und hoffe für uns (ROS)[22]*, dass wir weiterhin ungestört unsere Arbeit machen können, ohne dass uns die Vergangenheit (Journalistenjagd auf dem Schulhof und den Schulgängen) wieder einhole.*

Meine Antwort:

Liebe Margret[23]*, die Empfindung, dass unsere Treffen »anstrengend« waren, teile ich nicht und definiere meine Empfindungen lieber selbst. Mobbingvorgänge sind dadurch definiert, dass wenige sich am Rufmord beteiligen und die übrigen betont neutral wegschauen. Gerade das Wegschauen der »Unbeteiligten« ermöglicht erst Mobbing. Das kannst Du in der Literatur überall nachlesen. Die Wegschauer machen sich dadurch mitschuldig, dass sie nicht gegen das Mobbing Partei ergreifen, auch das steht in der Literatur. In meinem Fall warst Du wie viele andere eben bei jenen, die lieber wegschauten. Dazu passt, dass jetzt die »Akte Ulla« für Dich, wie Du schreibst, »Vergangenheit« ist und Du Dich damit »gar nicht beschäftigen« möchtest. Darum habe ich Dich übrigens auch nie gebeten. Ich habe auch mit Dir nie über das Mobbing gegen mich gesprochen, sondern hatte lediglich in Deiner Gegenwart am 1. Mai mit Frau Mattig-Krone einen Austausch über die Schulkonferenz am 17.1.2011, bei der sie anwesend war. Eure Arbeit an der Schule konntet Ihr im Übrigen immer ungestört machen. Kein Journalist störte je Euren Unterricht. Ich habe die Journalisten nicht gerufen und auch keinen von ihnen je auf dem*

22 *Reinhold-Otto-Schule*
23 *Name geändert*

Schulgelände getroffen – außer Frau Susanne Vieth-Entus vom Tagesspiegel *an meinem letzten Schultag, als sie Herrn Syska besuchte. Liebe Grüße Ulla.*

Ich sah keine Veranlassung, diesen unerquicklichen Dialog fortzusetzen. Er zeigt die ambivalente Haltung mir gegenüber sehr deutlich. Diese Kollegin hat mir auch viel Persönliches von sich und ihrer Familie erzählt wie andere Kollegen auch. Guten, persönlichen Kontakt zu mir – gerne, aber bitte so, als sei nichts geschehen. Das ist wie den Kuchen essen und behalten oder wie wasch mir den Pelz, aber mach mich nicht nass. Darauf lassen sich weder kollegiale noch persönliche Beziehungen aufbauen. Das ist die Botschaft dieser Mails.

Dieser Kollegin, deren »Problem« mit mir hier stellvertretend für viele Kollegen dargestellt ist, hatte etwa ein halbes Jahr lang bei mir wöchentlich hospitiert, um zu lernen, wie man sinnvoll mit Freiarbeit bei Schulanfängern umgeht. Es ist in unserem Schulsystem nicht selbstverständlich, dass eine Kollegin einer anderen diesen intensiven Einblick in ihre Arbeit gestattet. Schade, dass auch diese guten Ansätze für gute Schule durch die Mobbingkampagne gegen mich verschüttet wurden.

Kapitel 5

Die Schulleitung

Was einen guten Schulleiter ausmacht

Die Schulleitung ist das Bindeglied zwischen der einzelnen Schule und der Schulbehörde. Deshalb sitzt sie manchmal zwischen allen Stühlen. Manchem meiner früheren Schulleiter ist das passiert. Da galt es, mit Geschick die Interessen der Schule zu vertreten, ohne sich das Wohlwollen der Behörde zu verscherzen, denn ohne guten Willen auf beiden Seiten geht in der Regel nichts.

Für die Kollegen einer Schule ist der Rektor ihr Dienstvorgesetzter. Deshalb wollen sie es sich mit ihm auch nicht verscherzen. Der Schulleiter trägt die »Gesamtverantwortung für die Arbeit der Schule«, so heißt es im Berliner Recht für Schule und Lehrer. Da er verantwortlich ist, ist es nur recht und billig, dass er auch viel zu sagen hat. Wer also Entscheidungsrechte und Weisungsbefugnisse in bedeutendem Ausmaß hat, auch über andere Menschen und ihre Qualifikationen urteilen darf, der muss solide Fachkenntnisse, Führungswissen und -können und bestimmte persönliche Eigenschaften aufweisen, die ihn dafür geeignet erscheinen lassen.

An allen meinen bisherigen Schulen außerhalb Berlins in Nordrhein-Westfalen und Rheinland-Pfalz habe ich das, bei allen persönlichen Unterschieden meiner Rektoren, so kennengelernt. Stets waren die Schulleiter in dem Schultyp zu Hause, den sie leiteten. Also in meinem Fall in der Grundschule. Das heißt, sie hatten selbstverständlich als Lehrer in dieser Schulform auch unterrichtet, waren mit den Möglichkeiten, Grenzen und Problemen vertraut. Sie hatten die nötige Erfahrung im Umgang mit Schwierigkeiten, behielten einen klaren Blick bei Problemen, wussten zwischen Unbedeutendem und Bedeutendem zu unterscheiden.

Das hatten sie alle gemeinsam: Verlässlichkeit und Vertrauenswürdigkeit.

Mein Kölner Rektor war in seinem »Veddel« zu Hause, urwüchsig und originell, handfest und praktisch zupackend.

In Königswinter im Siebengebirge traf ich 1978 auf einen korrekten, gradlinigen Rektor, jeder wusste, wo er dran war, auch gut zum erfolgreichen Arbeiten.

In Bonn, meiner nächsten Station, wieder ganz anders: Hier machten wir uns an der Bodelschwinghschule unseren Stundenplan in den Grundzügen selbst. Die Rektorin fand, wir könnten das besser als sie, wir kannten unsere Fächer, unsere Klassen und wussten, mit welchen Kollegen wir zusammenarbeiten wollten. Das klappte sehr gut. Sie selber hatte genug anderes und Wichtigeres zu tun. Für unsere Arbeit mit den Kindern galt: Es wurden die Methoden gesucht und ausgesucht, die für die Kinder passten, die gerade vor uns saßen, nicht umgekehrt. Guter fundierter Unterricht, Projekte in jeder Form, Aufführungen usw. waren selbstverständlich. Der kundige Leser ahnt es schon, es handelte sich um eine Versuchsschule, die es sich auch zur Aufgabe gemacht hatte, behinderte Kinder zu integrieren, damals absolutes Neuland. Wir konnten der Hilfe und des Rates, wenn wir ihn brauchten, durch die Schulleitung gewiss sein.

Ein durch die Tätigkeit meines Mannes bedingter Umzug nach Mainz 1991 brachte neue Erfahrungen. Mein dortiger Schulleiter stand auf dem Standpunkt, bei ihm könne jeder unterrichten, wie er wolle – es müsse nur gut sein. Er hatte etwas Wesentliches erkannt und in seiner Schule umgesetzt: Jede Methode lässt sich nämlich gut oder schlecht unterrichten. Die einzig wahre Methode gibt es nicht. Ein guter oder schlechter Lehrervortrag, guter oder schlechter gelenkter Unterricht, gute oder schlechte Gruppenarbeit, guter oder schlechter Unterricht nach Maria Montessori usw., alles hat eben gute oder schlechte Ergebnisse. Außerdem sind nicht alle Kinder für jede Methode gleich gut geeignet. Und so waren an seiner Schule sehr unterschiedliche Lehrer friedlich und sich gegenseitig anregend vereint. Er selber hatte hohe fachdidaktische Kenntnisse und Kompetenzen, schrieb manchen Artikel in Fachzeitschriften und wenn er eine neue Methode, einen neuen Ansatz gefunden hatte, teilte er ihn uns begeistert mit. Was wir damit machten, blieb uns überlassen, er drängte uns nicht. Kleinliche Gängeleien gab es nicht.

Das änderte sich ab 1999 in Berlin. Hier traf ich auf Schulleiter, die aus anderen Schulformen, Realschulen oder Hauptschulen, kamen und direkt als Leiter in der Grundschule anfingen. Sie hatten kein spezifisches Fachwissen und keine spezifische Erfahrung. Entsprechend »schwammen« sie. Sie konnten nicht wissen, wo welche Unterstützung, wo welcher Widerstand angemessen war. Und auch nicht, wo die Lehrkraft es besser wusste als die Schulleitung. Das führte zu mancher Fehlentscheidung, die letztendlich die Kinder ausbaden mussten.

Unsichere Schulleitungen können auch nicht richtig führen, jeder kann ihnen ein X für ein U vormachen. Sie hören schnell auf die falschen »Berater« und fallen auf Schmeicheleien (um es geschmeichelt auszudrücken) leicht herein. Das ist für das Schulklima gefährlich, denn es öffnet Gerüchten, übler Nachrede, Missgunst, Intrigen Tor und Tür bis hin zu dem, was man heute Mobbing nennt, nämlich die dauerhafte Ausgrenzung einer bestimmten oder bestimmter Personen. Hier ist dann eine sachgerechte – ganz zu schweigen von engagierter oder gar begeisterter – Arbeit ziemlich ausgeschlossen.

Ein Schulleiter braucht also Führungsqualitäten. Dazu gehört auch Menschenkenntnis. Dazu gehören Integrität und Fairness, Zuverlässigkeit und Verlässlichkeit und vor allem Vertrauenswürdigkeit.

Ideal und Wirklichkeit

Claudia Zinke, von Januar 2009 bis Dezember 2011 Staatssekretärin in der Senatsverwaltung für Bildung, hat in »Das Berliner Qualitätspaket« (aus »Schulentwicklung zwischen Autonomie und Kontrolle« 2011 Copyright by Friedrich-Ebert-Stiftung) Folgendes zur »Verbesserung des Organisationsmanagements« gesagt: »Eine erfolgreiche Qualifizierung im Bereich Schulmanagement und Führungskompetenzen wird verbindliche Voraussetzung für Lehrkräfte, die Schulleiterinnen oder Schulleiter werden wollen. Für das Auswahlverfahren soll künftig eine breiter zusammengesetzte Auswahlkommission zuständig sein. Schulleiterinnen und Schulleiter mit Entwicklungsbedarf werden von der Schulaufsicht je nach konkreter Bedarfslage beraten und bis zum Angebot alternativer Beschäftigungsmöglichkeiten unterstützt.«

Diese lobenswerte Absicht setzt erst mal voraus, dass es genügend gescheite Lehrer und Lehrerinnen gibt, die Schulleiter und Schulleiterinnen werden wollen. Viele meiner Kolleginnen und Kollegen wollten das allerdings nie. Auch ich habe diesen Weg nicht eingeschlagen, obwohl ich mehrfach darum gebeten wurde. Oft sind familiäre Gründe ausschlaggebend. Manche wollen nicht ihren pädagogischen Arbeitsschwerpunkt aufgeben. Andere scheuen den höheren Arbeitsaufwand eines Schulleiters, gemessen an der relativ geringen Gehaltssteigerung. Andere glauben, sich diese Aufgabe nicht zutrauen zu können. Für die meisten Schulleiterinnen und Schulleiter ist die Karriere ja auch bei dieser Stufe schon zu Ende, denn nur wenige können Schulrätin oder Schulrat werden. Wer also Karriere im Beruf machen will, wird in der Regel nicht Lehrer. Ich vermute daher mal, dass der »Run« auf einen Posten als Schulleiter aus diesen – und anderen Gründen – nicht allzu groß ist.

Diejenigen, die nichts davon abhalten kann, Schulleiterin oder Schulleiter zu werden, müssen »Schulmanagement« beherrschen und »Führungskompetenz« erwerben. Das sind kühle Begriffe aus dem Wirtschaftsleben. Dort geht es um Gewinn und Verlust, Wettbewerb und Konkurrenz. Natürlich muss ein Rektor Menschen führen und seine Schule organisieren und in Ordnung halten können. Aber in der Schule soll es ja wohl nicht so wie in der Wirtschaft zugehen und die Atmosphäre kühl rechnender Wirtschafts- oder Bankmanager will wohl auch keiner. In der Wirtschaft geht es um Geld, manchmal um viel Geld, in der Pädagogik nun so gar nicht. Außerdem, in der Schule sind die Gehälter, jedenfalls gemessen an führungskompetenten Kräften der Wirtschaft, eher knapp.

Weiter schreibt Frau Zinke, in Zukunft soll eine »breiter zusammengesetzte Auswahlkommission« für das »Auswahlverfahren« von Schulleiterinnen und Schulleitern zuständig sein. Das heißt im Umkehrschluss, dass es jetzt nicht so ist. Die Schulleiter werden also auf einer zu schmalen Basis ausgesucht. Es gibt wohl nicht genügend Kontrollmechanismen, dass auch die »Richtigen« ausgesucht werden. Das heißt, das System Schule ist mindestens in Berlin zurzeit unfähig, Schulleiter ausreichend zu qualifizieren und überhaupt die fähigen Leute dafür auszusuchen! Das deckt sich komplett mit meinen persönlichen Erfahrungen im Berliner Schulsystem.

Der letzte zitierte Satz der Staatssekretärin ist da nur folgerichtig und klingt in meinen Ohren wie ein Notruf. Da täuscht auch die brillante Formulierung nicht drüber hinweg. Hier mal Tacheles: »Ihr beschränkten Schulleiter, so geht es doch nicht, ihr müsst es so und so machen. Schon mal etwas vom Schulgesetz gehört? Mal ins Personalgesetz geguckt? Wenn es gar nicht klappt, würden wir euch am liebsten rausschmeißen. Schade, das geht ja – leider – nicht so einfach. Wo kriegen wir bloß ein paar gemütliche Jobs für überforderte Schulleiter her?«

Und vor allem: Wo sollen fähige Schulleiter in Berlin herkommen, die sich 1. in der Schulform auskennen, die sie leiten sollen, und 2. Führungseigenschaften besitzen und 3. überhaupt vertrauenswürdig sind?

Dazu ist ein frühes Aufbauen unter jungen Lehrern nötig, eine gute Beobachtung, wo sich ein Werdegang abzeichnet, der sich zum Schulleiter entwickeln kann. Vielleicht sollte man auch über mehr differenziertere Vorstufen nachdenken als ausschließlich eine Tätigkeit als Konrektor. Ein Problem hat sich Berlin selbst eingehandelt: Junge Lehrkräfte, die nicht an Berlin gebunden sind, ziehen in andere Bundesländer mit besseren Arbeitsbedingungen, vor allem mit dem Vorteil der Verbeamtung. Das wird sich noch als großer Nachteil bei der Suche nach Führungskräften erweisen, denn es ziehen sicher nicht die Schlechtesten weg.

Einmischung in den Unterricht

Anfang 2009 trat Joachim Syska an unserer Schule seinen Dienst als Schulleiter an. Ich hatte mir einen klaren ungetrübten Blick mit der nötigen Distanz und Klugheit erhofft. Das Gegenteil sollte eintreten.

Es war der erste Schultag nach den Weihnachtsferien 2010/11. »Ein Jahr will beginnen« von James Krüss bot sich als Einstieg ins neue Jahr in der schon unter dem Kapitel »Kinder« behandelten vierten Klasse an. Ich bot den Kindern das Gedicht auf einem Arbeitsblatt an, aber die Zeilen des Gedichtes waren durcheinander angeordnet. Aufgabe der Kinder war es, die richtige Reihenfolge zu finden und das Gedicht aufzuschreiben. Latent widerspenstig und unruhig machten sie sich lustlos an die Arbeit. Für beides gab es keinen ersichtlichen Grund. Aber diese Klasse war ja, wie ich schon beschrieben habe, ganz speziell. Anwesend war auch meine Co-Lehrerin. Beide halfen wir den Kindern, wo es uns nötig schien. Mir fiel auf, dass alle die erste Zeile so stehen ließen, obwohl auch diese Zeile erst gesucht werden musste. So konnten die Kinder nicht zu dem richtigen Ergebnis kommen. Ich besprach mich kurz mit meiner Co-Lehrerin, und es stellte sich heraus, dass sie selber davon ausgegangen war, dass die erste Zeile die richtige aus dem Gedicht sei, und so hatte sie den Kindern einen falschen Hinweis gegeben. Wir erklärten den Kindern, dass sie auch die erste Zeile erst suchen müssten und nicht die Zeile vom Arbeitsblatt übernehmen konnten. Wir sagten ihnen auch, dass meine Co-Lehrerin sich vertan hatte. Ein Sturm der Entrüstung brach los. Ich hätte ihnen ein falsches Gedicht gegeben, ich würde ihnen etwas Falsches beibringen. Ihr Klassenlehrer und Schulleiter Syska hätten sich auch schon bei ihnen, den Kindern, über mich beschwert. Sie waren nicht mehr in der Lage, mir und meiner

Co-Lehrerin zuzuhören, begriffen nicht, dass es ein Versehen von ihr gewesen war. Ein Junge, der Klassensprecher, rannte wütend, ohne überhaupt zu fragen, aus der Klasse, er wolle nicht mehr von mir unterrichtet werden. Ich vermutete, er rannte schnurstracks zu Schulleiter Syska, denn dieser stand plötzlich in der Klasse. Vor den Kindern warf er mir vor, Öl ins Feuer zu gießen, denn natürlich war ich nicht bereit, den völlig falschen Eindruck der Kinder über diese Stunde stehen zu lassen. Meine Hoffnung, dies in Gegenwart des Rektors in Ruhe tun zu können, erfüllte sich nicht. Wenn das so war, so wollte ich doch jetzt mal wissen, was er denn zu den Aussagen der Kinder zu sagen hatte, er und der Klassenlehrer hätten sich bei ihnen, den Kindern, über mich beschwert. Obwohl die Kinder das bejahten, antwortete er nicht, sondern schüttelte nur den Kopf. Ohne die Kinder weiter zu beachten, die auf ihrer Aussage beharrten, wies er mich an, die Kinder für den Rest der Stunde das Gedicht abschreiben zu lassen. Etwas anderes »geht jetzt nicht«, wie er sagte. Ging doch. In den verbliebenen sieben Minuten der Stunde machten sich die Kinder nach meiner Anweisung an die Erledigung der für diese Stunde gestellten Aufgabe. Schulleiter Syska blieb in der Klasse und sah zu.

So ein Schulleiterverhalten war mir überhaupt noch nicht untergekommen! Es widersprach jeder vernünftigen Pädagogik. Er ließ keine Klärung der Situation zu. Weder die Kinder noch ich konnten uns vernünftig äußern. Auch das respektlose Verhalten der Kinder wurde noch nicht einmal angesprochen. Stattdessen wurde ich vor der Klasse gemaßregelt! Selbst wenn mein Verhalten zu beanstanden gewesen wäre, wäre das ein grundlegender Fehler, der einer Schulleitung nicht passieren darf. Damit nicht genug, er wollte mir auch noch die Weiterführung meines Unterrichtes vorschreiben, ebenfalls vor den Kindern.

Ich benachrichtigte Schulrätin Frau Liebherr am 4. Januar 2011 schriftlich auf dem Dienstweg und schilderte Schulleiter Syskas merkwürdiges Verhalten, als die Kinder angaben, er und der Klassenlehrer hätten sich bei ihnen über mich beschwert. Ich bekam keine Antwort von ihr, auch keine Nachfrage nach Einzelheiten. Wohl aber fand ich bei einer Akteneinsicht im Sommer 2011 Schulleiter Syskas Antwort vom 5. Januar 2011: Er spricht darin von »komplettem Blödsinn« und dass es für ihn »nicht vordringlich war, Frau Sarrazins schiefe Wahrnehmung zu korrigieren«.

Dies ist erst das i-Tüpfelchen. Das Trauerspiel Führungskraft ging noch viel weiter. Bei derselben Akteneinsicht in meine Personalakte bekam ich einen Brief zu Gesicht, den mein Schulleiter an Oberschulrat Kuhring am 5. Januar 2011 über diese Stunde in dieser vierten Klasse geschrieben hatte. Hierin heißt es:

»Ein (weiterer) Vorfall in der 4b am Montag in der dritten Stunde hat zu Telefonaten zwischen Eltern/Klassenlehrer und mir bis in die Nacht geführt. Alle Kinder schwören Stein und Bein, dass Frau Sarrazin eine ganz bestimmte Arbeitsfolge festgelegt hat. Als die Kinder dann so gearbeitet haben, wollte Frau Sarrazin ihre eigene Arbeitsanweisung plötzlich aber nicht mehr wahrhaben und behauptete, dies nie so gesagt zu haben. Sie beschuldigte hingegen nun selbst die Kinder, Falsches zu erzählen. Die Kinder haben sich auf ihre Art gewehrt und den Unterricht komplett unmöglich gemacht. Sie ließen sich wegen der Ungerechtigkeit auch kaum von mir beruhigen, nachdem ich zu Hilfe geholt worden war.

Auch die Eltern sind in den oben erwähnten Telefonaten kaum mehr von drastischen Schritten abzuhalten. Informationen an die Presse usw. Ich möchte diese Unruhe, wenn irgend möglich, vermeiden, sie würde uns nicht guttun.« (Zur Erinnerung: Meine Co-

Lehrerin hatte versehentlich einen falschen Hinweis über die erste Zeile des Gedichtes gegeben. Mehr war nicht passiert!)

Weiter heißt es im Brief von Schulleiter Syska:

»Deshalb bitte ich Sie, kurzfristig eine geräuschlose Umsetzung vorzunehmen.«

Wenn es nicht so traurig wäre, dann wäre das hier eine bitterböse Karikatur einer Schulleitung.

Für den Laien: Zu so einem Bericht der Schulleitung an die Schulbehörde hätte ich auf jeden Fall um Stellungnahme gebeten werden müssen! Das geschah nicht. Ich wusste bis zu meiner Akteneinsicht im Sommer 2011 nichts von der Existenz dieses »Berichtes«.

In dem »Bericht« heißt es, es wurde mit Eltern, Klassenlehrer und Schulleitung bis in die Nacht telefoniert. Wenn das stimmt – kam niemand auf die Idee, einmal mit mir zu sprechen? Der Spuk wäre schnell vorbei gewesen! Aber vielleicht sollte er das gar nicht …

Die Klasse wurde auch von der Tochter des Schulelternsprechers besucht. Ich hatte ihm schon am 15. Dezember 2010 von den plötzlichen für mich nicht erklärbaren Schwierigkeiten mit den Kindern dieser Klasse berichtet. Er tat das, was alle anderen nicht taten: Er bat um eine Hospitation in meinem Unterricht. Diese fand am nächsten Tag, am 16. Dezember 2010, statt. Er war sehr angetan. Es ist mir nicht vorstellbar, dass er a) sogar nachts mit dem Rektor telefoniert haben sollte und b) nicht den Vorschlag und auch nicht den eigenen Versuch gemacht haben sollte, mit mir zu sprechen, wenn er von dieser nächtlichen »Eltern-Klassenlehrer-Schulleiter-Telefonaktion« gewusst haben sollte.

Schulleiter Syska ergriff nach meinen jetzigen Erkenntnissen jede Gelegenheit, die sich ihm bot, mich anzuschwärzen und schlecht zu machen, sei es vor Schülern, Eltern, Kollegen oder der Schulaufsicht. Bei der Wahrheit blieb er dabei nicht.

Die zuständige Sonderschullehrerin und ich hatten mit dem Vater eines sehr verhaltensauffälligen Kindes im sechsten Schuljahr einen längerfristigen Gesprächstermin ausgemacht. Es war mit dem Vater vereinbart, dass er bei Verhinderung so rechtzeitig wie möglich absagt. Zwei Stunden vor dem Gesprächstermin riefen wir ihn vorsichtshalber noch einmal an, da wir nichts von ihm gehört hatten. Bei diesem Anruf stellte sich heraus, dass er nicht kommen konnte. Ich erinnerte ihn an unsere Abmachung, sich rechtzeitig zu melden, dann brach die Leitung zusammen.

Noch am selben Tag, ohne jede Rücksprache mit mir, schrieb Schulleiter Syska an die Schulaufsicht, der Vater wäre empört über mich, mich hätten seine Begründung und seine Entschuldigung (er hatte sich gar nicht entschuldigt, was vielleicht dem Zusammenbruch der Leitung geschuldet war) gar nicht interessiert, ich hätte Konsequenzen für den Fall seines Nichterscheinens angedroht (Frage: welche eigentlich?) und der Vater hätte damit gedroht, sich an die Presse zu wenden. Der Brief endet damit, dass niemand so viel Unruhe wie ich an der Schule »machen« würde, dass der Betriebsfrieden erheblich durch mich gestört sei und dass Kollegen nun meinetwegen krank würden. (Kenntnis von diesem Schreiben erhielt ich erst im Sommer 2011 durch eine lange von der Schulbehörde verzögerte Akteneinsicht.)

Der Vater beschwerte sich etwa eine Woche später tatsächlich schriftlich über mich, allerdings ist in seinem Schreiben von den angeblichen Konsequenzen, die ich ihm angedroht haben soll, gar nicht die Rede. Auch nicht davon, dass unser Gespräch ziemlich schnell zu Ende war. Jetzt wurde ich von Schulleiter Syska zu einer schriftlichen Stellungnahme dazu aufgefordert. Das tat ich einen Tag später. Bei diesem Telefongespräch, bei dem es lediglich um eine Terminbestätigung ging, war unsere Sonderschullehrerin anwesend gewesen. Ihr Kommentar: »Ich wäre an deiner Stelle nicht so freundlich gegenüber dem Vater geblieben.« Es war nämlich der Vater, der über meine Nachfrage ungehalten war, und nicht ich.

Wie kommt nun dieser Schulleiter dazu, mich dermaßen bei der Schulaufsicht zu diskreditieren? Ohne mich vorher nach meiner Sichtweise auch nur gefragt zu haben? Offensichtlich forderte ihn die Schulaufsicht auf, den ganzen Vorgang schriftlich darzulegen, damit wenigstens beide Seiten gehört werden. Aber obwohl ich in meiner Stellungnahme die Dinge klarstellte und auch die anwesende Sonderschullehrerin als Zeugin anführte, blieb er in seiner Beschwerde bei der Schulaufsicht bei seiner unzutreffenden Darstellung.

Erst im Nachhinein wurde mir klar, dass Schulleiter Syska offenbar schon seit Frühling 2009 nicht einmal davor zurückschreckte, Eltern zu instrumentalisieren für sein Ziel, mich zu demontieren. Am 12. Juli 2009 schrieb er an die zuständige Schulrätin Frau Liebherr, dass sich ein Elternsprecher über mich bitterlich beklagt hätte. Es ging um meinen Unterricht im Fach GGP (Geografie, Geschichte und Politik) in einem fünften Schuljahr, das ich fachfremd gab. Kurz, anscheinend machte ich meine Sache dort grottenschlecht, wollte man den Ausführungen des Schulleiters über die Angaben des Vaters Glauben schenken. Unter anderem behauptete Schulleiter Syska, ich würde die Kinder zu »Duckmäusern« erziehen. Ich erfuhr von diesem Schreiben ebenfalls erst im September 2011 und war auch nie zu einer Stellungnahme aufgefordert worden. Das wäre der übliche, rechtmäßige Weg gewesen.

Der anscheinend so entsetzte Vater war mir gut bekannt. Ich hatte seine Tochter schon im ersten Schuljahr in Mathematik unterrichtet. Viele Jahre war ich in der GEV als Lehrervertreterin tätig und kannte ihn auch von daher. Kurzerhand rief ich ihn an und fragte ihn nach diesem Gespräch mit meinem Schulleiter. Zu meiner großen Überraschung teilte er mit, Herr Syska habe ihn regelrecht zu Beschwerden über mich angestachelt, hätte sich hocherfreut über Klagen gezeigt und hätte ihn aufgefordert, sofort zur Schulrätin zu gehen! Das schrieb er mir auch in einer Mail über das oben erwähnte Gespräch mit Schulleiter Syska im Sommer 2009! Frage: Bei wie vielen Eltern hat Schulleiter Syska sich so verhalten und seit wann trieb er dieses Spiel eigentlich? Die Folgen für mich liegen wohl auf der Hand.

Von der Schwierigkeit, bis zwei zu zählen

Ich fand bei der durch meinen Rechtsanwalt erzwungenen Akteneinsicht im Sommer 2011 viele Briefe und Berichte meines Schulleiters an die Schulbehörde mit verleumderischem, stark entstelltem oder frei erfundenem Inhalt. Nie war ich zu diesen Schreiben in Kenntnis gesetzt und zu ihren Inhalten um Stellungnahme gebeten worden.

Solchem Mobbing durch Vorgesetzte ist jeder Untergebene hilflos ausgeliefert. Ich finde das schlimm und besonders heimtückisch, denn alle Mittel der Verteidigung und Abwehr fehlen, auch die wenigen, die sonst einem Mobbingopfer zur Verfügung stehen. Es weiß ja noch nicht einmal, dass es gemobbt wird! Haben Oberschulrat Kuhring und die zuständige Schulrätin Frau Liebherr wirklich geglaubt, was Herr Syska da schrieb?

Sie hätten mich für ziemlich gestört halten und entsprechend reagieren müssen. Wenn sie das nicht glaubten oder zumindest Zweifel an dem Wahrheitsgehalt dieser »Berichte« gehabt hätten, hätten sie auch Entsprechendes unternehmen müssen. Nur gar nichts tun, das ging nicht, und genau das taten sie. Wieder diese auffällige Passivität, bei der nichts Gutes herauskommen konnte. Keiner wollte offenbar die Verantwortung übernehmen. Und so konnte Schulleiter Syska immer weitermachen.

Schulleiter Syska schrieb die meisten seiner verleumderischen Briefe an die zuständige Schulrätin Frau Liebherr. Sie liegen mir vom 5. Oktober 2010 bis zum 28. Februar 2011 vor. Er schrieb also mindestens ein halbes Jahr lang Briefe mit wahrheitswidrigen Behauptungen an sie, ohne dass ich davon die geringste Kenntnis erhielt!

In diesen Briefen stellt er absurde, ehrenrührige Behauptungen über mich auf, ohne sie im Geringsten zu belegen. Ich will ein gut darstellbares Beispiel nennen. In seinem Schreiben an Schulrätin Frau Liebherr vom 17. Dezember 2010 behauptet er:

> *»Ich habe etwa 10 Stunden Unterricht (von Frau Sarrazin) besucht und nur wenig Differenzierung oder Methodenvielfalt gesehen, vielmehr einen Unterricht, den ich mit Herbart als Mittelkopf-Pädagogik bezeichnen würde.«*

Fakt ist, er hat zwei Unterrichtsstunden bei mir gesehen! Von der zweiten Hospitation habe ich mir eine schriftliche Beurteilung der Stunde von ihm geben lassen. Seitdem hospitierte er nicht mehr in meinem Unterricht. An beiden Stunden hatte er mir gegenüber nichts auszusetzen.

Die Mittelkopf-Pädagogik von Herbart gibt es gar nicht. Herbart hatte im Gegenteil erkannt, dass alle Kinder sehr unterschiedliche Köpfe haben, und wollte, kurz gesagt, durch Anstöße den Schülern zur Selbstbildung verhelfen. Er hatte großen Einfluss auf die Schulpädagogik des 19. Jahrhunderts. Der Ausspruch, man möge doch den Unterricht auf die »Mittelköpfe kalkulieren« stammt von seinem Zeitgenossen E. Ch. Trapp, dem ersten Pädagogikprofessor der deutschen Geschichte. Ich selber habe mich u. a. intensiv mit Maria Montessori befasst, mit Jürgen Reichen und seiner Methode »Lesen durch schreiben« und zuletzt habe ich zwei Jahre als Koordinatorin von SINUS-Transfer, einer bundesweit angelegten Mathematikfortbildung für Lehrer, gearbeitet. Das sind allesamt Methoden, die die Individualität der Schüler in den Vordergrund stellen, Lichtjahre von Trapp entfernt!

Schulleiter Syska stellte in seinen Schreiben an die Schulaufsicht viele Behauptungen und Beleidigungen gegen mich auf, die an den Kern der Person wie auch an den Kern der Profession gehen. Ich finde keine wohlwollende Erklärung dafür. Die Einzige, die mir dazu einfällt, ist die, dass jemand sich vielleicht derartig fachlich unterlegen fühlt, dass er mit zum Teil sogar strafrechtlich relevanten Verleumdungen wild um sich schlägt, um einer fachbezogenen Diskussion auszuweichen.

Protokoll einer fixen Idee

In diesem Abschnitt möchte ich versuchen darzustellen, was passiert, wenn die Schulleitung unfähig und übelwollend ist und auf eine bestenfalls gleichgültige Schulbehörde trifft.

Die nachfolgend beschriebenen Vorwürfe und Beschuldigungen über mich sind frei erfunden. Im Sinne einer schlüssigen Darstellung der Vorgänge führe ich sie hier mit auf.

Dieses Kapitel hat mit Pädagogik nichts zu tun. Es zeigt

menschliches Fehlverhalten, das ich niemals in einer Schule vermutet hätte.

Von der sechsten Klasse, die ich im Schuljahr 2010/11 im Fach Mathematik zu unterrichten hatte, war schon im Kapitel 2 »Noten« die Rede gewesen. Eine schwierige, wenig anstrengungsbereite und leistungsschwache Schülerschaft saß da vor mir. Für ihre schwachen Leistungen war sie nicht verantwortlich. Es hatten viele Lehrerwechsel stattgefunden, meistens waren die Mathematiklehrer keine Fachlehrer, sondern unterrichteten notgedrungen, so gut sie es eben vermochten. Die Noten allerdings wiesen diese Klasse als recht gute Matheklasse aus, denn sie hatten allesamt gute Mathematiknoten im Zeugnis. (Von Noten war schon die Rede.) Entsprechend groß war das »Selbstbewusstsein« der Kinder, besser gesagt, es plagte sie der Übermut. Ein Schlaglicht auf den tatsächlichen Stand der Klasse, als ich sie übernahm: Die meisten hatten noch Schwierigkeiten mit dem Einmaleins, vom Dividieren, Rechnen mit Kommazahlen usw. ganz zu schweigen. Nicht einmal die sichere Beherrschung des Stoffes der zweiten Klasse konnte ich bei allen Kindern voraussetzen.

Das ist in einer sechsten Klasse, in Berlin die Abschlussklasse der Grundschule, sehr problematisch, denn es stehen die Empfehlungen zu den weiterführenden Schulen an. Bei guten Noten wählen Eltern zu Recht eine anspruchsvollere Schule für ihr Kind aus, weil sie ja glauben müssen, dass ihr Kind die leistungsmäßigen Voraussetzungen dafür besitzt. Davon konnten sie in dieser Klasse aber nicht ausgehen. Ein Schüler, der zum Beispiel bei einschrittigen Textaufgaben Schwierigkeiten hat oder den Sinn der Division noch gar nicht verstanden hat, sollte in der fünften Klasse kein »gut« und auch kein »befriedigend« in Mathematik auf dem Zeugnis haben. Das ist eine Täuschung über den wahren Leistungsstand des Schülers. Vor dieser Situation stand ich, als ich diese Klasse zu Beginn des sechsten Schuljahres übernahm. Probleme waren absehbar. Ist es doch für Eltern und Schüler schwer einzusehen, dass die Noten schlechter, jedenfalls nicht besser werden, obwohl man mehr dafür tun muss.

So informierte ich Schulleiter Syska schriftlich über diese Situation: Der schwache Leistungsstand der Klasse spiegelte sich nicht in den Zeugnisnoten der Schüler wider. Ich hatte Mühe, Einsicht in die Klassenarbeiten des vorherigen Schuljahres zu bekommen. Auf dem ersten Elternabend der Klasse wurde ich leider nicht eingeladen, so dass ich die Eltern nicht umfassend informieren und vorbereiten konnte. Die junge, unerfahrene Klassenlehrerin setzte den Klassenrat der Schüler für Lehrerschelte ein (es wurde auf alle Fachlehrer der Klasse geschimpft, nur über sie selber nicht), so dass auch hier kein Forum war, das zur positiven Einstellung der Schüler zur Schule beitrug. Ich stellte auch die Frage, wie es eigentlich zu solchen Zuständen hatte kommen können und warum nicht rechtzeitig eingegriffen worden war. Es gibt nämlich dankbarere Aufgaben für eine Lehrerin, als Klassen mit schlechtem Leistungsniveau, für das sie nichts kann, wieder auf Vordermann zu bringen.

Normalerweise reagiert ein Schulleiter darauf, indem er die Informationen aufnimmt, die Probleme bespricht und seine Hilfe anbietet, für den Fall, dass sie gebraucht wird. Das war bei Schulleiter Syska anders. Er bestellte mich am 8. Oktober 2010 zu sich. Lang und breit erklärte er mir dann die Aufgaben eines Klassenrates. Er schien tatsächlich zu glauben, ich wüsste das nicht. Über 30 Jahre habe ich diese Form des sozialen Lernens in allen meinen Klassen praktiziert. Schließlich musste er zugeben, dass dieses Instrument nicht dazu da ist, die Schüler zur Lehrerschelte anzuleiten.

Schon am 5. Oktober 2010 (!), also vor diesem Gespräch, schrieb Schulleiter Syska an Schulrätin Liebherr:

»Allein schon, dass Frau Sarrazin Klassenrat in Anführungszeichen schreibt, lässt starke Zweifel aufkommen, ob Frau Sarrazin Kinder mit ihren Bedürfnissen und Interessen ernst nehmen kann. Ob sie überhaupt die politisch-pädagogische Funktion dieses Instrumentes begriffen hat. Es gäbe auch die Möglichkeit, dies als Ergebnis ihrer Angststruktur zu werten, die keinesfalls die Kontrolle verlieren will, wann, wo gegenüber wem auch immer.«

(Anmerkung: Klassenrat hatte ich in Anführungszeichen geschrieben, weil Lehrerschelte eben keine Aufgabe des Klassenrates ist!)

Als ich das Schreiben, aus dem dieses Zitat stammt, im September 2011 zu Gesicht bekam, war ich entsetzt und betroffen, dass ein Schulleiter sich zu so einem laienhaft psychologisierenden Geschreibsel versteigen kann. Eine Reaktion oder Aufforderung zur Stellungnahme von der zuständigen Schulrätin Frau Liebherr erhielt ich nicht.

Als Nächstes hielt er mir in diesem Gespräch am 8. Oktober 2010 vor, eine Freistunde, in der ich für Vertretungsunterricht zur Verfügung hätte stehen müssen, für ein Elterngespräch nutzen zu wollen. Das ginge nicht. Ich hatte auf einem Zettel der Konrektorin folgende Information gegeben: »Hallo, …, ich habe morgen in der 3. Stunde ein Elterngespräch. Daher kann ich nicht für Vertretungsunterricht zur Verfügung stehen. Gruß Ulla. 5.10.2010.« Der Text war in schulischer Eile geschrieben. Bei dem Gespräch handelte es sich um Eltern, wo der Vater häufig im Ausland war, es war schwer, überhaupt einen Termin zu finden. Zu dem Zeitpunkt war auch kein Vertretungsunterricht für mich in der fraglichen Stunde vorgesehen. Nachdem ich Schulleiter Syska den Sachverhalt erklärt hatte, äußerte er für mein Vorgehen Verständnis, zumal ihm die betreffenden Eltern und deren Probleme bekannt waren. Zum Zeitpunkt dieses Gespräches hatte ich auch längst in der fraglichen Stunde die dann doch anfallende Vertretungsstunde gegeben und das Elterngespräch, so mühsam es auch zustande gekommen war, abgesagt. Ich dachte, es sei alles geklärt und in Ordnung, und wunderte mich, dass er überhaupt darüber gesprochen hatte, denn es war ja alles geregelt – aber weit gefehlt!

Ebenfalls schon am 5. Oktober 2010, also vor dem oben geschilderten Gespräch, hatte Schulleiter Syska an Schulrätin Liebherr in demselben Brief wie schon erwähnt geschrieben:

> *»… Bei der Gelegenheit findet Frau Hirt einen Zettel auf ihrem Schreibtisch, auf dem sie mitteilt, dass sie in ihrer Verfügungsstunde am Mittwoch keine Vertretung machen kann, denn sie hat ein Elterngespräch anberaumt. Das lässt sich fast nur noch als unverschämte Provokation werten …«*

Im weiteren Verlauf des Schreibens erweckt er den Eindruck, ich hätte die Vertretungsstunde gar nicht gegeben!

Ich erhielt keine Aufforderung zur Stellungnahme von Schulrätin Liebherr, was ihre Pflicht gewesen wäre, sondern fand dieses zitierte Schreiben erst im September 2011 durch eine lange von der Schulverwaltung verzögerte Akteneinsicht. Eine Beschwerde im Januar 2011 gegen mich lautete denn auch, ich sei meiner Unterrichtsverpflichtung nicht nachgekommen. Gemeint war diese – von mir gegebene – Vertretungsstunde!

Zur Zeit des geschilderten Gespräches im Herbst 2010 mit Schulleiter Syska ahnte ich von den dunklen Wolken über meinem Haupte nichts. Mein Bemühen, in der sechsten Klasse einen gemeinsamen Weg zur Lösung der anstehenden drängenden

Probleme zu finden, fand ich von der Schulleitung weder anerkannt noch unterstützt. Nur darum ging es mir.

Am 28. Oktober 2010 forderte mich die Konrektorin auf, die 5. Stunde Mehrarbeit in diesem Monat zu leisten. Schon im vergangenen Schuljahr hatte ich, gemeinsam mit einem Kollegen, die meisten Mehrarbeitsstunden geleistet. Das war auf der ersten Gesamtkonferenz dieses Schuljahres von Schulleiter Syska festgestellt worden. Zudem hatte ich eine Teilzeitstelle. Im Oktober gab es auch nur zwei Schulwochen wegen der Herbstferien. Fünf Mehrarbeitsstunden in zwei Wochen für eine Teilzeitkraft waren ungewöhnlich viel. Die Konrektorin hatte sich außerdem schon einige freche Bemerkungen zu meiner Mehrarbeit geleistet, zum Beispiel: »Dir geht es ja so gut, da kannst du doch ruhig einige Stunden mehr Mehrarbeit machen, Ulla.« Im November ging es so weiter. So bat ich sie schließlich um eine Aufstellung, wie sich die anfallenden Mehrarbeitsstunden auf das Kollegium verteilten. Ich tat das im Sekretariat in Gegenwart unserer Schulsekretärin und einer Praktikantin am 18. November 2010. Die Antwort der Konrektorin lautete: »Wenn mir dieses wie auch mein Stundenplan nicht passe, könne ich mir ja eine andere Schule suchen.« Ungläubig bat ich sie, diese Aussage zu wiederholen. Das tat sie ohne Zögern. Am selben Tag informierte ich Schulleiter Syska schriftlich und bat ihn, mir mitzuteilen, ob er diese Äußerung seiner Konrektorin teile oder nicht. An die Konrektorin schrieb ich:

»…Ferner erklärtest du mir, wenn mir dieses wie auch mein Stundenplan nicht passe, könne ich mir ja eine andere Schule suchen. Ich bitte dich um schriftliche Äußerung, ob du diese Formulierung aufrechterhältst oder nicht. Ich erwarte deine Antwort innerhalb von sieben Tagen. Mit freundlichen Grüßen Ulla«

Schulleiter Syska schrieb daraufhin zwei Briefe, einen mal wieder an Schulrätin Frau Liebherr, von dem ich nichts ahnte, bis ich durch die schon mehrfach erwähnte Akteneinsicht im September 2011 davon erfuhr, und einen Brief an mich am 22. November 2010, der mitnichten eine Antwort auf mein Schreiben war. Er zitierte aus dem Schulgesetz, dass es seine Aufgabe sei, die Schule zu organisieren und dass ich alle Anordnungen zu Mehrarbeit vollständig zu erfüllen hätte! Das hatte ich ja beides gar nicht in Abrede gestellt. Und sämtliche Mehrarbeitsstunden hatte ich auch geleistet. Er rief also auch hier gezielt einen falschen Eindruck hervor. Nur Frau Hirts fragwürdige Äußerung, die kam nicht vor in seinem Brief. Der Brief war keine Antwort auf mein Schreiben. Das sagte ich ihm auch. »Eine andere Antwort kriegen Sie nicht, Frau Sarrazin.« Mit dieser forschen Feststellung wollte er mich abspeisen und wandte sich ab. »Das werden wir ja noch sehen!«, rief ich ihm spontan, aber nicht besonders klug hinterher. Von Konrektorin Hirt habe ich weder mündlich noch schriftlich jemals eine Antwort erhalten.

Der zweite Brief von Schulleiter Syska in diesem Zusammenhang ging am 19. November 2010 an Schulrätin Liebherr. Hierin behauptete er, ich hätte Konrektorin Frau Hirt am 18. November »verbal angegriffen«. Ich würde eine »ungute Stimmung verbreiten«, Kollegen hätten »manchmal Angst vor ihrer herrischen Art« und ich rücke »den Kollegen körperlich zu nahe«. Das hätten Kollegen ihm berichtet. Wer, wann und von welchen Ereignissen berichtet haben soll, das teilte er allerdings nicht mit. Am Ende des Briefes fragte er Schulrätin Liebherr: »Darf ich Frau Sarrazin von einer Gesamtkonferenz ausschließen, wenn sie dort pöbelt und den reibungslosen Ablauf stört? Ich finde dazu nichts in der Literatur. Die große Frage ist ja auch, wie man so etwas durchsetzt.«

Am 17. Dezember 2010 bestellte mich Schulleiter Syska zu einem Gespräch über die oben beschriebene vierte Klasse. Der Klassenlehrer Herr Schlacher nahm ebenfalls teil. Dieser Lehrer sprach schon seit Wochen nicht mehr mit mir, und genauso lange hatte ich Schulleiter Syska gebeten, ihn an seine Pflichten zu erinnern. Das hatte der Schulleiter immer wieder verschoben. Nun, dachte ich, dieses Gespräch wird wohl die Gelegenheit bieten, hierüber zu sprechen. Aber weit gefehlt. Mein Wunsch, dieses Thema zu behandeln und endlich zu erfahren, was den Klassenlehrer dazu trieb, mich als Deutschlehrerin seiner Klasse so zu schneiden, wurde gleich zu Beginn des Gespräches von Schulleiter Syska als »unwichtig« abgetan. Stattdessen behauptete Schulleiter Syska, ich würde die Klasse »herumkommandieren«. Nähere Angaben machte er nicht. Der Klassenlehrer ergänzte, ich hätte zu den Kindern gesagt, sie wären alles Hauptschüler und sie wären alle Opfer. Ich widersprach, denn beides stimmte nicht. Das handelte mir den Vorwurf ein, ich würde das Gespräch unterbrechen. Schulleiter Syska überlegte weiterhin laut, ob er mich aus der Klasse herausnehmen sollte. Als Nächstes äußerte er Zweifel, ob ich überhaupt noch geeignet sei, zu unterrichten. Er stellte fest, dass Kollegen das Lehrerzimmer meiden würden, wenn ich da wäre, und dass sie nicht mit mir zusammenarbeiten wollten oder könnten. Genauer wurde er nicht. Alle diese Anwürfe fielen in Gegenwart des Kollegen Schlacher. Als ich schließlich zu Wort kam, forderte ich ihn noch einmal auf, mir darzulegen, warum Klassenlehrer Schlacher mir das pädagogische Gespräch seit Wochen verweigert. Sonst würde ich das Gespräch jetzt abbrechen und nur noch in Gegenwart des Personalrates weiterreden. Schulleiter Syska antwortete, ich könne das Gespräch nicht abbrechen. »Aber zur Tür hinausgehen kann ich sehr wohl«, entgegnete ich. Dem hatte Schulleiter Syska nichts mehr entgegenzusetzen. In der Tür stehend fragte ich Klassenlehrer Schlacher noch einmal nach dem Grund für seine Gesprächsverweigerung. Da ich das Gespräch abgebrochen hätte, würde er mir jetzt keine Auskunft mehr geben, war seine Antwort. Ich verließ den Raum offenbar grußlos, denn auch das wurde mir später zum Vorwurf gemacht.

Mein Benehmen in diesem Gespräch sei »anmaßend, unhöflich und völlig unpassend« gewesen, so schrieb Schulleiter Syska mir noch am selben Tag. Außerdem hätte ich Manieren wie im Wirtshaus oder im Bierzelt gezeigt, weil ich das Gespräch unterbrochen und mit dem Zeigefinger auf die Tischkante »getrommelt« hätte. Deswegen verbot er mir meine weitere – freiwillige – Mitarbeit in der Arbeitsgemeinschaft »Schulcharta«.

Zum Hintergrund muss man wissen, dass der Schulelternsprecher am Tag zuvor bei mir eine Stunde hospitiert hatte. Er war sehr angetan von meinem Unterricht. Und dann plötzlich dieses Gespräch. Ebenfalls am 17. Dezember 2010 schrieb Schulleiter Syska einen weiteren verleumderischen Brief an die Schulaufsicht, von dessen Existenz ich wiederum erst im September 2011 Kenntnis nehmen konnte. Hierin heißt es zunächst:

»Mein Streben ist es, Frau Sarrazin aus dem (Grund-) Schuldienst zu entfernen bzw. entfernen zu lassen.« Dies wäre anderen Lehrkräften längst geschehen, wenn sie sich »Verhaltensweisen wie Frau Sarrazin erlaubt« hätten. Dazu gehörten: Beleidigungen der Kinder, Eltern und Kollegen, häufige Verspätungen, Nichtbeachten von Konferenzbeschlüssen, Unfähigkeit zur Selbstkritik und zum Herstellen eines pädagogischen Bezuges. Es folgt eine historische Darstellung angeblicher Verfehlungen von mir, mit denen er im Laufe seiner Schulleitungsfunktion konfrontiert worden sei. Ich würde Angst verbreiten. Eltern und Schüler würden bei Widerstand unter Druck gesetzt.

Kollegen, die es wagten, mir zu widersprechen, würden attackiert, diesen käme ich auch körperlich zu nahe. Mehrere Kollegen führten die eigene Krankheit auf den Stress im Umgang mit mir zurück, eine Kollegin kehre wegen mir nicht aus der Elternzeit an die Schule zurück. Ich hätte ein »massives persönliches Strukturproblem«. Bei seinen Besuchen meines Unterrichtes – das seien zehn Stunden gewesen – habe er »nur wenig Differenzierung oder Methodenvielfalt gesehen«, vielmehr einen Unterricht, den er »mit Herbart als Mittelkopf-Pädagogik bezeichnen würde«.

Schulleiter Syska bekam im Gegensatz zu mir eine Antwort von Schulrätin Frau Liebherr in einer Mail ebenfalls vom 17. Dezember:

»... In der Sache Sarrazin haben wir das weitere Vorgehen besprochen. Wir müssen an Hand der Unterlagen prüfen, welche Vorwürfe sind Dienstvergehen, so dass ein Disziplinarverfahren eingeleitet werden kann. Mit freundlichen Grüßen Im Auftrag Liebherr«.

Gleichzeitig schrieb Schulleiter Syska hinter meinem Rücken an die Eltern der vierten Klasse am 18. Dezember 2010 einen Brief. Darin heißt es:

»... Ich habe Frau Sarrazin angewiesen, die Noten dieses Übungsdiktates nicht in die Zensuren für das Halbjahr einzubeziehen. Außerdem habe ich sie angewiesen, sämtliche bisherigen schriftlichen Noten auf die Einhaltung der einschlägigen Vorschriften zu überprüfen und mir in der ersten Woche des neuen Jahres die Ergebnisse ihrer Überprüfung vorzulegen. Über die Ergebnisse werde ich Sie informieren. Seien Sie versichert, dass ich Ihre Klasse seit dem Herbst 2009 gut im Blick habe und auch die aktu-

ellen Beschwerden der Kinder bearbeiten werde. Auch hierüber werde ich Sie informieren. Mit freundlichen Grüßen J. Syska Schulleiter«

(Kein Wunder, dass die Klasse bei mir über Tische und Bänke ging!)

Von der Existenz dieses Elternbriefes erfuhr ich jedoch erst durch die von mir angestrebte Akteneinsicht im September 2011.

Schulleiter Syska schrieb am selben Tag noch einen dritten Brief. Der ging an mich. In ihm warf er mir »eine grob fahrlässige Pflichtverletzung« vor, weil ich bei der schon behandelten Lernzielkontrolle nicht den Fachkonferenzbeschluss beachtet hatte! (Siehe »Eine Lernzielkontrolle«.) Davon hatte er wiederum der Schulaufsicht nichts geschrieben! Wenn sich eine Lehrkraft »eine grob fahrlässige Pflichtverletzung« zuschulden kommen ließe, würde das doch wohl in die Hände der Schulaufsicht gehören.

Damit nicht genug.

Am 20. Dezember hielt Schulleiter Syska eine Dienstbesprechung vor allen Kollegen und Erziehern ab, ausschließlich zu dem Zweck, mich bloßzustellen. Er informierte die Kollegen, ich sei in einem Gespräch am 17. Dezember (das oben beschriebene Gespräch mit Kollege Schlacher und ihm selbst) »ausfällig in Ton und Stil« geworden. Er ziehe nun Konsequenzen und leite »mit heutigem Tage« dienstrechtliche Schritte gegen mich ein. Kollegen, die sich »nicht benehmen« könnten, werde er auch nicht in der Arbeitsgruppe »Schulcharta« dulden.

In dieser Dienstbesprechung äußerte Schulleiter Syska, er befürchte Nachfragen und Belästigungen durch die Presse. Wieso konnte er das zu diesem Zeitpunkt schon vermuten? Im Nachhinein lässt sich der Verdacht, dass es sich um ein abgekartetes Spiel gemeinsam mit Landeselternsprecher Peiritsch gehandelt hat, nicht ohne weiteres von der Hand weisen. Jedenfalls ist die Rolle des Schulleiters Syska aufklärungsbedürftig.

Über diese »Dienstbesprechung« informierte ich umgehend Schulrätin Liebherr. Ich bat sie, Schulleiter Syska zu einem »dienstlich und menschlich angemessenen Verhalten anzuhalten«. Eine Antwort erhielt ich nicht.

Der Terror ging weiter.

Nach den Winterferien am 7. Januar 2011 stand im offiziellen Mitteilungsbuch der Schule folgender Text, unterschrieben vom Kollegen Schlacher:

> *Alle Aussagen, die von unserem Schulleiter, Hr. Syska, auf der Dienstbesprechung am 20.12.2010 zum Thema: Dienstgespräch am Freitag,d. 17.12.2010 im Amtszimmer zwischen Hrn. Syska, Hrn. Schlacher und Frau Sarazin geäußert wurden,entsprachen zu einhundert Prozent der Wahrheit. Darüber hinaus wurde ich bei der gemeinsamen Vorbereitung mit Hrn. Syska für unsere 14 ehrenamtliche Lesepaten eher zufällig Beobachter eines unglaublich unflätigen,unerzogenen völlig inakzeptablen Verhaltens gegenüber unserem Schulleiter Hrn. Syska. (Damit war meine Bemerkung »Das werden wir ja noch sehen« bezogen auf die nicht erfolgte Antwort von der Konrektorin gemeint.)*

Das Mitteilungsbuch lag stets offen auf dem Tisch des Lehrerarbeitszimmers. Jeder, auch Eltern, die z.B. an Konferenzen teilnahmen, konnte es einsehen.

Am 10. Januar schrieb ich eine Stellungnahme dazu in das Mitteilungsbuch:

Liebe Kolleginnen und Kollegen,

es ist mir unverständlich, dass die Schulleitung solche »Mitteilungen« wie die von Kollege Schlacher im Mitteilungsbuch duldet. Nachdem dies aber nun so geschehen ist, ist es geboten, dass auch meine Stellungnahme dazu im Mitteilungsheft erscheint.

Ich nehme dazu wie folgt Stellung:

Meine Tonart ist grundsätzlich immer so gemäßigt, dass sie im Rahmen des unter höflichen Menschen üblichen Verkehrs bleibt. Allerdings spreche ich Sachverhalte klar an. Das ist nicht immer jedem recht.

Über das Verhalten von Herrn Syska in der Dienstbesprechung am 20.12.2010 habe ich bei der Schulaufsicht schriftlich Beschwerde geführt. Die Antwort steht noch aus.

Kollege Schlacher verweigert mir seit Wochen ohne Begründung die kollegiale Zusammenarbeit und lehnt es ab, mit mir über pädagogische Fragen seiner Klasse zu reden, in der ich Deutsch unterrichte.

Wie einigen von Euch bekannt ist, hatten Schulrat Hartmann und Frau Windisch bereits im Jahre 2008 mit unlauteren Mitteln versucht, mich gegen meinen Willen umzusetzen. Im Juli 2009 unternahmen Herr Kuhring, Frau Liebherr und Herr Syska erneut einen Versuch, mich gegen meinen Willen umzusetzen, eine Begründung dafür wurde auch auf wiederholte Nachfrage meines Anwaltes bis heute nicht geliefert. Der eigentliche Grund, der wohl darin besteht, dass ich »Frau Sarrazin« bin, und man vermutlich die Scharte des Jahres 2008 auswetzen wollte, konnte ja wohl schlecht genannt werden. Auch dieser Versuch ist gescheitert. Als indirekte Folge davon entstanden mir nicht unerhebliche Anwaltskosten. Diese hat mir die Schulverwaltung in vollem Umfang ersetzt. Das sagt einiges darüber aus, wie die oberste Schulbehörde die beschriebenen Vorgänge rechtlich und inhaltlich bewertet.

Die Vorgänge der letzten Tage und Wochen, von denen Euch als

Kollegen nur ein ganz kleiner Teil durch die falschen und ehrabschneidenden Äußerungen von Herrn Syska, Herrn Schlacher und Frau Hirt bekannt wurde, zielen offenbar darauf, meine Entfernung von der Schule jetzt durch »Mobbing« zu erreichen, damit ich »freiwillig« gehe, nachdem die unlauteren Umsetzungsversuche gescheitert sind.

Ich hoffe, trotz gegenteiliger Befürchtungen, dass unsere Schulleitung, Herr Syska und Frau Hirt, so wie unser Kollege Herr Schlacher zu professionellen Umgangsformen zurückfinden.

Ich fordere Herrn Schlacher auf, seine »Mitteilung« zur Dienstbesprechung von Montag, dem 20.12.2010 zurückzunehmen und sich für diese beleidigenden Äußerungen zu entschuldigen.

Herrn Syska fordere ich auf, sich von Herrn Schlachers Äußerungen zu distanzieren, denn er weiß, dass ich mich niemals so, wie Herr Schlacher behauptet, ihm gegenüber verhalten habe.

Beide bitte ich dies bis Mittwoch zu tun. Danach werde ich einen Anwalt einschalten und den Rechtsweg beschreiten. Ursula Sarrazin

Einige Tage später war das Mitteilungsbuch verschwunden, und es lag ein funkelnagelneues Buch mit lauter leeren, weißen Seiten da. Sonst passierte – nichts. Keine einzige Frage, kein Kommentar. Schulrätin Liebherr hatte ich schriftlich von Kollege Schlachers »Mitteilung« und meiner Stellungnahme informiert, verbunden mit der Bitte, die beiden Herren zu professionellem Verhalten anzuhalten. Eine Antwort steht bis heute aus.

Im Nachhinein ist das in Syskas Briefen dokumentierte Verhalten umso skandalöser, als er in persönlichen Gesprächen mit mir durchaus immer wieder anerkennende Worte fand: Ich sei stets gut auf meinen Unterricht vorbereitet. Er schätze meine Arbeit sehr. Er betonte, dass er mich dringend brauchen würde. Die SINUS-Fortbildung, die ich an unserer Schule ins Leben gerufen hatte und zwei Jahre lang leitete, fand hohe Anerkennung bei ihm. Er fand es großartig, wie ich die anderen Kollegen dafür begeistert hätte. Diese Worte erfüllten zumindest einen Zweck, nämlich mich über seine wahren Absichten im Dunkeln zu lassen.

Landeselternsprecher Günter Peiritsch bot Schulleiter Syska seine Hilfe an. In einer Mail vom 5. Januar 2011, die Schulleiter Syska an Oberschulrat Kuhring schrieb, berichtet dieser: »Gerade bekomme ich einen Anruf vom Vorsitzenden des Elternlandesausschusses, Herrn Peiritsch, der von ›Unruhe‹ um Frau Sarrazin gehört hat (!) und wissen möchte, ob er helfen könne. Meine Antwort: Ich weiß es nicht, da es sich um eine Personalangelegenheit handeln würde, die in den Händen der Schulaufsicht liegt.«

Das war noch vor den ersten Presseberichten. Woher wusste Günter Peiritsch von der »Unruhe«?

Schulleiter Syskas Antwort hätte, dem Sinne nach, lauten müssen: »Herr Peiritsch, vielen Dank für Ihr Angebot, aber das geht Sie gar nichts an. Halten Sie sich da heraus. Es handelt sich um eine Personalangelegenheit und damit haben Sie nichts zu tun.« Vermutlich kannte Schulleiter Syska seine Pflichten ja auch. Ich glaube auch nicht, dass er geantwortet haben will: »Ich weiß es nicht«. Er wird schon mit dem Landeselternsprecher einiges abgesprochen haben, denn am Wochenende startete die Pressekampagne gegen mich, eingeleitet und maßgeblich geführt von Günter Peiritsch.

Rolle des Schulleiters

Ein Schulleiter ist Dienstvorgesetzter und somit weisungsbefugt. Er trägt Verantwortung für die Schule und für die dort arbeitenden Menschen. Sie müssen ihm vertrauen können. Schulleiter Syska hatte mein Vertrauen jedoch systematisch missbraucht:

- gegenüber den Kindern, indem er sie, gemeinsam mit dem Klassenlehrer, glauben machte, sie hätten eine schlechte Lehrerin, gegen die sie sich wehren dürften und müssten,
- gegenüber den Eltern, die er nicht zur Zusammenarbeit anhielt, sondern ihnen zu verstehen gab, dass er für Klagen über Frau Sarrazin großes Verständnis hätte,
- gegenüber den Kollegen, die er durch Herabsetzung meiner Person und Ausgrenzen aus den schulischen Gremien gegen mich einnehmen wollte und die er zum Teil zu schriftlichen Falschaussagen anhielt,
- gegenüber der Schulbehörde, indem er mich ihr gegenüber verleumdete,
- und gegenüber mir selbst, indem er mir hinter meinem Rücken den Boden für meine Arbeit entzog, weil er bei allen am Schulleben beteiligten Menschen das Vertrauen zu mir untergrub, ohne das kein Lehrer lehren kann.

Wie wird eine solche Person Schulleiter, und wieso kann sie über einen langen Zeitraum selbstherrlich schalten und walten ohne jede Kontrolle?

Es ist doch nicht damit getan, sich darauf zu verlassen, dass es a) Kriterien gibt, die zuverlässig anzeigen, dass jemand eine integere Persönlichkeit ist, die moralisch gefestigt, ihre Macht, die ja ohne Frage ein Schulleiter hat, nicht ausnutzen wird, und b) dass genau solche Personen unbedingt Schulleiter werden wollen. Kurz, kein System, auch das Schulsystem kann nur auf dem »good-will« der beteiligten Menschen aufgebaut werden. Jede Macht in Menschenhand bedarf der Kontrolle, um Machtmissbrauch möglichst auszuschließen. Das ist eine grundlegende Lehre der Geschichte, ganz besonders der Geschichte unseres eigenen Landes.

Natürlich hat ein Schulleiter Vorgesetzte, die unter anderem die Aufgabe haben, ihn zu kontrollieren. Selbstverständlich gibt es Gesetze und Vorschriften, die eingehalten werden müssen. Aber was ist, wenn dieser Kontrollmechanismus nicht funktioniert wie in meinem Falle? Wer kontrolliert eigentlich das Gebaren der Schulverwaltung?

Im internen Kreis der einzelnen Schule kann in Berlin der Schulleiter weitgehend nach Gutdünken schalten und walten. Niemand kontrolliert offenbar wirksam, ob er wahrheitsgemäß seinen Vorgesetzten über Vorgänge an »seiner« Schule berichtet, ob er fair und ohne unangebrachte persönliche Bevorzugungen oder Benachteiligungen mit den Kollegen verfährt. Eltern kann er nach Gutdünken beeinflussen, Elterngespräche ganz verschweigen (was auch nicht immer falsch ist) oder in seinem Sinne deuten oder nutzen. Er kann Kollegen fördern oder links liegen lassen, es steht ganz in seinem Belieben. Es ist in großem Maße ihm überlassen, ob er die Tüchtigen unterstützt oder die, die ihm stets genehm sind. Ein selbstbewusster Lehrer, der weiß, er arbeitet fundiert und mit viel Fachverstand, wird auch seine Vorstellungen in der Schule mitberücksichtigt haben wollen. Da sind Lehrer, die sich so durchwursteln und/oder ihm nach dem Munde reden, oft für einen Schulleiter leichter zu handhaben, vor allem, wenn es sich um einen schwachen Schulleiter handelt.

Hier liegt ein Problem, weil der Lehrer in einem unguten, leicht ausnutzbaren Abhängigkeitsverhältnis zur Schulleitung steht. Es leuchtet ein, dass, wenn ein schwacher Schulleiter wie beschrieben agiert, das Schulklima nicht gut sein kann. Das wiederum beeinträchtigt die gesamte Schularbeit und das persönliche Engagement der Lehrkräfte.

Der Personalrat

Natürlich gibt es einen Personalrat für Lehrer, der ihm bei Schwierigkeiten und Problemen zur Seite steht. Da geht es um Einstellungen, Umsetzungen, Beförderungen, dienstliche Beurteilungen, Kündigungen, Versetzungen in den Ruhestand und Ähnliches mehr. Es geht also einmal um grundlegende Dinge, die mit Schwierigkeiten und Problemen an einer bestimmten Schule nichts zu tun haben. Er berät aber auch u. a. bei Konflikten am Arbeitsplatz, Mobbing und Disziplinarverfahren. In Berlin hat der Personalrat seinen Sitz in der Schulverwaltung und ist für die Lehrer und Erzieher eines Bezirkes zuständig. Eine bestimmte Situation an einer bestimmten Schule ist von da schwer einzuschätzen, und der Personalrat ist auf die Schilderungen der betreffenden Personen angewiesen, die im Konfliktfall naturgemäß nicht immer gleich sind! Außerdem wendet man sich nicht am Beginn von Konflikten an einen Personalrat, der weit weg von der schulischen Situation ist, sondern erst, wenn es schon »brennt«. Er wäre ja auch gar nicht in der Lage, und es ist ja auch nicht seine Aufgabe, interne schulische Konflikte klären zu helfen und einer guten Lösung zuzuführen, bevor sie so »hochkochen«, dass eine Lösung in weite Ferne rückt.

Hier ist eine Lücke zu Lasten der Lehrkräfte entstanden. Sie ließe sich ohne großen Aufwand, kurzfristig und ohne nennenswerte Kosten schließen. Ich spreche von einem örtlichen Personalrat an jeder Schule, wie ich es aus Rheinland-Pfalz kenne.

Ich habe diese Aufgabe selbst einige Jahre wahrgenommen. Die Kollegen wählen ihn aus ihrer Mitte heraus. Er hat die Aufgabe, ihre Belange bei der Schulleitung zu vertreten. Dieser örtliche Personalrat hat festgelegte Mitspracherechte im Schulleben, zum Beispiel bei der Stundenplangestaltung oder bei unumgänglichen Umsetzungen von Lehrkräften. Zu ihrem persönlichen Schutz sind die Mitglieder des Personalrates selber nicht versetzbar und sie sollten mit einer Freistunde für ihre Arbeit ausgestattet sein. (Das sind die einzigen Kosten, die entstehen.)

Unter solchen Bedingungen hat man in etwa die Gewähr, dass sich überhaupt Kollegen für diese manchmal heikle, Verhandlungsgeschick und Übersicht erfordernde Tätigkeit zur Verfügung stellen. Die Kollegen überlegen sich ihre Wahl gut, wenn sie davon ausgehen können, dass so ein örtlicher Personalrat auch echte Mitspracherechte hat und sie wirkungsvoll vertreten kann.

Die Stundenplangestaltung soll hier als Beispiel dienen, wie durch einen örtlichen Personalrat an einer Schule die Arbeit transparenter und offener und damit konstruktiver für alle am Schulleben beteiligten Personen wird.

Bis jetzt entscheiden der Schulleiter und/oder die Konrektorin alleine über die Verteilung der Stunden. Ob sie Wünsche der Kollegen als berechtigte Wünsche anerkennen und ob sie sie berücksichtigen, ist vollkommen in ihr Ermessen gestellt. Das gilt nicht nur für persönliche Wünsche wie ein unterrichtsfreier Tag in der Woche bei Teilzeitkräften, sondern auch für pädagogische Wünsche. (Es ist ein großer Unterschied, ob ich in der 1. oder 6. Schulstunde Mathematik unterrichte oder ob z. B. Kunst in 2 Einzelstunden oder einer Doppelstunde gegeben wird!) Natürlich kann kein Stundenplan auch beim besten Willen alle Wünsche erfüllen. Aber die Abwägung, welche Vorstellungen der unterrichteten Kollegen berücksichtigt werden und welche nicht, liegt ausschließlich in der Hand der Leitung, ohne dass die betroffenen Kollegen die Entscheidungen nachvollziehen können, weil niemand außer der Schulleitung einen Überblick über den Gesamtplan hat. Das führt zu Vermutungen, Verdächtigungen (Hat jemand ungerechtfertigte Privilegien, jedes Jahr einen günstigen Stundenplan?), kurz, es tut dem Schulklima nicht gut, und manch ein Kollege versucht durch Schmeicheleien die Schulleitung gnädig zu stimmen. Jedenfalls tut man gut daran, der Schulleitung nicht zu widersprechen, man könnte es ja am nächsten Stundenplan zu spüren bekommen, und meist gilt so ein Plan ja ein ganzes Schuljahr lang. Sicher, guten Schulleitern gelingt es, keinen Unmut aufkommen zu lassen, weil man ihnen traut und sie selber an einem fairen Stundenplan interessiert sind. Aber ein System lässt sich nicht darauf aufbauen, dass man sich auf die Fairness der beteiligten Menschen verlässt.

Ein an der Schule tätiger Personalrat bietet eine gewisse Kontrolle, ob ein Stundenplan fair und zumutbar für alle Lehrkräfte gestaltet wird, wenn der Stundenplan nur unter seiner Mitwirkung und mit seinem Einverständnis in Kraft treten darf. Es sind dann nämlich Verhandlungen und faire Kompromisse bei der Gestaltung des Stundenplanes angesagt statt einsamer und undurchsichtiger Entscheidungen ohne Mitspracherecht der Betroffenen.

Auch bei manchmal nicht zu verhindernden Umsetzungen hat ein örtlicher Personalrat eine Kontrollfunktion zum Schutz der Kollegen vor Willkür und einseitigem Wunschdenken der Schulleitung.

Es ist auch nicht mehr so ohne weiteres möglich, einen Kollegen zu mobben, indem die Schulbehörde einseitig und tendenziell von der Schulleitung informiert wird, oder sich gar Klagen und Beschwerden über eine Lehrkraft regelrecht ausdenkt und für wahr ausgibt, wie in meinem Fall, weil ein örtlicher Personalrat die Situation vor Ort kennt und im Zweifelsfall Zeugnis ablegen kann. Üble Nachrede ist nicht mehr so einfach.

Die jetzige Situation ist da sehr unbefriedigend, weil der Personalrat gar nicht für die internen Vorgänge in einer Schule zuständig ist und weil er auch keinen Einblick in die Strukturen und die Gruppendynamik einer Schule hat. Jedes Mitglied eines Kollegiums kann ihm eine andere Geschichte auftischen und der Personalrat steht vor dem Problem, den Hebel für Konfliktlösungen überhaupt richtig anzusetzen.

So kann ein Schulleiter wie ein kleiner Diktator an »seiner« Schule auftreten und agieren, wenn er nicht willens ist oder es nicht gelernt hat, einen demokratischen, fairen Führungsstil zu pflegen, der auf ein dauerhaftes solides Engagement aller am Schulleben Beteiligten Wert legt.

Dieses System mit seinen geringen Kontrollmechanismen auf allen Ebenen und so geringer Leistungsbetonung lädt geradezu zu Nachlässigkeit, Schönfärberei und Missbrauch ein.

KAPITEL 6

Die Schulaufsicht

Schulaufsicht, wie sie sein sollte und ich sie kannte

Normalerweise bekommt eine Lehrkraft von der Schulaufsicht im alltäglichen Schulleben wenig mit. So wenig, dass die meisten Kollegen ihren zuständigen Schulrat manchmal gar nicht oder nur »flüchtig« kennen. Die Kontakte zur Schulaufsicht beschränken sich in der Regel auf Umsetzungen, Versetzungen, Einstellungen und Prüfungen. Wenn man in Berlin Glück hat, hält der zuständige Schulrat auf der jährlichen Personalversammlung einen kleinen Vortrag über die Gesamtlage der Lehrer in dem Bezirk, in dem man gerade arbeitet. Wenn man Pech hat, hat er gerade einen anderen Termin oder schützt einen vor, um sich nicht den Fragen auf so einer Versammlung stellen zu müssen. Über die Pflichten und Aufgaben eines Lehrers meint jeder mitreden zu können, über diejenigen der Schulverwaltungen herrscht tiefes Schweigen. Dabei sind sie es, die das pädagogische Handeln der Lehrer und übrigen Schulbediensteten entscheidend mitbestimmen.

In Mainz lernte ich meinen damaligen Schulrat besser kennen, weil ich seine Unterstützung für die Einführung der vereinfachten Schulausgangsschrift brauchte. Damals war das etwas ganz Neues, und in Rheinland-Pfalz mussten die Kollegen einer Schule einstimmig dafür stimmen, wenn sie diese Schrift, die

Erstklässlern das Schreibenlernen erleichtert, einführen wollte. Heute wird an allen Schulen selbstverständlich in einer vereinfachten Schulausgangsschrift geschrieben. Ich gewann alle Lehrkräfte für diese Schrift – bis auf eine. Uns war allen klar, dass nichts auf der Welt diese Kollegin dazu bewegen konnte, auf die damals noch übliche lateinische Schulausgangsschrift in ihren letzten Dienstjahren zu verzichten. Auch meinem Schulleiter war das klar. Er schickte mich zu dem zuständigen Schulrat, der das Problem löste, indem er mir gestattete, die vereinfachte Ausgangsschrift als Schulversuch an der Schule einzuführen, wenn es mir gelang, die einfache Mehrheit der Kollegen für dieses Projekt zu gewinnen.

So kannte ich Schulräte. Nämlich so, wie das Wort es sagt: als Rat-gebende, wenn man einen solchen brauchte!

Schulaufsicht in Berlin

Während meiner zwölfjährigen Dienstzeit in Berlin hatte ich es mit sechs verschiedenen Schulräten im selben Bezirk zu tun. Etwa alle zwei Jahre tauchte ein neuer Schulrat auf. Da konnte von Kontinuität keine Rede sein. Ich traf nur in den ersten Jahren auf solide Schulrätinnen, die es mit Sicherheit nicht geduldet hätten, dass zum Beispiel anonyme Klagen zum Gegenstand von ernsthaften Ermittlungen geworden wären, denn in der Anonymität blühen Gerüchte und üble Nachrede, ohne dass sich der Betroffene wehren kann. Danach traf ich leider meist auf das Gegenteil: Anonymität wurde gezielt eingesetzt, um dem Opfer, in diesem Falle mir, zu schaden. So konnte ich nämlich zum Beispiel meiner Aufgabe, einen persönlichen Kontakt mit den Eltern herzustellen, nicht nachkommen.

In jeder sozialen Struktur gibt es Vorwurfslagen, die geklärt werden müssen. Und dafür hat jede Organisation Mechanismen, wenn sie gut funktionieren soll. Darum gibt es Personalräte, Disziplinarverfahren, Gerichte usw.

Wenn eine Amtsperson, sei es ein Lehrer oder Polizist, eine tatsächliche oder vermeintliche Verfehlung begangen hat, dann wendet man sich an den Vorgesetzten. Dieser betreibt sachliche Aufklärung, und gegen die Schuldigen gibt es eine angemessene Sanktion. Gegen diejenigen, die unberechtigte Vorwürfe erheben, auch.

Wo dieser elementare Mechanismus außer Kraft gesetzt ist oder nicht richtig bedient wird, setzen Fehlentwicklungen ein: Der Übeltäter wird nicht zur Rechenschaft gezogen – der Unschuldige kann sich gegen Verleumdungen nicht wehren.

Und das ist exakt der Fall in der Berliner Schulverwaltung, weil alle Beteiligten von der politischen Leitung an abwärts ihrer Pflicht, Vorwürfe sachlich zu klären und Übeltäter zu sanktionieren, nicht ausreichend nachkommen. Stattdessen wird alles zugekleistert und dieses Zukleistern noch von Vorgesetzten mit modernistischem Psychogeschwafel gerechtfertigt. So verzichtete zum Beispiel der verantwortliche Leiter der Berliner Schulverwaltung, Herr Erhard Laube, im Januar 2011 bewusst auf jedwede sachliche Aufklärung der Vorwürfe in meinem Fall und wollte nach eigener Aussage im Gespräch mit Schulleiter Syska und mir eine »Win-win-Situation« schaffen. Dabei ist aus allen Täter-Opfer-Beziehungen bekannt, dass am Beginn des Verzeihens und Neuanfangs die Anerkennung von Tat und Schuld vor Zeugen stehen muss. »Win-win-Situationen« lassen sich nur dort schaffen, wo es um unterschiedliche Auffassungen jenseits von schuldhaftem Verhalten geht. Ein Beispiel: Jemand verleiht 10.000 Euro an einen Freund. Dieser zahlt sie nicht zurück. Ein Richter will eine »Win-win-Situation« herstellen und ordnet an, dass jeder der beiden 5000 Euro erhält! Dann hat der Schuldner den anderen um 5.000 Euro betrogen. Mit Recht und Gesetz hat das nichts mehr zu tun. So erging es mir in Bezug auf die Berliner Schulverwaltung. Ich hatte es mit einer fachlich unerfahrenen, mit dem Amt offensichtlich überforderten Schulrätin, einem sehr von sich überzeugten, um nicht zu sagen eitlen Oberschulrat, dem offenbar elementare Verwaltungskenntnisse fehlten, und einem Schulabteilungsleiter ohne Strategie und ohne ausreichende dienstrechtliche Kenntnisse zu tun.

Ein kafkaesker Umsetzungsversuch

Am 9. Juni 2009 erhielt ich eine kurzfristige Einladung zu einem Dienstgespräch am 11. Juni 2009 mit meinem Schulleiter Syska, der Schulrätin Liebherr und Oberschulrat Kuhring. Ein Thema wurde nicht genannt, Schulleiter Syska teilte mir auf Nachfrage mit, er sei nicht »befugt«, mir zu sagen, worum es gehen sollte. Oberschulrat Kuhring verweigerte meinem Anwalt telefonisch eine entsprechende Auskunft, er verbot mir aber auch die Mitnahme einer Begleitperson. Oberschulrat Kuhring wollte mir zunächst sogar verbieten, mir über den Gesprächsinhalt Notizen zu machen. Dagegen wehrte ich mich mit Erfolg. Das Gespräch nahm folgenden Verlauf:

Herr Syska eröffnete das Gespräch: »Räumen Sie das Feld, Frau Sarrazin!« Gemeint war meine Umsetzung.

Es wurde festgestellt, dass ich keine dienstlichen Verfehlungen begangen hätte.

Es gab auch keine schriftlichen, namentlichen Elternbeschwerden.

Es gebe nichtsdestotrotz Drohungen von Eltern, »an die Presse zu gehen«.

Ich gäbe zu viele Hausaufgaben auf, der Leistungsdruck sei zu hoch.

Es gebe Kollegen, die mich »nicht so mochten«. (Hieran schloss sich ein denkwürdiger Dialog an zwischen Oberschulrat Kuhring und mir: Ich wies ihn auf eventuelle Neidgefühle einiger Kollegen hin. Er meinte daraufhin, ich könne nicht »die ganze Schuld auf meinen Mann schieben«. Er würde ihn gerne einmal sprechen. »Ich vermittele Ihnen gern einen Termin«, meinte ich. »Ach, nein, lieber doch nicht«, zog er zurück.)

Es gab keine Einzelheiten, dafür angebliche »diffuse Ängste« von Eltern und Kollegen vor mir. Die Stimmung »sei nicht festzumachen«, Kollegen zögen sich zurück.

Herr Syska betonte, er käme gut mit mir aus (!).

Schulrätin Liebherr ordnete an, Schulleiter Syska solle jede Woche bei mir hospitieren. Einen Anlass für diese Maßnahme konnte sie allerdings nicht nennen. Ich antwortete ihr, Schulleiter Syska könne sich gerne, so oft er wolle, in meinen Unterricht setzen und zuschauen. Diese Antwort machte Oberschulrat Kuhring einigermaßen fassungslos, wie ich seinem konsternierten Gesichtsausdruck entnehmen konnte. Warum eigentlich?

Hier war schon die Einladung unrechtmäßig. Denn selbstverständlich wussten meine Vorgesetzten, was sie von mir wollten, nämlich meine Umsetzung gegen meinen Willen. Dafür hat der Betroffene immer ein Recht auf Unterstützung durch den Personalrat oder einen Anwalt.

Die erhobenen Vorwürfe waren kafkaesk. Es fielen kein einziger Name, Ort, Zeitpunkt oder tatsächlicher Vorfall. Eine Stellungnahme, Gegendarstellung oder Entkräftung der erhobenen Vorwürfe meinerseits war definitiv nicht möglich. Die Schulaufsicht hatte überhaupt keine Aufzeichnungen von auch nur einer einzigen Beschwerde angefertigt, um mich ordentlich anzuhören, aber andererseits das mündliche anonyme Gerede als gravierend genug eingestuft, um meine Umsetzung zu fordern.

Offenbar kein Gedanke daran, dass es hier ausschließlich um verleumderische, üble Nachrede über mich ging, der nachzugehen die Pflicht der Schulaufsicht gewesen wäre, nicht zuletzt, um mein Recht auf ungehinderte Amtsausübung und mein Recht auf meinen guten Ruf zu schützen. Auch die Drohung von Eltern, »an die Presse zu gehen«, rief nicht etwa verschüttete Fürsorgeinstinkte meiner Vorgesetzten wach, sondern wurde im Tone des Vorwurfes mir zur Last gelegt! Das heißt, die anwesenden Schulaufsichtsbeamten instrumentalisierten diese Unverschämtheit, um mich zu beeinflussen. Da Vorgesetzte in der Regel planmäßig und überlegt handeln, grenzt das schon an den Strafbestand einer Nötigung.

Wie man Gerüchte fördert und den Bock zum Gärtner macht

Erst nach einem intensiven Intervenieren meines Anwaltes schrieb Herr Kuhring am 17. September 2009: »In der Sache geht es an der Reinhold-Otto-Schule ... um eine Konfliktlage, bei der nicht einfach abzulesen ist, wer die Beteiligten sind und welche Anteile Einzelne haben mögen.« So lassen sich Gerüchte, Unwahrheiten, üble Nachrede und andere Gehässigkeiten auch definieren! In Unternehmen kann das Verbreiten von Gerüchten für die Beteiligten arbeitsrechtliche Konsequenzen haben und im Extremfall sogar zur Kündigung führen, wenn die Gerüchte dazu geeignet sind, den Betriebsfrieden zu stören. Was passierte in meinem Fall?

Die Schulaufsicht zog sich zurück, eine Entschuldigung für

ihr ungeheuerliches Benehmen mir gegenüber habe ich nie erhalten. Ob Kollegen zur Rechenschaft gezogen wurden für ihre Verfehlungen, entzieht sich meiner Kenntnis, aber die weitere Entwicklung spricht dagegen.

Auch mein Schulleiter entschuldigte sich nicht, obwohl er offensichtlich üblen Gerüchten über mich auf den Leim gegangen war. Er sprach nach der misslungenen Umsetzung stattdessen von einem »Neuanfang«. Der sah im Wesentlichen so aus, dass ich im ersten Halbjahr des Schuljahres 2009/10 hauptsächlich mit dem Hausunterricht eines schwerkranken Kindes beschäftigt wurde. Später erfuhr ich, dass das auf Weisung der Schulrätin Liebherr geschah, angeblich, um den Schulfrieden wiederherzustellen. Mir erschloss sich dieser Zusammenhang nicht, denn ich hatte den Schulfrieden ja gar nicht gestört. Ob das schwerkranke Mädchen von mir ohne jede Erfahrung auf diesem Gebiet überhaupt angemessen unterrichtet werden konnte, fragte, außer mir, offenbar keiner.

Im schon erwähnten Brief von Oberschulrat Kuhring hieß es auch: »Diese (die komplexe Konfliktlage) aufzuklären wird (darum) des Bestreben des Schulleiters sein.« In diesem Rahmen fand das schon erwähnte Gespräch mit der Mutter Frau Zimzinsky statt, die ja als Elternsprecherin massiv unzutreffende anonyme Vorwürfe gegen mich gesammelt hatte.

Herr Syska sicherte mir auch Gespräche mit der Klassenlehrerin dieser Klasse, in der Frau Zimzinsky Elternsprecherin war, und mit meinen Kollegen zu. Die Klassenlehrerin wünschte kein solches Gespräch, daher fand das auch nicht statt! Die Kollegen wollten auch kein Gespräch. Sicher, diejenigen, die sich gut mit mir verstanden, und das waren die meisten, hatten tatsächlich dazu keinen Grund. Und die kleine Gruppe der anderen? Die sprachen mit Herrn Syska – aber ohne mich! Das erfuhr ich im September 2011 aus den Akten!

Herr Syska kam seinem Auftrag, Aufklärung zu leisten, nicht nach. Im Gegenteil, die mir Übelwollenden hatten die einmalige Chance, hinter meinem Rücken den Schulleiter zu indoktrinieren.

Schulrätin Frau Liebherr hatte ja wöchentliche Hospitationsstunden durch Schulleiter Syska angeordnet. Das war schikanös, weil es gar keinen Grund dafür gab. Schulleiter Syska hatte allen Ernstes vor, dieser Anordnung nachzukommen. Und so erschien er am 16. Juni 2009, um sich eine Deutschstunde in einem 4. Schuljahr bei mir anzusehen. Als Schulleiter war das sein gutes Recht, das er wahrnehmen oder nicht wahrnehmen konnte. Er sah eine gute Deutschstunde. So wie die Dinge standen, legte ich Wert auf eine schriftliche Beurteilung. Ich legte ihm eine von mir formulierte Beurteilung vor, die der Stunde entsprach, und bat ihn um seine Unterschrift. Schulleiter Syska zögerte – und schrieb dann »gesehen Syska«. Das hatte ich nicht gemeint! Meine Frage, ob denn meine Beurteilung nicht zuträfe, verneinte er, sie traf – natürlich – zu. Schließlich unterschrieb er noch einmal! Das war schon merkwürdig.

Als zweite Stunde wollte er sich eine Stunde im Fach Geografie, Geschichte und Politik (kurz GGP) ansehen. Das war zwar nicht mein Fach – ich gab den Unterricht fachfremd in der sechsten Klasse –, aber was sollte es, Schulleiter Syska wollte es eben so. Leider vertat er sich im Stundenplan und kam eine Stunde zu spät. Irgendwo reichte es mir jetzt. Ich sagte zu ihm: »Herr Syska, was soll das eigentlich? Sie wissen doch ganz genau, dass mein Unterricht gut und völlig in Ordnung ist!« Schulleiter Syska nickte – und es fand keine Hospitation mehr statt bis zu meiner Beurlaubung im Sommer 2011.

In einem Schreiben an Schulrätin Liebherr vom 17. Dezember 2010 behauptete Schulleiter Syska: »Ich habe etwa 10 Stunden Unterricht (von Frau Sarrazin) besucht und nur wenig Differenzierung und Methodenvielfalt gesehen …«

Woanders werden Vorgesetzte für solche Lügen über Mitarbeiter gefeuert, in Berlin passiert – nichts.

Hat die Schulverwaltung jemals Herrn Syska nach seinen »Aufklärungsergebnissen« befragt? Mündlich oder schriftlich? Hat die Schulaufsicht jemals von ihm Rechenschaft gefordert für seinen höchst fragwürdigen Versuch, mich völlig ungerechtfertigt mit aus der Luft gegriffenen Vorwürfen gegen meinen Willen und ohne meine Kenntnis umsetzen lassen zu wollen?

Die Schulaufsicht hätte auch einen von allen Beteiligten unterschriebenen Bericht anfordern können! Oder zumindest einen Ergebnisbericht von Schulleiter Syska. Sie hätte auch mit allen Beteiligten gemeinsame Gespräche führen können. Sie hätte auch disziplinarisch tätig werden können. Oder einen Mobbingverdacht untersuchen können.

Es sieht nicht so aus, als ob irgendetwas passiert sei, denn ab jetzt wurde ich massiv benachteiligt.

Zu fragen ist auch, welche Triebfeder die Schulaufsicht überhaupt hatte, eine unbescholtene Lehrkraft auf Grund von falschen Tatsachen und bloßen Gerüchten, ohne dass sie sich einer dienstrechtlichen oder pädagogischen Verfehlung schuldig gemacht hatte, gegen ihren Willen und ohne jeden Rechtsschutz umsetzen zu wollen. Ich hatte allerdings unter Schulrat Hartmann in Zusammenhang mit dem gescheiterten Versuch, entgegen jeder pädagogischen und rechtlichen Grundlage ein Kind eine Klasse überspringen zu lassen, schon einmal das Vergnügen, mich gegen einen unrechtmäßigen Versetzungsversuch wehren zu müssen. Das war genau ein Jahr zuvor. Es ging auch hier um anonyme Anklagen, die bei näherem Hinsehen in sich zusammenfielen. Auch hier setzte ich mich erfolgreich durch.

Wollte die Schulaufsicht die »Scharte« der misslungenen Umsetzung auswetzen? Mir fällt nichts anderes ein.

Ich hatte von mir aus alles getan, wozu ich in der Lage war, um die Sachlage zu klären. Aber vielleicht sollte ja gar nichts geklärt werden. Viel einfacher war es, mich zu schikanieren und damit allen übelwollenden Kolleginnen und Kollegen Wasser auf die Mühle zu gießen. Und so nahmen der Psychoterror und die Rufschädigung weiterhin ihren Lauf.

Nachdem der Hausunterricht nach dem ersten Schulhalbjahr beendet war, erhielt ich völlig überraschend und fachfremd eine sechste Klasse im Fach Naturwissenschaften (darüber habe ich schon in Kapitel 2 »Noten« berichtet).

Es gab vermehrt kleine Nickeligkeiten oder blanken Unsinn wie den lächerlichen Verdacht, der Sekretärin eine Klarsichtfolie gestohlen zu haben. Sechs Mehrarbeitsstunden in einer Woche – auch das kam vor, mit der Begründung durch die Konrektorin: »Dir geht es ja so gut. Da kannst du ruhig etwas mehr an Mehrarbeit machen.« Das äußerte sie in der großen Pause vor allen anwesenden Kollegen. Persönliche Anfragen an die Konrektorin wegen meiner verstärkten Aufsichten und vielfachen Mehrarbeit wurden auf diese Weise schulöffentlich ausgetragen. Eine Kollegin versuchte, mir mangelnde Teamarbeit zu unterstellen, weil ich einem Schüler ihrer Klasse das Handy abnahm, nachdem er es im Unterricht benutzt hatte. Das war in unserer Schulordnung für alle so festgelegt. Ich hatte ihre – unerlaubte – Sonderregelung, dass die Kinder das Handy nur ausschalten mussten, nicht angewandt. Eine andere Kollegin suchte Streit, indem sie mir vorwarf, Noten nicht erstellt zu haben, für die ich gar nicht alleine zuständig war.

Ich möchte hier deutlich machen, dass sich nur wenige, etwa drei bis vier Kollegen aktiv am offenen Mobbing der Schulleitung beteiligten. Der große Rest versuchte, sich vollständig aus der Sache herauszuhalten. Das ist die übliche Struktur bei Mobbingfällen, die von Vorgesetzten ausgehen. Die Konrektorin allerdings piesackte mich, wo sie nur konnte.

Ich buchte das, eine andere Begründung fällt mir auch heute nicht ein, unter Neidfaktor ab, blieb sozusagen in Habtachtstellung und hielt mich an die Kollegen, mit denen ich gut auskam. Das waren nach wie vor die meisten. Ich gründete und leitete eine Mathematikfortbildung an unserer Schule, SINUS-Transfer, die überregional stattfand und bei der mir die Schulleitung deswegen nicht hereinreden konnte. Es nahmen fünf bis sieben Kollegen regelmäßig über die nächsten beiden Jahre teil. Sie machten das vollkommen freiwillig und unentgeltlich. Vermutlich aus Angst vor mir und weil ich so eine schreckliche Person war!

Protokoll einer Akteneinsicht

Schon im Januar 2009 erschienen in der Presse Hinweise, dass der CDU-Abgeordnete Sascha Steuer meine Personalakte einsehen wollte. Er vermutete hinter meiner Nichtumsetzung im Sommer 2008 »Genossenfilz« und hatte offensichtlich vor, mein Verbleiben an der Reinhold-Otto-Schule als unrechtmäßig darzustellen. Schulsenator Zöllner habe sich höchstpersönlich darum gekümmert. Statt meiner sei Schulrat Hartmann versetzt worden, weil er es gewagt habe, sich mit mir anzulegen! Um seinen absurden Verdacht zu untermauern, hoffte er wohl auf Informationen aus meiner Personalakte. Die ging ihn aber gar nichts an, auch einem Parlamentarier sind hier rechtliche Grenzen gesetzt. Und so schrieb ich dem Leiter der Rechtsabteilung folgenden Brief:

Sehr geehrter Herr ..., der Berichterstattung in den Medien habe ich entnommen, dass es dem Abgeordneten Sascha Steuer bei der von ihm geforderten Akteneinsicht offenbar nicht um die objektive Sachaufklärung, sondern um den Missbrauch so gewonnener Informationen für eigene politische Zwecke geht. Vor diesem Hintergrund erkläre ich, dass ich mit der Einsichtnahme des Abgeordneten Sascha Steuer in Akten, die meine Person betreffen, nicht einverstanden bin. Mit freundlichen Grüßen.

Als ich dann auch noch erfuhr, dass Sascha Steuer und der ehemalige Schulrat Hartmann Parteifreunde waren, wurde mir klar, dass es ganz bestimmt nicht um »objektive Sachaufklärung« gehen würde!

Damit hielt ich die Sache für erledigt. Aber ich irrte mich sehr. Herr Steuer verhandelte über ein Jahr lang weiter mit der Schulaufsicht, ohne dass ich etwas davon erfuhr! Die Schulverwaltung bewilligte Herrn Sascha Steuer eine Akteneinsichtserlaubnis am 11. Dezember 2009. Das erfuhr ich aus der Zeitung. Ich war weder informiert worden noch um mein Einverständnis hierzu gebeten worden. Ich wusste nicht einmal, um was für Akten es sich eigentlich handelte. Mein Anwalt legte sofort Widerspruch ein und beantragte Akteneinsicht für mich. Es stellte sich heraus, dass es sich dabei um aus dem Zusammenhang gerissene Dokumente handelte, die beim Schulabteilungsleiter Laube als unrechtmäßig geführte Personalakte unsystematisch gesammelt worden waren. Sie betrafen Schulrat Hartmanns Schikanen, die er gegen mich verübt hatte (wie schon geschildert). Diese Unterlagen waren von Oberschulrat Kuhring und Abteilungsleiter Laube »gesammelt« worden. Der Brief von Herrn Kuhring vom Juli 2008, in dem er seitenlang beschreibt, dass ich im Falle der Tochter von Frau Appel ohne Einschränkungen rechtmäßig gehandelt hatte, fehlte allerdings. Hingegen waren Schmähungen und Vorwürfe enthalten, gegen die ich mich nicht hatte wehren können, da sie mir bis jetzt unbekannt gewesen waren. Bevor ich also selber dazu gehört werden konnte, wollte mein Dienstherr diese »Sammlung« Außenstehenden zugänglich machen! Das alleine war schon skandalös.

Was war tatsächlich passiert? Schulrat Hartmann betrieb rechtswidrig und schikanös zum Schuljahreswechsel 2008/09 meine Umsetzung. Bei Oberschulrat Kuhring fand ich kein Gehör. Also tat ich das, was alle Beamten dürfen: Ich wandte mich an meinen obersten Dienstherrn. Ich tat das auf dem Dienstweg mit einem für alle Vorgesetzten und Mitarbeiter offenen Schreiben und verlangte darin nichts weiter, als dass die zweifelhafte Absicht von Schulrat Hartmann, mich umzusetzen, geprüft werde. Nach über einem Jahr geduldeter Schikanen und Demütigungen der Schulaufsicht gegen mich sah ich keinen Sinn darin, ebendiese Schulaufsicht anzurufen, die offenbar nichts gegen meine unrechtmäßige Umsetzung hatte.

Letztendlich stellte sich heraus, dass Schulrat Hartmann der Einzige war, der meine Umsetzung aktiv betrieben hatte, obwohl er für eine solche Entscheidung gar nicht zuständig war. Seine Drohungen mir gegenüber waren eine Anmaßung gewesen. Es wurde nur unterlassen, was nicht rechtmäßig war, nämlich eine schikanöse Umsetzung, die Herr Hartmann erwogen hatte.

Warum sollte sich damit das Parlament befassen? Auch der Abgeordnete Steuer hat nicht erklärt, weshalb sich die Verwaltung oder der Senator für eine Nicht-Umsetzung einer Beamtin der Öffentlichkeit oder dem Parlament gegenüber rechtfertigen muss. Der Verbleib einer Beamtin in ihrer Dienststelle ist kein Privileg oder eine Ausnahmebehandlung. Ein »Filzverdacht« war hierin beim besten Willen nicht zu entdecken.

Schulrat Hartmanns Umsetzung war eine »Spannungsumsetzung«. So stand es u.a. in der *Berliner Zeitung* vom 5. November 2008, geäußert von Abteilungsleiter Erhard Laube. Wenn Schulrat Hartmann sich auch nur annähernd so dreist, unqualifiziert und schikanös gegenüber seinen Schulleitern wie mir gegenüber verhalten hat, ist das nicht verwunderlich. Aber mit mir und meinem Verbleib an der Reinhold-Otto-Schule hatte das nichts zu tun.

Mit viel juristischem Aufwand und unter Einschaltung des Parlamentpräsidenten konnte die Schulaufsicht schließlich dazu bewegt werden, Herrn Sascha Steuer die tatsächliche Lage darzustellen: Es handelte sich um unvollständige, unausgewogene und ungeprüfte »Sammlungen« der Herren Kuhring und Laube, die längst vernichtet oder, nach ordentlicher Anhörung, vollständig in die entsprechenden Akten gehört hätten.

Da sich aus diesen illegalen und dubiosen »Akten« kein sachlich richtiges Bild herstellen ließ, durfte der Abgeordnete Steuer auch nichts veröffentlichen, und er hatte auch nichts zu veröffentlichen, denn er fand wohl einige unschöne Belege über Herrn Hartmanns schikanöses Verhalten und seine üblen Auslassungen über mich, die einem Schulrat überhaupt nicht anstanden zu äußern. Aber er fand keinen Hinweis, dass ich zu Unrecht an meiner Schule arbeiten würde oder dass Schulrat Hartmann gar meinetwegen versetzt worden sei, weil es keinen solchen gab.

Sascha Steuer schwieg. Sonst wäre ja auch öffentlich bekannt geworden, wie eigenmächtig und hinterhältig sein Parteifreund Schulrat Hartmann sich mir gegenüber gebärdet hatte. Auch eine Entschuldigung für seine üblen öffentlichen Unterstellungen blieb aus. Eine Richtigstellung ebenfalls.

Und meine Schulaufsicht? Sie stellte den falschen Eindruck, der durch den unterstellten Verdacht des Abgeordneten Sascha Steuer entstanden war, nicht richtig. Schulrat Hartmanns schikanöses Vorgehen war der Schulaufsicht bestens bekannt. Laut

Oberschulrat Kuhring war nie an eine Umsetzung meiner Person gedacht gewesen. Die Öffentlichkeit, mein Schulleiter und meine Kollegen mussten aber annehmen, an den Anwürfen des Abgeordneten Steuer sei etwas dran, weil die Schulaufsicht es versäumte, diesen falschen Verdacht durch eine klare, deutliche Stellungnahme auszuräumen. Sie reagierte weder öffentlich noch intern etwa mit einer Dienstbesprechung. Das hat sie ja bei anderen Gelegenheiten durchaus getan! Das erschwerte mir meinen Stand vor der noch recht neuen und unerfahrenen Schulleitung, vor Kollegen und sicher auch vor Eltern erheblich. So wurde es mir auch hintenherum zugetragen: »Was will die eigentlich hier? Warum arbeitet die überhaupt? Die gehört hier nicht hin, die gehört gar nicht zu uns.« Der Schritt zum Mobbing lag schon nah.

Die Schulaufsicht hat in verantwortungsloser Weise den Dingen ihren Lauf gelassen. Die Damen und Herren saßen im Büro auf ihren Stühlen und sahen zum zweiten Mal ruhig zu, wie dieselbe Lehrkraft des Landes Berlin in aller Öffentlichkeit demontiert wurde.

Wenn die Schulverwaltung nicht erkannt hat, dass hier eine Grundschullehrerin des Landes Berlin politisch instrumentalisiert wurde, war sie überfordert. Das heißt dann ja wohl, in der Schulverwaltung sitzen unfähige Leute an wichtigen Schaltstellen. Dann sollte man überlegen, wie das passieren konnte, und die Kriterien für die Übernahme von Ämtern, die Verantwortung für Mitarbeiter bedeuten, vielleicht einmal überprüfen.

Oder die Schulverwaltung hat bei diesem üblen Spiel mitgespielt, denn Nichtstun ist auch eine Stellungnahme. Durch die Unterlassung einer Richtigstellung hat sie den Verdacht bestätigt, statt ihn auszuräumen. Die Konsequenzen hatte ich alleine zu tragen. Ich habe sie angedeutet. Die Schulverwaltung ging zur Tagesordnung über und musste für ihr Verhalten nicht geradestehen. Dass sie wenigstens die bei mir entstandenen Anwaltskosten trug, musste ich mir auf dem Klageweg erstreiten. Am 4. Januar 2011 ging die Kostenerstattung von 5400 Euro auf meinem Konto ein. Davon erzählte ich natürlich einigen Kollegen. Offenbar wurde das dem Schulleiter Syska hinterbracht. In einem Schreiben an Frau Liebherr am 5. Januar 2011 äußerte er diesen absurden Vorwurf: »Der Betriebsfrieden wird nachhaltig gestört. Dass Frau Sarrazin jedem, der es hören will oder auch nicht hören will, erzählt, dass sie bislang alle Prozesse gegen das Land Berlin gewonnen hat, baut nur wieder eine neue Drohkulisse auf.«

Ich hatte nur auf Schadensersatz geklagt und recht bekommen. Nicht mehr und nicht weniger. Es bestand kein Grund zur Geheimhaltung. Wie mit dieser Aussage gegenüber dem Religionslehrer, meiner Tischnachbarin im Lehrerzimmer und der Kollegin, die mit mir zusammen Hofaufsicht hatte, der Betriebsfrieden, und das gleich auch noch nachhaltig, gestört werden können sollte, ist mir schleierhaft. Und wer sollte sich durch eine gewonnene Schadensersatzklage wohl bedroht fühlen? Doch wohl nur Schulleiter Syska selber. An sich war es ja für die Schulverwaltung sehr peinlich, dass ihr vollständiges Versagen, was die Rechtmäßigkeit ihres Verhaltens und die Wahrnehmung ihrer Fürsorgepflicht betraf, jetzt noch dadurch dokumentiert wurde, dass die Staatskasse belastet wurde. Aber das störte offenbar keinen der beteiligten Schulaufsichtsbeamten. Sie mussten ja nicht persönlich aufkommen.

Ein Streit um das unrechtmäßige Überspringen einer Klasse durch eine Schülerin wurde über darauf folgende Schikanen des Schulrates Hartmann unter widerrechtlicher Androhung meiner Umsetzung an eine andere Schule zu einem Politikum, mit dem man dem Schulsenator Zöllner, dem Finanzsenator Sarrazin und der Lehrerin Ursula Sarrazin schaden wollte.

Situation im Schuljahr 2010/11: Gespräche über Gespräche!

Die Situation zu Beginn des Schuljahres 2010/11 stellte sich mir so dar: Die Selbstverständlichkeit, dass ich an der Reinhold-Otto-Schule meinen Arbeitsplatz hatte, war öffentlich in Frage gestellt worden, ohne dass dieser Eindruck von meinen Vorgesetzten korrigiert worden wäre. Schulleiter Syska hatte dazu nie eine Frage an mich, er schwieg sich aus, jedenfalls mir gegenüber. Ich hatte hingegen den früheren Schulrat Hartmann eines Tages vor unserer Schule gesehen. Da mag sich jeder Leser seinen eigenen Reim drauf machen!

Ich hatte Schulleiter Syska meinen Wunsch mitgeteilt, eine eigene Klasse leiten zu wollen, so wie ich es bis auf die letzten zwei Jahre stets gehalten hatte. Er schlug mir meinen Wunsch mit den Worten »Ich habe andere Pläne mit Ihnen« ab. Auch diese Begründung spricht für sich. Ich habe im Laufe des Schuljahres oft an diese »rätselhaften« Worte denken müssen. Sie füllten sich mit Sinn, je weiter das Schuljahr fortschritt.

Schulleiter Syska teilte mir die schon beschriebene vierte Klasse mit Deutsch zu, die ebenfalls erwähnte sechste Klasse mit Mathematik, eine weitere sechste Klasse wiederum mit Deutsch und eine dritte sechste Klasse mit Kunst. Für eine Teilzeitkraft in der Grundschule ein sehr fordernder und nicht gerade fairer Stundenplan. Grundschüler erwarten auf Grund ihres jungen Alters zu Recht eine relativ persönliche Beziehung zwischen ihren Lehrern und ihnen. Für mich hieß das, dass ich zu etwa hundert Schülern gleichzeitig ein persönliches Verhältnis aufbauen musste. In drei Klassen handelte es sich zudem um Hauptfächer. Im Fach Kunst ergibt sich durch das Fach selbst ein anderer Umgang mit den Schülern. Außerdem sind drei Korrekturfächer eine Menge Arbeit, das Fach Deutsch ist besonders aufwendig. Wenn schon so viele Korrekturfächer, dann hatte ich verstärkt Mathematikunterricht erwartet, weil die Mathematikfortbildung, die ich an der Schule ins Leben gerufen hatte und leitete, auf Arbeit mit Schülern aufbaute.

Im ersten Schulhalbjahr gab es, außer in meiner Mathematikklasse, die einen vorpubertären Aufstand probte, sich dann aber auch dank vernünftiger Eltern fing, keine Probleme. Die anderen beiden sechsten Klassen entwickelten sich von Anfang an sehr erfreulich. Das tat die schon erwähnte vierte zunächst auch. Nichts deutete auf den Sturm hin, der mir in dieser Klasse bevorstand.

Schulleiter Syska hatte mir einen besonders ungünstigen Stundenplan mit schwierigen Klassen offenbar in der Hoffnung gegeben, den Druck auf mich so zu steigern, dass ich entweder Fehler machen würde, die meine Umsetzung scheinbar rechtfertigen oder selbst ein Ausscheiden aus dem Dienst anstreben würde. Als ich stattdessen mit allen Klassen erkennbar gut zurechtkam und sich trotz des extrem ungünstigen Stundenplans keine erkennbaren Probleme aufbauten, startete er im Oktober 2010 die schon erwähnte Kette verleumderischer Briefe an die Schulaufsicht. Gleichzeitig setzte er den schon erwähnten Kollegen Schlacher in meinem Deutschunterricht in der erwähnten vierten Klasse als Co-Lehrer ein, um Negatives über mich herauszufinden. Als das nicht gelang, wurde Kollege Schlacher als Co-Lehrer wieder abgezogen. Stattdessen inszenierten Syska und Schlacher nun hinter meinem Rücken jenen »Aufstand« in der Klasse, den ich im Kapitel »Kinder« beschrieben habe. Auch diesen Aufstand bekam ich letztlich gut in den Griff. Unmittelbar mit Beginn der Schule nach den Weihnachtsferien erfolgte der letzte Angriff, der mich nach dieser Planung zu Fall bringen sollte. Syska schrieb am 5. Januar 2011 an Oberschulrat Günther Kuhring: »Deshalb bitte ich Sie, kurzfristig eine geräuschlose Umsetzung vorzunehmen. Grund: andauernde und massive Störung des Betriebsfriedens.« (Genauer wird er, wie stets bei seinen Anwürfen, auch hier nicht.)

Dieser Vorgang wurde an die Presse gespielt. Am Freitag, dem 7. Januar 2011 rief mich eine Redakteurin der Zeitschrift »Focus« an. Auf Grund verschiedener Verfehlungen, die ich begangen hätte, wolle sich Schulleiter Syska von mir trennen. Darüber werde »Focus« in seiner Ausgabe am kommenden Montag berichten. Sie bat mich um eine Stellungnahme. Auf Grund der Rückfrage der Zeitschrift konnte die *Focus*-Meldung von den gröbsten Falschaussagen befreit werden. Sie erschien am Samstag, dem 8. Januar 2011 morgens als elektronische Vorabmeldung und löste sofort eine Flut von Presseanfragen aus.

Oberschulrat Kuhring erklärte gegenüber der Presse, alle Vorwürfe würden »unerbittlich« aufgeklärt. Gegenüber meinem Anwalt erklärte er, es seien ihm keine Elternbeschwerden über mich bekannt. Im Ergebnis stellt es sich für mich so dar, dass Oberschulrat Kuhring und Schulleiter Syska mit Hilfe des Vorsitzenden des Landeselternrates Peiritsch, der ihnen zu Diensten schien, den Versuch unternahmen, über die Medien meinen Ruf so zu beschädigen, dass ein Verbleib im Schulsystem für mich nicht möglich war.

Dieser Versuch war aber durch meine sofortige entschiedene Gegenwehr – auch in den Medien – zumindest teilweise gescheitert, und das Schulaufsichtsamt Charlottenburg musste einen schlimmen und immer auffälliger werdenden Mangel an konkreten Vorwürfen gegen mich feststellen. Der Versuch, diese »Lücke« zu schließen, bestimmte offenbar das Verhalten des Schulaufsichtsamtes und des Schulleiters Syska in den folgenden Tagen und Wochen.

Es wurde ein Gesprächsmarathon in unterschiedlichster Besetzung bis hin zu höchsten Senatsbeamten in Gang gesetzt, der seinesgleichen sucht. Was sich in der vierten Klasse tatsächlich abgespielt hatte, habe ich schon oben geschildert. Normalerweise hätten sich die Probleme mit einigen Elterngesprächen klären lassen und eine fruchtbare Arbeit wäre wieder möglich gewesen. Nach dem öffentlichen Medienaufruhr war in der Senatsverwaltung für Bildung Schulabteilungsleiter Laube unmittelbar mit meinem »Fall« betraut worden.

Eine spezielle Schulkonferenz

Am 17. Januar 2011 tagte erst einmal die Schulkonferenz unter Teilnahme des Oberschulrates Kuhring und unter Medienbegleitung. Es wurde ein allgemeiner Beschluss gefasst und sich gegenseitig bestätigt, wie gut die Schule doch im Grunde sei. Unter Punkt 2 äußerte »das Kollegium« seine Empörung über die öffentlich erhobenen Vorwürfe, es würden »Kolleginnen und Kollegen gemobbt«. Nebenbei vermerkt, »das Kollegium« kann sich gar nicht in der Schulkonferenz äußern, und von mehreren gemobbten Kolleginnen und Kollegen war nirgends die Rede, sondern ausschließlich von mir! Indem hier mein Name verschwiegen wurde, wurde jede Diskussion über das Mobbing meiner Person vermieden. Und genau das ist Mobbing. Ich wurde angehalten, zu dieser Schulkonferenz nicht zu erscheinen, was ich als Gast durchaus hätte tun können. Das vertiefte bei mir den Verdacht des Mobbings nur noch, denn um mich ging es ja schließlich! Am 18. Januar 2011 findet sich folgender Kommentar in der *BZ:* »Die *BZ* sprach nach der außerordentlichen Schulkonferenz am Abend mit einer Pädagogin. Die Lehrerin sagte, es sei zwei Stunden über Frau Sarrazin diskutiert worden. Man wolle Schaden von der Schule abwenden.« So ein Kommentar ist »einer Pädagogin« unwürdig.

Schulleiter Syska wandte sich an Herrn Laube und bat ihn, diesen »Beschluss« der Schulkonferenz schulintern veröffentlichen zu dürfen. Es sei eine »Botschaft« an ihn, Herrn Laube, und es solle ein »wichtiges Zeichen dem Kollegium gegeben werden«. Herr Syska hängte diesen »Beschluss« der Schulkonferenz, in dem der Mobbingvorwurf pauschal zurückgewiesen wurde, am Informationsbrett der Schule aus. In der Schulkonferenz waren allerdings die Sachverhalte, die zum Mobbingvorwurf geführt hatten, niemals verhandelt worden. Hat da keiner genauer nachgefragt? Die Eltern? Die »schulexterne Person«? Über den großen Einfluss der Eltern an Schule habe ich schon geschrieben. Wo man wichtige Entscheidungen mitträgt, muss man sich doch informieren! Wo blieb hier eine notwendige Sachaufklärung, ehe man sich derart grundsätzlich äußerte? Im Schulgesetz heißt es: »Die Schulkonferenz berät alle wichtigen Angelegenheiten der Schule und vermittelt bei Meinungsverschiedenheiten.« Von Beratung und Vermittlung habe ich nichts mitbekommen, ganz im Gegenteil, ich wurde ausgeschlossen. Auch hier wäre ein wenig Sachkenntnis auf Elternseite angebracht gewesen, statt sich dem Schulleiter gefällig zu zeigen. Der Schulelternsprecher, der mich und meinen Unterricht kannte, nahm bezeichnenderweise nicht an dieser Schulkonferenz teil, ebenso wenig wie seine Stellvertreterin. Dafür aber, als Vertreter des eigentlichen Mitgliedes, der Klassenlehrer des vierten Schuljahres, Herr Schlacher und der türkischstämmige Vater, der mir unterstellte, die Kinder dieser Klasse als »Opfer« beschimpft zu haben. Eine merkwürdige Veranstaltung.

Am selben Tag, an dem die Schulkonferenz tagte, nämlich am 17. Januar 2011, fand ein erstes Gespräch zwischen Abteilungsleiter Laube, dem Leiter der Rechtsabteilung, Schulleiter Syska und mir statt. Abteilungsleiter Laube erläuterte uns, wie

Beschwerden auszusehen haben, wenn sie als solche anzusehen sind: schriftlich, mit Namen, Orten, Zeiten, Vorfällen. Auch Elternbeschwerden sind anonym nichtig und müssen schriftlich vorliegen, erklärte er. Hierfür brauchte Herr Laube die Hilfen des Leiters der Rechtsabteilung. Das wunderte mich sehr, denn die aufgezählten Bedingungen sind Grundbestandteile unserer Rechtsordnung und sollten selbstverständlich sein. Ich sollte noch zu spüren bekommen, dass sie es der Schulverwaltung offenbar nicht waren. Zum Zeitpunkt dieses Gespräches mit Abteilungsleiter Laube waren der Schulaufsicht zwei Beschwerden über mich bekannt, die diese Bedingungen in etwa erfüllten: Zum einen gab es eine fragwürdige Mail von Frau Zimzinsky vom 4. Januar 2011, deren Kind ich aber schon seit zwei Jahren nicht mehr unterrichtete, und eine Mail vom 5. Januar 2011 aus der besagten vierten Klasse, in dem ein Vater gar nicht über sein eigenes Kind schrieb und dessen Inhalt zu diesem Zeitpunkt längst geklärt war. Wenn Abteilungsleiter Laube es gewollt hätte, hätte er den ganzen Vorgang, was mich betraf und meine angeblichen Vergehen, schon hier stoppen können. Aber dann hätte man sich ja mit Herrn Syskas Fehlverhalten, dem des Klassenlehrers und dem der Schulverwaltung näher beschäftigen müssen ...

Das war offensichtlich nicht gewollt.

Elternarbeit – wie Oberschulrat Kuhring sie versteht

Allein Form und Inhalt der oben erwähnten Mail von Frau Zimzinsky an Oberschulrat Kuhring hätten jedem klar denkenden Menschen zeigen müssen, wessen Geistes Kind diese Mutter ist und welchen Wert man ihren Vorwürfen hätte beimessen sollen.

Sie hat den Brief in meiner Angelegenheit ganz offiziell an Oberschulrat Kuhring geschrieben. Kuhring hat ihn dienstlich beantwortet und die Mail nebst seiner Antwort zu meiner Akte genommen. Ich gebe hier den vollständigen Inhalt wieder:

Sehr geehrter Herr Kuhring, ich wünsche Ihnen ein erfolgreiches neues Jahr, und weil ich Ihnen und dem Senat für Bildung das wirklich wünschen will, finde ich es umso ärgerlicher, Sie schon wieder auf Missstände in der Reinhold-Otto-Schule hinweisen zu müssen – wo Sie gerade ganz andere Probleme haben … Aber die Lehrkraft, um die es geht, Frau Sarrazin, ist so für uns Eltern an dieser Schule endgültig nicht mehr tragbar!! Letztes Jahr (Anmerkung des Verfassers: Es handelt sich um das Schuljahr 2008/09, das war vor 3–4 Jahren!) war sie, trotz Fachrichtung Deutsch, (Anmerkung des Verfassers: Ich habe die Fächer Deutsch, Mathematik und Werken studiert) Mathematiklehrerin in der Klasse meiner Tochter (ehem. 4b) (Anmerkung des Verfassers: Es handelte sich um die 3b!) und nach der anfänglichen Sympathie, des frischen Windes machte sich schnell Frust bei den Eltern breit – besonders bei denen, die einen ausländischen Namen trugen, denn Gesprächstermine und Ähnliches wurden von Frau Sarrazin nicht gemacht oder wenn, dann nicht eingehalten. Zudem setzte sie auch schnell eine Norm fest, die von den Kindern mitgetragen werden musste – war ein Kind außerhalb dieser Norm, wurde es bestraft, ausgegrenzt oder verbal attackiert. Durch eine Unterschriftenaktion und unter Mithilfe anderer Eltern aus darüberliegenden Klassen, wurde Frau Sarrazin aus dem Unterricht entfernt und in eine andere Klassenstufe gesteckt – und da fängt der Zinnober von vorne an – Kinder werden ob der Staatsangehörigkeit gemobbt, wer nicht in die von Frau Sarrazin festgelegte »Norm« passt, fällt raus oder wird als Störenfried angesehen …

Nun hat sich Herr Syska sicher schon Gedanken zu dem Thema gemacht und ich weiß, dass Frau Sarrazin ja eigentlich eher in den höheren Klassen – eben 5te und 6te unterrichtet – und so befürchte ich, dass Herrn Syska nichts anderes übrig bleiben wird, als Frau Sarrazin in die 5b zu »stecken«, was heißt, dass sie wieder bei meiner Tochter bzw. beim ehemaligen Konfliktherd unterrichtet.

Natürlich sind Elternbedürfnisse immer relativ zu sehen und sicher gibt es für alles eine Lösung, aber lieber Herr Kuhring, ganz ehrlich?

Die Beschwerdeordner sind voll mit Frau Sarrazin – der in meinem Schreibtisch umfasst schon allein über 100 Seiten und sollte es wirklich so kommen, dass sie wieder in der Klasse meiner Tochter unterrichten wird, scheue ich mich diesmal nicht, Berufliches mit Privatem zu vermischen und nutze meine Geschäftskontakte zu den Medien – nur dass es eben dann nicht mit einem Artikel oder einem Kurzbericht getan ist, sondern ich werde genug Wirbel veranstalten, dass die Redakteure der großen Zeitungsverlage damit auf ihre Quoten kommen – gerade weil ja auch ihr Mann gern in den Medien steht, ist es sicher spannend zu erfahren, wie denn im Hause Sarrazin so mit den ausländischen Mitbürgern umgegangen wird und was passt da besser, als noch eine Ehefrau, die zufällig auch noch Grundschullehrerin ist …

Ich hoffe Sie finden mit Herrn Syska einen Weg, damit ich den meinen nicht gehen muss!!

Mit den allerherzlichsten Grüßen

Ines Zimzinsky

Das spricht für sich.

Keine Fakten, keine Namen, keine Daten (und wenn, dann falsche!). Der Name für solche Behauptungen fiel in diesem Buch schon öfter. Ich spare mir die Wiederholung. Der Brief endet mit einer unerhörten massiven Drohung. Frau Zimzinsky findet es zudem »spannend«, zu erfahren, wie denn »im Hause

Sarrazin so mit den ausländischen Mitbürgern umgegangen wird«. Ihre Neugierde an unserem Privatleben meint sie befriedigen zu können, wenn ich ihre Tochter noch einmal unterrichten müsste. Sie scheint sich dieses ja förmlich zu wünschen, um »genug Wirbel veranstalten (zu können), dass die Redakteure der großen Zeitungsverlage damit auf ihre Quoten kommen«. Und in der Tat, ihr kaum verschleierter Wunsch, mit Hilfe ihrer Tochter noch einmal an mich heranzukommen, um an der aktuellen Hetze gegen mich teilnehmen zu können, sollte in Erfüllung gehen.

Erst im Sommer 2011 erhielt ich Kenntnis von diesem Brief durch eine von der Schulverwaltung lang hinausverzögerte Akteneinsicht.

Dabei fand sich auch Oberschulrat Kuhrings Antwort auf diese Mail, allerdings musste man etwas danach suchen. Sie war an einer ganz anderen Stelle der Akte versteckt. Er antwortete ihr einige Tage später am 11. Januar 2011:

Sehr geehrte Frau Zimzinsky, Ihre Mail habe ich mit großer Besorgnis gelesen; leider überstürzten sich dann die Ereignisse in Form der Presseberichte seit dem 09.01.2011.

Sie wissen, dass Frau Liebherr und auch ich häufig mit Herrn Syska über die von Ihnen geschilderte Problematik sprechen.

Bislang war unser Bestreben, dass auch dieser nicht zu unterschätzende Konflikt dort gelöst wird, wo er entstanden ist, und das möglichst unter Einbeziehung all derjenigen, die in dieser oder jener Form daran Anteil haben. Dies möchte ich weiterhin vorrangig tun, und darum wird Herr Syska Elternvertretungen verschiedener Klassen zu einem Gespräch mit mir einladen.

Gerade weil ich den gesamten Vorgang sehr ernst nehme, ist mir aufgefallen, dass aus all den mir zur Verfügung gestellten Unterlagen nicht klar hervorgeht, wann und durch wen die betroffene

Lehrkraft tatsächlich mit den verschiedenen Vorwürfen eindeutig konfrontiert wurde. Darüber erhoffe ich mir in dem Gespräch mit den Elternvertretungen Aufklärung.

Seien Sie aber versichert, dass ich selbstverständlich auch die andere Seite ausführlich hören muss; denn das gehört zu der hier gebotenen Sachaufklärung unabdingbar dazu.

Ich würde mich freuen, wenn das avisierte Gespräch mit den Elternvertretungen weiteres Hin-und-her-Schreiben in der Sache reduziert; denn ich verspreche mir mehr von einem persönlichen Gespräch.

Mit freundlichen Grüßen

Im Auftrag Günther Kuhring Referatsleiter

Keine Fragen nach den konkreten Inhalten der »Vorwürfe«, kein Nachhaken, was es mit den »über 100 Seiten Beschwerden« auf ihrem Schreibtisch auf sich hat. Kannte er sie schon? Dann hat er sie bis heute vor mir geheim gehalten! Was gehen Frau Zimzinsky die Gespräche mit Elternvertretungen verschiedener Klassen an? Hoffte er gar, sie würde den Eltern noch Tipps geben im Stile der schon beschriebenen »Elternanleitung« dieser Mutter? Von welchem »nicht zu unterschätzenden Konflikt« spricht Oberschulrat Kuhring eigentlich? Glaubt er einfach, was Frau Zimzinsky über mich behauptet? Ihm ist doch tatsächlich aufgefallen, dass die »betroffene Lehrkraft« mit den »verschiedenen Vorwürfen« wohl gar nicht konfrontiert wurde! Wo bleibt seine Fürsorgepflicht mir gegenüber? Merkt er nicht, dass Frau Zimzinsky auch die Schulverwaltung unter Druck setzt? Sie versucht unverhohlen, die Schulverwaltung zu einem bestimmten Verhalten fast schon zu nötigen und Oberschulrat Kuhring lehnt das nicht ab! Ist er mit dem Weg, den sie angeblich gehen muss, einverstanden? Heißt er ihn sogar gut? Was verspricht er sich von einem persönlichen Gespräch und mit wem? Worin besteht eigentlich seine »große Besorgnis«?

Dieses Schreiben ist in seiner absoluten Unbestimmtheit und Unverbindlichkeit geradezu gefährlich. Seinen Pflichten als Vorgesetzter ist er in keiner Weise gerecht geworden. Frau Zimzinsky muss sich in ihrem Tun geradezu bestätigt gefühlt haben. Und ein Oberschulrat müsste ja wohl um die Wirkung seiner Worte wissen. Geradezu unterwürfig bestätigt er ihr die Richtigkeit ihrer Haltung mir gegenüber. Unterstreicht das auch noch, indem er ihr unaufgefordert mitteilt, dass er und Frau Liebherr auch mit Herrn Syska über die »von Ihnen geschilderte Problematik sprechen«. Welche »Problematik« er eigentlich meint, sagt er auch hier nicht!

Offenbar ist es Eltern erlaubt, ihnen nicht genehmen Lehrern, in diesem Falle mir, massiv mit »Wirbel« in der Presse zu drohen, falls sie sich erdreisten sollten, das eigene Kind zu unterrichten. Es ist Eltern offenbar auch erlaubt, die Familienangehörigen ihrer Lehrer hämischen Betrachtungen zu unterziehen. Anders kann ich Oberschulrat Kuhrings Schreiben an Frau Zimzinsky nicht interpretieren, denn sein Schreiben enthält nicht den kleinsten Hinweis darauf, dass er Frau Zimzinskys Anwürfe kritisch sieht oder sich in irgendeiner Weise davon distanziert. Oder sollte er selber genauso distanzlos wie Frau Zimzinsky sein?

Ab dem 12. Mai 2011 unterrichtete ich auf Weisung von Schulleiter Syska die Klasse 5b in Kunst. Genau diese Klasse besuchte Frau Zimzinskys Tochter. Auch Abteilungsleiter Laube, an den ich mich schließlich wandte, griff nicht ein.

Er schickte mir folgende Mail dazu:

... Ihr ausdrücklicher Wunsch war, an der Reinhold-Otto-Schule weiterhin zu unterrichten ... Dies schließt selbstverständlich ein, bei der Notwendigkeit einer Stundenplanänderung, wie sie gegenwärtig besteht, grundsätzlich einbezogen zu werden. Insgesamt scheint mir die Entscheidung der Schule mit Augenmaß getroffen worden zu sein.

Frau Zimzinsky ließ sich nur durch meinen Rechtsanwalt davon abhalten, ihre angekündigten Aktivitäten wahr zu machen.

Das lässt nur einen Schluss zu: Es wurde nicht nur billigend in Kauf genommen, dass mein Ruf mutwillig schulintern und öffentlich zerstört wurde, es wurde von meinen Vorgesetzten auch aktiv unterstützt, denn sie wussten ja von der schriftlichen Androhung Frau Zimzinkys, die Presse in großem Stile einzuschalten. Und in die Schranken gewiesen hatten sie ja Frau Zimzinsky gerade nicht! Mich in dieser Situation anzuweisen, ihre Tochter zu unterrichten, kann kaum Zufall gewesen sein. Für mich stellte sich das als der letzte Versuch dar, mir noch einmal zu schaden, denn am 28. Juni 2011 war mein Schuldienst beendet.

Um es noch einmal deutlich zu sagen: Auf der oben besprochenen äußerst fragwürdigen Mail von Frau Zimzinsky, die mir erst im September 2011 bekannt wurde, und einer längst widerlegten Beschwerde eines türkischen Vaters, der nur vom Hörensagen berichtet hatte, beruhten alle Maßnahmen, die die Schulverwaltung gegen mich ergriff.

Am 18. Januar 2011 fand ein denkwürdiger Elternabend statt. Oberschulrat Kuhring leitete ihn. Schulleiter Syska, der Klassenlehrer der vierten Klasse, Herr Schlacher, die Elternsprecherin meiner Mathematikklasse und Eltern der Viertklässler nahmen teil. Es ging ausschließlich um Kritik an meinem Unterricht in diesen beiden Klassen. Ich selber durfte nicht teilnehmen.

Die Elternsprecherin meiner Matheklasse war nur gekommen, weil sie eingeladen war. Sie hatte keine Kritik an meinem Mathematikunterricht. Von den vierundzwanzig Eltern der vierten Klasse waren zwölf Elternteile gekommen. (Kinder der Klasse hatten mir berichtet, dass gar nicht alle Eltern eingeladen worden waren, unter anderem die Mutter, die mir gesagt hatte, ich sei »zu nett zu den Kindern«!) Von den zwölf anwesenden Eltern äußerten fünf Kritik, allerdings ohne wirklich sachliche Substanz. (Ich würde nicht »mit dem Herzen« unterrichten u. Ä.) Es waren übrigens ausnahmslos Eltern mit Migrationshintergrund. Die in den Zeitungen immer wieder zitierten Beschimpfungen, mit denen ich die Schüler traktiert haben sollte, finden sich im Protokoll dieses Elternabends nicht! Offenbar erhob kein Elternteil diese Vorwürfe gegen mich, nicht einmal in meiner Abwesenheit.

Wenn man in Rechnung stellt, dass von der vorangegangenen zehntägigen, fast täglichen reißerischen Presseberichterstattung, der verleumderischen Kritik Herrn Syskas hinter meinem Rücken und von der Art, wie diese Veranstaltung einberufen wurde, eine starke suggestive Wirkung ausgehen musste, ist das Ergebnis eher »mager«. Bei einigen Eltern entstand sicher der Eindruck, mit meinem Unterricht müsse ja etwas nicht in Ordnung sein. Dass Eltern dann vom Hörensagen berichteten, auch wenn sie selber gar kein Problem mit mir als Lehrerin hatten, ist nachvollziehbar. Das erklärt solche schwammigen Vorwürfe wie, ich würde »nicht mit dem Herzen unterrichten«.

Die Veranstaltung am 18. Januar 2011 wurde offensichtlich zu dem Zweck inszeniert – und deshalb wurde ich auch ausgeschlossen –, doch noch der »zahlreichen Elternbeschwerden« habhaft zu werden. Es war ja überaus peinlich, dass nach der großen medialen Aufregung überhaupt keine Elternbeschwerden vorlagen, die man mir zur Last legen konnte. Die ganze

Organisation der Veranstaltung und ihr Umfeld verstand ich als impliziten Aufruf an die Eltern, an mir zu mäkeln und Kritik zu üben. Umso peinlicher für die Veranstalter und umso erfreulicher für mich das Ergebnis. Deshalb bekam ich wohl auch erst mal keine Rückmeldung.

Dass eine Veranstaltung in dieser Form überhaupt stattfinden konnte, halte ich für einen besonderen moralischen Tiefpunkt der Schulaufsicht. Für mich mit fünfunddreißig Jahren Berufserfahrung, in denen ich mehr Grundschulkinder unterrichtet habe als Oberschulrat Kuhring und Schulleiter Syska zusammengenommen, war das Verfahren einfach empörend und demütigend.

Kommunikationsdilettantismus

Das Ergebnis dieses »Elternabends« wurde mir erst einmal vorenthalten, und so waren bei dem Gespräch am 21. Januar 2011 alle besser informiert als ich. Diese »Runde« bestand aus Schulabteilungsleiter Laube, dem Leiter der Rechtsabteilung, Schulleiter Syska, dem Klassenlehrer Schlacher und mir. Der Klassenlehrer betonte, dass er sich in »Kommunikation« fortgebildet hätte, sprach dementsprechend von »Wahrnehmung A und B«.

Meine Ausführungen waren konkret: Ich fragte, wie denn die Kollegen zu dem Schluss gekommen waren, es gäbe keine Sippenhaft in Bezug auf mich, wenn sie mich überhaupt nicht danach fragten, beschrieb das pädagogisch äußerst fragwürdige Verhalten des Klassenlehrers in Gegenwart einer Schülerin, erwähnte, dass ich zum Spielenachmittag in der Weihnachtszeit der vierten Klasse nicht eingeladen worden war, was ja sicher sinnvoll gewesen wäre, schilderte die Schmähungen des Klassenlehrers über mich im Mitteilungsbuch und las den schon erwähnten Brief einer Schülerin aus der Klasse vor. Abteilungsleiter Laube sprach von zwei Ebenen: einer Sach- und einer Beziehungsebene und unterstellte mir eine frühere freundschaftliche Beziehung zu diesem Klassenlehrer, die sich sicher nicht wiederherstellen ließe! Er »verordnete« ihm und mir innerhalb der nächsten drei Tage ein gemeinsames Gespräch, das im Übrigen nie stattgefunden hat.

Unter vier Augen fragte mich Herr Laube anschließend, ob ich mich nicht schon zum kommenden Halbjahr beurlauben lassen wollte, also in neun Tagen! Ohne Bezüge versteht sich!

Fazit: Das einzige greifbare Ergebnis dieses »Gespräches«, nämlich die Anordnung eines weiteren, fand nicht statt. Ich erinnerte meinen Schulleiter mehrmals daran. Es tat sich nichts.

Irgendeine Sachaufklärung oder auch nur die Bemühung darum gab es nicht.

Auch ich habe mich mit Kommunikation, Gesprächsstrategien, Mediation, Vortragstechniken usw. intensiv beschäftigt. Das kann bei Konflikten sehr hilfreich sein, weil es unter anderem Gesprächsstrukturen schafft. Das heißt aber nicht, dass diese Strukturen sozusagen von Natur aus fair sind. Ganz im Gegenteil, wer es versteht, kann solche Strategien für seine eigenen Zwecke ausnutzen, vor allem als Gesprächsleiter, der den Gesprächsverlauf, die Redezeit und Reihenfolge der Teilnehmer, Beginn und Schluss des Gespräches oder das Zulassen von Nachfragen, Entgegnungen und Einwürfen bestimmt. (Das kann man in jeder Talk-Show beobachten!)

Halbverstandene Wahrnehmungstheorien, bei denen der Unterschied zwischen Wahrheit und Lüge – bewusst oder nicht – verwischt wird, entfalten eine gefährliche Wirkung, weil sie moralische Instanzen außer Kraft setzen und sich stattdessen einen pseudowissenschaftlichen respektheischenden Anstrich geben. Das erschwert die Wahrheitsfindung, statt sie zu erleichtern. Eine Lüge heißt dann eben »Wahrnehmung B«. Das klingt doch ganz anders! Daher sind es ja auch meist die »Täter« und nicht die »Opfer«, die mit solchen Strategien arbeiten.

Am 26. Januar 2011 fand ein weiteres Gespräch statt. Diesmal nahmen Abteilungsleiter Laube, der Leiter der Rechtsabteilung, Schulleiter Syska, der Klassenlehrer Schlacher, zwei Eltern meiner Matheklasse, einige Eltern der vierten Klasse und ich teil. Zuerst durften die Eltern, die eine Klage hatten, diese vorbringen. Als da waren: Ich würde nicht mit dem Herzen unterrichten, eine Mutter war enttäuscht über die Noten ihrer Tochter, es gäbe viel Streit in der Klasse, die ganze Klasse würde weinen. Ein Vater fand, die Kinder würden ungerecht behandelt, ein anderer fand, die Kinder stünden unter Druck, ich würde sie permanent anschreien, sie hätten nicht gerne Unterricht bei mir. Ein Mädchen, das mir morgens in der Schule um den Hals fiel, hatte angeblich Angst vor mir. Die Eltern, die diese Klagen vorbrachten, waren vier bis fünf Eltern mit ausnahmslos türkischem oder arabischem Migrationshintergrund. Die anderen, ausnahmslos deutsche Eltern, hatten keine Klagen. Sie widersprachen diesen Eltern. Es wurde ihnen aber von Abteilungsleiter Laube, der die Gesprächsführung innehatte, wesentlich weniger Redezeit zugestanden als der ersten Gruppe.

Auch bei dieser Veranstaltung erhob kein einziger Elternteil die in der Presse so hochgeschaukelten Vorwürfe, ich hätte die Kinder als Opfer, Schmarotzer u. a. beleidigt!

Was wollte man aus so einer Veranstaltung eigentlich ablesen? In jeder Schulklasse gibt es mehr oder weniger unterschiedliche Meinungen darüber, wie Schule sein soll, wie Lehrer zu sein haben. Jedes Kind reagiert anders auf die Schulsituation und auf Anforderungen. Sämtliche Klagen waren diffus, es gab keinen einzigen Hinweis auf eine konkrete Situation, auf die ich hätte konkret reagieren können. Der Gesprächsleiter Laube forderte die Eltern regelrecht auf, nach Klagen zu suchen. Es kam von den deutschen Eltern gar nichts und von den Eltern mit türkischem oder arabischem Hintergrund nichts mit einem sachlichen Gehalt. Für alle jene, die nach Material gegen mich suchten, war die Veranstaltung eine Blamage.

Ich will nicht ausschließen, dass die Beschwerden der türkisch- und arabischstämmigen Eltern mit der hitzigen öffentlichen Diskussion um das Buch meines Mannes in den vergangenen vier Monaten zusammenhingen. Offenbar wollten sowohl einige Eltern, Schulleiter Syska als auch die Schulaufsicht ganz gern Ursula Sarrazin für das in Sippenhaft nehmen, was ihnen am Buch von Thilo Sarrazin nicht gefiel.

Im Übrigen gilt auch hier, dass die Eltern regelrecht aufgefordert wurden, nach Klagen zu suchen, um sie vor hohen Beamten der Senatsverwaltung für Bildung vorzutragen.

Es mag Zufall sein, dass sich ausschließlich Eltern mit türkischem und arabischem Migrationshintergrund beklagten. Angesichts der besonderen Umstände, das Buch meines Mannes war gerade erschienen, er gab im Zuge dessen unter fragwürdigen Umständen sein Amt als Bundesbankvorstand auf, die Presse machte einen Riesenwirbel um den angeblich so schlechten Unterricht seiner Frau, und ich wusste längst, dass da unlautere Absichten im Spiel waren, fällt es mir schwer, an einen Zufall zu glauben.

Am 27. Januar 2011 fand ein in diesem Rahmen letztes Gespräch unter Leitung von Herrn Laube statt. Der Leiter der Rechtsabteilung, Schulleiter Syska und ich nahmen teil. Abteilungsleiter Laube teilte mit, dass er mich aus rein schulorganisatorischen Gründen aus der vierten Klasse nahm. Außerdem wurden die gegenseitigen Beschwerden ausgetauscht. Mir wurden überreicht ein Brief des Schulabteilungsleiters Laube, in dessen Anlagen befanden sich ein Packen ungeordneten E-

Mail-Verkehrs, in denen sich unter anderem die alten Anwürfe von Nerner, Zimzinsky und Peiritsch wiederfanden, eine Liste mit 48 (!) Beschwerdepunkten von Oberschulrat Kuhring und 28 (!) Beschwerdepunkten von Schulleiter Syska gegen mich. Ich bekam eine kurze Frist bis zum 18. Februar 2011, bis dahin sollte ich meine Stellungnahme abgegeben haben. Ein umfangreicher Schriftsatz, in dem ich im Detail zu dem Konvolut aus Falschbehauptungen, Verleumdungen und unsäglichen Petitessen Stellung genommen hatte, lag pünktlich zum 18. Februar 2011 bei Schulabteilungsleiter Laube auf dem Tisch. Ich wartete gespannt. Nachdem alles so dringlich gemacht worden war, würde ich doch sicherlich bald eine Antwort bekommen …

Insgesamt hatte es sechs Veranstaltungen in zehn Tagen mit hochrangigen Beamten der Schulbehörde gegeben, um mir Fehlverhalten mit Schülern nachzuweisen. Die beiden vorliegenden und widerlegten Beschwerden waren absolut kein Grund, um mich umzusetzen oder dienstrechtlich zu belangen. Die Gespräche mit den Eltern ergaben nichts Konkretes, und nach der Pressehetze war Kritik an mir in irgendeiner Form wohl unvermeidlich.

Die tatsächlichen Gegebenheiten ergaben definitiv keinen Grund für solch ein gewichtiges Gebaren und so viel Aufwand der Schulverwaltung. Das ganze Verfahren, die ganze wichtigtuerische Betriebsamkeit erweckte aber bei allen anderen am Schulleben Beteiligten den fatalen Eindruck, dass ich mir etwas Schreckliches zuschulden kommen lassen haben musste, sonst würde ja nicht so viel hektische Aktivität von höchster Stelle entfaltet werden. Die Schulverwaltung selber setzte sich unter erheblichen Druck, etwas Beeindruckendes zu finden, denn sonst wäre ja der ganze Aufwand umsonst gewesen und sie hätten zugeben müssen, mit Kanonen auf Spatzen geschossen zu haben.

Und tatsächlich stellte die Rechtsabteilung schon am 19. Januar 2011 in einem Vermerk fest, dass es keine fundierten und verwertbaren Anschuldigungen gegen mich gab: »Alle in der Vergangenheit bestehenden Beschwerden gegen Ursula Sarrazin haben nach ihrer Prüfung keine Grundlage für dienstrechtliche Konsequenzen geboten.« So lautete auch eine Presseerklärung der Senatsverwaltung vom 17. Januar 2011.

Funkstille in der Schulverwaltung

Am 18. Februar 2011 lieferte ich fristgerecht nach drei Wochen meine Stellungnahme zu den Beschwerden über mich ab. Ich hatte in meinem umfänglichen Schriftsatz jeden noch so lächerlichen kleinen Vorwurf präzise und in einer beweisfesten Form widerlegt. Es blieb nichts übrig. Offenbar war dies der Grund, dass die Schulverwaltung unmittelbar mit Eingang meines Schreibens jedes weitere Interesse an der Sache verlor. Hatte die Verwaltung ungewohnt viel Energie aufgewandt und allen Beteiligten mehrere äußerst kurzfristige Gespräche abverlangt, um Fehlverhalten von mir aufzuspüren – jetzt herrschte absolute Funkstille für Monate. Mehrere Nachfragen meines Anwaltes, schriftlich wie mündlich, führten zu nichts. Nicht einmal welche Abteilung, welche Personen mit den Vorgängen beschäftigt waren, war herauszubekommen. (Später stellte sich heraus, dass gar nichts bearbeitet wurde.)

Am 19. Mai 2011 reichte mein Anwalt Klage bei Gericht ein. Er forderte eine Ehrenerklärung für mich, da ich mir nichts hatte zuschulden kommen lassen, die Bearbeitung meiner Dienstaufsichtsbeschwerde nicht stattfand und Akteneinsicht seit Monaten verweigert wurde. Die Schulverwaltung hatte fünf Monate ohne das geringste Ergebnis verstreichen lassen.

Diese Klage blieb der Presse nicht verborgen. Sie fragte bei der Schulverwaltung nach, wann denn mit einem Ergebnis zu rechnen sei. Antwort: Die Überprüfung stehe kurz vor ihrem Abschluss. Das war im Juni 2011.

Am 1. August 2011 beantragte die Verwaltung die Abweisung der Klage und bat um Verlängerung der Klageerwiderungsfrist!

Immerhin traute sich die Schulverwaltung nicht mehr, mir die schon monatelang verweigerte Akteneinsicht weiterhin zu verweigern. Hierbei stellte sich heraus, dass Oberschulrat Kuhring unrechtmäßige, umfangreiche Akten geführt hat. Es fanden sich u. a. die schon erwähnten diskreditierenden und mit Falschaussagen gespickten Schreiben meines Schulleiters vom Oktober 2010 bis Anfang 2011 an die zuständige Schulrätin.

Ich erweiterte daraufhin meine Dienstbeschwerde gegen Herrn Syska und teilte der Schulverwaltung am 29. September 2011 mit, dass ich Strafanzeige gegen Herrn Syska erwöge.

Am 14. Oktober 2011 antwortete die Rechtsabteilung der Schulverwaltung:

... Bitte teilen Sie mir mit, ob Ihre Mandantin von der Möglichkeit einer Strafanzeige Gebrauch machen will. Sollte sie hiervon absehen wollen, können die Dienstaufsichtsbeschwerden nunmehr kurzfristig beantwortet werden, weil die entsprechende Prüfung vor dem Abschluss steht.

Für dieses Verhalten fehlen mir die Worte.

Da wird eine Beamtin des Landes Berlin zehn Monate im Regen stehen gelassen, und es wird alle Kraft darein gesetzt, ihre Dienstaufsichtsbeschwerden möglichst zögerlich zu behandeln. Nachdem nun angesichts neuer Erkenntnisse eine Strafanzeige droht, droht die Schulverwaltung im Gegenzug damit, dieses zögerliche Verhalten noch zu steigern. Falls die Beamtin aber von der Strafanzeige absieht, winkt die Schulverwaltung mit der »Belohnung« eines kurzfristigen Bescheides zur Dienstaufsichtsbeschwerde.

Ich frage mich, was schlimmer ist, bodenloses Verhalten aus eigenmächtiger Inkompetenz oder abgestimmtes Verwaltungshandeln, um einer Beamtin den Schutz vor Falschbeschuldigungen vorzuenthalten.

»Zureichende Anhaltspunkte«

Am 18. November 2011 erhielt ich Post von Schulabteilungsleiter Laube. Es gebe »zureichende Anhaltspunkte«, die den »Verdacht eines Dienstvergehens rechtfertigen« würden. Die Einleitung eines Disziplinarverfahrens sei allerdings »unverhältnismäßig«, da es sich nur um Vorwürfe meine »innerdienstlichen Verpflichtungen« betreffend handeln würde. Außerdem sei, wegen meiner Beurlaubung, keine Wiederholungsgefahr gegeben. Die meisten Vorwürfe gegen mich waren offenbar stillschweigend fallengelassen worden. Es verblieben folgende Vorwürfe:

A. Verhalten gegenüber Eltern und Schülern

Ich soll am 24. November 2010 am Telefon sehr unfreundlich gegen einen Vater gewesen sein, der es versäumt hatte, einen Termin rechtzeitig abzusagen. Bei diesem Telefonat war eine Kollegin zugegen, die bezeugen kann, dass ich eben nicht unfreundlich war. Innerhalb von 8 Monaten hätte man sie wohl anhören können.

Die Behauptungen, ich hätte Viertklässler »Opfer« und Ähnliches genannt, gingen durch die Presse im Januar 2011. Eltern berichteten, dass ihre Kinder ihnen genau das zu Hause erzählten, was auch ich dazu gesagt und geschrieben hatte. Warum wurde das nicht festgehalten und überprüft?

Da geht es um von mir angeblich nicht erlaubte Toilettengänge von Erstklässlern aus dem Jahre 2001. Der Vorwurf geht zurück auf die Mail eines Vaters, der ein Kind in dieser Klasse hatte. Er schreibt nicht von seinem eigenen Kind und schreibt nur von einem einzigen angeblich von mir nicht erlaubten Toilettengang. Die Schulverwaltung macht daraus unverfroren mehrere angeblich unerlaubte Gänge. Dieser angebliche Vorfall liegt zehn Jahre zurück, auch das hat die Schulverwaltung nicht bemerkt. Das Ganze zeigt exemplarisch die schlampige und voreingenommene Arbeitsweise der Schulverwaltung. (Im Übrigen durften Erstklässler selbstverständlich zur Toilette!)

Die Beschwerde eines Vaters vom 28. Februar 2011, der angibt, ich hätte zu seiner Tochter gesagt, dass sie nichts könne und nichts kapiere. Das ist eine bösartige Unterstellung von einem Vater, der mir nur zu gut bekannt war. Er hatte mich in einem Gespräch über seine Tochter schon so bedroht, dass ich einen Aktenvermerk darüber angefertigt hatte. Ich nahm diese Verleumdung zum Anlass, Abteilungsleiter Laube davon zu informieren, dass ich in Zukunft meinen eigenen Unterricht auf Band aufnehmen würde, um mich so vor Verleumdungen und übler Nachrede zu schützen. Er verbot es mir aus Datenschutzgründen. (Ist es müßig zu erwähnen, dass es sich hierbei um eine Familie mit türkischem Migrationshintergrund handelte?)

Ein Elternteil beschwerte sich, ich hätte sein Kind zu Unrecht ins Klassenbuch eingetragen. So eine Beschwerde kommt im Schulalltag vor, üblicherweise klärt man das im Gespräch mit den Eltern. In der Regel stellt sich heraus, dass das getadelte Kind subjektiv berichtet hat, was ja nun wirklich nichts Ungewöhnliches ist! Der Vorwurf der Schulverwaltung lag noch nicht einmal dieser angebliche oder/und angeblich ungerechte Tadel bei. Wie sollte ich dazu Stellung nehmen?

Ein (!) Vater aus besagter vierter Klasse berichtete, sein Kind hätte gesagt, ich würde die Kinder bei Unruhe anschreien und diese würden daraufhin weinen. Derselbe Vater gab an, im persönlichen Gespräch mit mir »gute Erfahrungen« gemacht zu haben! (Dieses Phänomen trat immer wieder auf: Wer mich persönlich kannte, meinen Unterricht selber gesehen hatte, fand mich völlig in Ordnung, plapperte aber in Gegenwart anderer alle Gerüchte über mich nach und beteiligte sich an der Hetze gegen mich.) In dieser Klasse hatte ich zwei Co-Lehrer. Die allermeisten Stunden war stets einer von ihnen im Unterricht anwesend. Geschrei und Weinen hätten sie auf jeden Fall mitbekommen. Auch sie wurden offenbar innerhalb von acht Monaten nicht befragt. (Oder wurde das nicht passende Ergebnis unterschlagen?) Am 13. Januar 2011 habe ich Schulleiter Syska wegen der Viertklässler, die angeblich weinend vor seinem Amtszimmer gestanden haben sollen, um Auskunft gebeten. Er fragte, wann das denn gewesen sein solle. Das wüsste ich doch gerade von Ihnen, gab ich zurück. Ich erhielt keine Antwort. Auch meine Fragen, welche Kinder und wie viele denn vor seiner Tür gestanden hätten, wurden nicht beantwortet. Er schwieg einfach. Auch meiner abschließenden Feststellung, ich ginge davon aus, dass sich meinetwegen überhaupt keine Kinder weinend an ihn gewandt hätten, widerspricht er nicht. Auch hier wird die Einstellung des Schulleiters Syska mir gegenüber offenbar.

B. Verhalten gegenüber Kollegen und Schulleitung (Störung des Schulfriedens)

1. und 2. Hier wird mir vorgeworfen, dass ich mich nicht mäßigend verhalten hätte. Einmal habe ich ein bestimmtes Verhalten der Konrektorin mir gegenüber als »feige« bezeichnet. (Ihr Verhalten hielt ich für feige, da gab es nichts zurückzunehmen.) Ein anderes Mal hatte ich zu meinem Schulleiter gesagt: »Das werden wir ja noch sehen.« (Ich hatte von der Konrektorin für eine unerhörte Bemerkung mir gegenüber eine schriftliche Erklärung erbeten. Stattdessen bekam ich einen Brief vom Schulleiter Syska mit Belehrungen aus dem Schulgesetz! Eine völlig unpassende Reaktion des Schulleiters. Ich bestand auf einer Antwort der Konrektorin. Darauf bezog sich meine Bemerkung, denn Schulleiter Syska glaubte, er könne bestimmen, dass die Konrektorin nicht antworten müsse.)

3. Mein Schulleiter wirft mir vor, mich »anmaßend, unhöflich und völlig unpassend« in einem Gespräch am 17. Dezember 2010 verhalten zu haben. Er vergisst, dass ich lediglich nicht bereit war, seine Vorhaltungen und Beleidigungen widerspruchslos hinzunehmen. Deswegen schrieb ihm auch mein Rechtsanwalt. Eine Antwort bekamen wir allerdings nicht von ihm.

4. Der Vorwurf, dass ich eine »Drohkulisse« aufbauen würde. Ich hatte einigen Kollegen erzählt, dass mir die Berliner Schulverwaltung die Rechtskosten für die Abwendung des unrechtmäßigen Umsetzungsversuches im Sommer 2009 und die Rechtskosten für den Versuch, dem Bundesabgeordneten Steuer ohne meine Einwilligung Akteneinsicht in meine Personalakte zu geben, erstatten musste. Einer Kollegin hatte ich gesagt, dass man bei Falschaussagen mit rechtlichen Konsequenzen rechnen muss. (Sie hatte sich schriftlich unzutreffend über mich geäußert.) Zusammen mit dem oben erwähnten Anwaltsbrief an

meinen Schulleiter wurde daraus der Vorwurf der Störung des Schulfriedens.

5. Schulleiter Syska zeigte in einem Brief an mich, dass er Klassenarbeiten nicht von kurzen Lernzielkontrollen unterscheiden konnte. Ich wies ihn auf diesen Fehler hin. In einer Mail an Herrn Laube erhob ich den Vorwurf des Mobbings von Schulleiter Syska und einem Lehrer gegen mich. Dieses beides wurde mir als »herabwürdigendes und illoyales Verhalten« vorgeworfen. (Und nicht etwa der Mobbingvorwurf untersucht!)

Diese »Vergehen« spielten sich vom 16. September 2010 bis zum 9. Mai 2011 ab. Also in acht Monaten. Kann man mit diesen fünf Punkten, die nicht stimmen oder aufgebauscht sind, als Einzelner wirklich den Schulfrieden stören? Ich glaube kaum. Auch Dienstvergehen stelle ich mir anders vor. Die Schulverwaltung polterte hier mit großem Theater los und übersah, dass es sich bestenfalls um alltägliche Nickeligkeiten handelte, um die sie sich normalerweise überhaupt nicht kümmert, sich auch gar nicht kümmern kann. Weshalb dann bei mir?

C. Verspätetes Erscheinen, (Pausenaufsicht, Unterricht und Konferenzen), Nichterteilung von Vertretungsunterricht, Nichteinhalten von schulinternen Regelungen (Stärkung Lesekompetenz, Benotung, Durchführung von Lernkontrollen)

Wer das liest, muss denken, es mit einer renitenten, wenig pflichtbewussten, äußerst unzuverlässigen Lehrkraft zu tun zu haben. Das sollte er wohl auch.

Beim »verspäteten Erscheinen« zur Pausenaufsicht geht es um drei Verspätungen in siebenundzwanzig Schulwochen (das waren über fünfzig Pausenaufsichten, nämlich zwei pro Woche) um jeweils fünf und einmal gar um acht Minuten. Es ist vor allem im Winter unmöglich, mit dem Klingelzeichen auf dem Schulhof zu sein, außer man schließt den Unterricht vor dem Stundenende. Sonst müsste der Lehrer im Laufschritt ohne Mantel bei Minustemperaturen auf den Hof eilen. Allerdings käme man aus dem dritten Stock dann immer noch zu spät. Bauweste (Zwecks besserer Erkennbarkeit verpflichtend auf dem Schulhof zu tragen) und Hofklingel lassen sich dann auch nicht mehr aus dem Lehrerzimmer holen. Wer solche »Verspätungen« zum Dienstvergehen erklärt, sollte die Pausenaufsichtsregelungen im gesamten Bundesgebiet ändern. Dann sollten nicht mehr die Lehrer selber die Aufsicht führen, sondern dafür eingestellte und ausgebildete Hilfskräfte. Sie hätten die notwendige Rüstzeit für Mantel, Mütze, Schal, Bauweste, Glocke, Treppenhäuser usw., da sie ja nicht unterrichten und vor dem Klingeln dafür Zeit haben. Es sind Kenntnisse zum Konfliktlösungsverhalten notwendig, ein gültiger Erste-Hilfe-Kurs ist auch unbedingt erforderlich, ebenfalls eine gewisse Grundintelligenz, weil man die Aufgabe hat, vorausschauend mögliche Unfälle und anderes Unangenehme wie Prügeleien zu verhindern. Professioneller Umgang mit Kindern sollte auch selbstverständlich gekonnt sein. Ein Lehrer kann das alles, nur eines kann er nicht: gleichzeitig an zwei Orten sein. Ich kann das auch nicht.

Solche »Verspätungen« in einem Vermerk, in dem es um »Prüfung auf Einleitung eines Disziplinarverfahrens gem. § 17 DiszG gegen die Lehrerin Ursula Sarrazin« geht aufzuführen, ist einfach albern. Es zeigt nur, dass die Schulverwaltung nichts Ernstzunehmendes gefunden hatte, obwohl sie doch ganz offensichtlich so gerne etwas gefunden hatte, was der Rede wert gewesen wäre.

Ein weiteres Schlaglicht, wie übel hier gegen mich vorgegangen wurde: Eine meiner beiden wöchentlichen Aufsichten fand im Erdgeschoss statt, um zu verhindern, dass die Kinder während der Hofpause wieder ins Schulhaus gingen. Diese Aufsicht war mit dem ersten Klingeln am Ende der Pause zu Ende, denn die Kinder durften nun natürlich ins Schulhaus. Beim zweiten Klingeln fünf Minuten später begann der Unterricht. In diesen fünf Minuten ging ich auf dem Weg zur Klasse im Sekretariat vorbei, um etwas nachzufragen. Daraus wurde mir der Vorwurf gemacht, mich widerrechtlich vom Aufsichtsort entfernt zu haben! Ein Blick auf den Aufsichtsplan oder eine kurze Nachfrage bei mir hätte Klärung gebracht. Üblicherweise wird das auch so gemacht. Stattdessen finde ich acht Monate später diesen absurden Vorwurf in der oben erwähnten »Prüfung« vor!

Meinen Unterricht habe ich, laut dieser Prüfung, dreimal mit Verspätung begonnen. Einmal kam ich morgens zu spät, weil mir in der Garage ein Ölkännchen über Kleidung und Fahrrad gelaufen war. Das waren sechs Minuten Unpünktlichkeit. Das hatte ich Schulleiter Syska sofort bei Betreten der Schule erklärt und mich dafür entschuldigt. In der Begründung dieser Prüfung auf Einleitung eines Disziplinarverfahrens steht Folgendes: »Eine Schlechtleistung erlangt die Qualität eines Dienstvergehens (demzufolge) nur dann, wenn ein vorsätzliches Verhalten vorliegt, also bei ausgesprochener Widersetzlichkeit oder bewusster Gleichgültigkeit gegenüber ganz konkreten Anordnungen oder auch bei bewusster Nachlässigkeit, die im gegebenen Einzelfall voraussehbar zu erheblichen Nachteilen geführt hat. Damit scheiden als Dienstvergehen Arbeitsmängel aus, die im alltäglichen Verlauf jedem einmal unterlaufen können …« Vielleicht war ja ein Ölkännchen nicht alltäglich genug. (Oder brauchte man nur »Stoff« für diese »Prüfung«?)

Für die anderen beiden Verspätungen beim Unterrichtsbeginn muss man Folgendes wissen: Außer den Hofpausen gibt es keine Zwischenpausen zwischen den einzelnen Stunden an der Reinhold-Otto-Schule. Es klingelt einmal, das heißt, die eine Stunde hört auf und gleichzeitig beginnt die nächste Stunde. Da ist es ein Kunststück, pünktlich zu sein, wenn man die Klasse wechseln muss, vor allem, wenn sie auf verschiedenen Stockwerken liegen. Vor diesem Hintergrund sind zwei Verspätungen sehr wenig, zumal ich mehrmals täglich die Klassen wechseln musste, da ich viel Fachunterricht hatte. Wo ist hier das Dienstvergehen?

Aber nun endlich: Ich habe mir eine »unverschämte Provokation« zuschulden kommen lassen! Na, so etwas! Ich hatte per Zettel gebeten, mir am nächsten Tag mal keine Mehrarbeitsstunde zu geben, weil ein Elternpaar mich unbedingt gemeinsam sprechen wollte, der Vater aber häufig im Ausland und es deshalb schwierig war, einen Termin zu finden. Ja, diese Unverschämtheit hatte ich. Logisch, dass ich am nächsten Tag Vertretungsunterricht hatte, denn eine Schulleitung lässt sich doch nicht provozieren. Wo kämen wir denn da hin! Das Gespräch konnte daraufhin leider nicht stattfinden, denn selbstverständlich hielt ich auch diese Mehrarbeitsstunde, trotzdem wurde mir der Vorwurf der Verletzung meiner Unterrichtsverpflichtung gemacht.

Ansonsten wird mir vorgeworfen, dass ich zweimal den gleichen Klassenbucheintrag gemacht habe. Das war zugegeben etwas ungenau von mir, der Eile beim Stundenende (pünktlich in der nächsten Klasse!) geschuldet. In der einen Stunde hatte ich für das schon erwähnte Übungsdiktat geübt, in der anderen es geschrieben. Beide Male steht »Übungsdiktat« im Klassenbuch, Schulleiter Syska unterstellte mir daraufhin, zwei Stunden lang ausschließlich Übungsdiktate geschrieben zu haben. Dienstvergehen von mir?

Den jährlichen Vorlesewettbewerb hatte ich angeblich nicht vorbereitet. Fakt ist, dass ich im Klassenbuch nur den Lesestoff dafür eingetragen hatte, nicht die Vorbereitung des Lesewettbewerbes selber, aber ein Schüler von mir wurde Lesesieger auf Bezirksebene. Dienstvergehen?

Auf Grund eines Missverständnisses kam ich zu einer Zeugniskonferenz zu spät. Eine andere wurde kurzfristig verschoben, was ich – leider – übersehen hatte. (Nebenbei: im folgenden Schulhalbjahr überschnitten sich zeitlich mehrere Zeugniskonferenzen, die meine Teilnahme erforderten. Ich wies den Schulleiter darauf hin. Es war ihm gleichgültig, die Zeiten wurden nicht geändert.) Ein Dienstvergehen?

Klassenarbeiten hatte ich in drei Klassen vollständig geschrieben, bis auf die letzte Arbeit in der vierten Klasse. Wegen der oben geschilderten Turbulenzen in dieser Klasse war eigentlich gar nicht genügend Stoff vorhanden. Herr Syska kündigte in der Klasse ohne mein Wissen eine Leseverständnisarbeit an. Die hatte ich aber schon längst geschrieben! Es fehlte in der Tat noch eine Rechtschreibarbeit. Ich ließ die Kinder noch eine solche – sehr leichte – Arbeit rechtzeitig schreiben. Dienstvergehen?

Schulleiter Syska konnte es selbst am 24. Juni 2011, vier Tage vor meinem allerletzten Schultag, nicht lassen, sich über mich bei Abteilungsleiter Laube zu beschweren: Ich sei eine knappe halbe Stunde zu spät zur Fachkonferenz Deutsch am 25. Mai 2011 gekommen, und zwar mit den Worten, ich hätte sie vergessen. Auch dieses »Dienstvergehen« fand noch Eingang in die »Zureichenden Anhaltspunkte«. Herr Laube fand es angebracht, bei mir nachzufragen. Hier meine Antwort, die allerdings bei den »Zureichenden Anhaltspunkten« unterschlagen wird:

»Sehr geehrter Herr Laube, es ist richtig, dass ich auf der letzten Fachkonferenz Deutsch meines Lebens, geleitet von

Frau Hirt, einige Minuten zu spät gekommen bin. Von ›Vergessen‹ war nicht die Rede. Ich erspare Ihnen die Aufzählung, welche Kollegen bei meinen Fachkonferenzen, die ich im Fach Mathematik geleitet habe … gefehlt haben oder zu spät gekommen sind. Hat die Verwaltung nichts Besseres zu tun, als sich um solche Sachverhalte zu kümmern? Angesichts dessen, was mir zugestoßen ist, wäre es normal gewesen, dass ich seit spätestens Januar dauerkrank gewesen wäre. Stattdessen habe ich einen pflichtbewussten Einsatz bis zur letzten Minute und war überhaupt sehr selten krank.«

Noch bis zur letzten Minute meiner Dienstzeit suchten Syska und Co. nach verwertbaren »Zureichenden Anhaltspunkten« für ein Dienstvergehen meinerseits. Wie verbohrt waren meine Vorgesetzten eigentlich, um sich auf eine so kleinliche, um nicht zu sagen spießige Suche zu begeben, und wie begierig waren sie, mir irgendetwas anzuhängen.

Das halte ich für infam: Die Schulverwaltung klärt monatelang nichts auf, obwohl das ohne weiteres leicht und zeitnah möglich gewesen wäre, und behauptet dann, es läge der Verdacht eines Dienstvergehens vor, den sie aber – gnädigerweise – nicht weiter verfolgt, weil es ja keine Wiederholungsgefahr gäbe. Sie erwartet von mir, dass ich mein langes Lehrerdasein von über fünfunddreißig Jahren mit so einem »Verdacht« abschließe? Das ist würdelos, zumal ich mir nichts habe zuschulden kommen lassen.

D. Flucht in die Öffentlichkeit

Erste Veröffentlichungen im Jahre 2008

»Die Prüfung zur Einleitung eines Disziplinarverfahrens gem. §17 DiszG gegen die Lehrerin Ursula Sarrazin« kommt zu dem Schluss, dass mir in sieben Fällen der Vorwurf der »Flucht in die Öffentlichkeit« zu machen sei.

Dazu Folgendes: Ich habe die »Öffentlichkeit« nicht gerufen! Die ersten Veröffentlichungen sind über mich im November 2008 erschienen:

»Die Frau des Senators sorgt für Streit«
(Berliner Zeitung, 5. November),
»Wir fordern für Eltern eine Ombudsmannstelle«
(Berliner Zeitung, 6. November),
»Eltern fordern Schutz vor Mobbing durch Lehrer«
(Berliner Morgenpost, 6. November)
»Frau Sarrazin in der Gerüchteküche«
(Tagesspiegel, 10. November)
»Schutz für Senatorengattin?«
(Spiegel, 10. November)

Die Liste ließe sich fortsetzen. In allen Artikeln ging es um die schon beschriebene »Überspringerin« vom Beginn des Jahres 2008, Tochter der jetzt, im November 2008, auch öffentlich in unsachlicher Weise gegen mich agierenden Mutter Appel, und der Versetzung des Schulrates Hartmann, bei der jetzt, ein halbes Jahr später, ebenfalls öffentlich unterstellt wurde, er sei meinetwegen versetzt worden. Getreu meiner Beamtenpflichten schwieg ich eisern zu jedem der unzutreffenden, auch rufgefährdenden Vorwürfe und bösen Unterstellungen, obwohl es Anfragen von Journalisten in Hülle und Fülle bei mir gab. Ich kam also meinen Pflichten in höchstem Grade nach, nahm dafür auch Nachteile im Kollegium, bei der damaligen Schulleitung und bei Eltern in Kauf, denn woher sollten sie wissen, dass die Meldungen der Presse grob entstellend und falsch waren und wie die tatsächlichen Abläufe gewesen waren? Ich verließ mich auf meine vorgesetzten Schulräte, aber diese kannten ihre Pflichten in meinem Falle offenbar nicht! Sie unterließen es, obwohl sie es besser wissen mussten, die öffentlichen schändlichen Unterstellungen zu korrigieren, die Verantwortlichen zur Rede zu stellen und meinen Ruf wiederherzustellen. Was hinderte die Schulverwaltung daran, der Mutter Appel für ihre Tochter eine andere Schule zu empfehlen? Seit wann darf man als Mutter über eine Lehrerin einer Schule öffentlich herfallen, sie öffentlich herabsetzen und ihr Kind in ebenjene Schule weiterhin schicken, als sei nichts geschehen? Dadurch, dass genau dieses geschah, ließ die Schulverwaltung wie auch die damalige Schulleitung ein stilles Einverständnis mit der Mutter erkennen. Jedenfalls mussten Außenstehende, die ja von der fragwürdigen Qualität der hiesigen Schulverwaltung nichts ahnen, genau dieses annehmen. Und es setzte bei anderen mir übel wollenden Menschen die Hemmschwelle herab, öffentlich gegen mich vorzugehen, denn mit unangenehmen Konsequenzen brauchte man ja offenbar nicht zu rechnen. Und genau das passierte dann ja auch.

Abgeordneter Sascha Steuer 2009

Am 16. Juni 2009 schrieb der *Tagesspiegel* unter »Den Tätern auf der Spur«, dass der Abgeordnete Sascha Steuer nachweisen wolle, dass der Bildungssenator für Frau Sarrazin »eine Extrawurst gebraten hat«.

Am 15. Dezember 2009 erschien ein Artikel in der »Berliner Zeitung«: »Akteneinsicht zu Lehrerin Ursula Sarrazin«. Sascha Steuer roch angeblich »Genossenfilz«, weil ich immer noch an meiner Schule unterrichtete, während doch der Schulrat Hartmann versetzt worden war!

Die Vorgehensweise der Schulverwaltung in diesem Fall habe ich weiter oben im Kapitel »Protokoll einer Akteneinsicht« schon beschrieben. Sie war fragwürdig genug. Aber auch Sascha Steuer konnte nur die Rechtmäßigkeit meines Verbleibes an meiner Schule feststellen, und mit der Umsetzung von Schulrat Hartmann hatte ich nichts zu tun. Eine öffentliche Klarstellung durch die Schulverwaltung? Fehlanzeige! Alle Verdächtigungen blieben öffentlich unwidersprochen – und intern – bestehen! Die Folgen habe ich schon angedeutet.

Zweimal hat die Schulverwaltung seelenruhig zugesehen, wie eine Beamtin des Landes Berlins in der Öffentlichkeit bloßgestellt, zu Unrecht verdächtigt, als schlechte Lehrerin dargestellt und ihr das Recht abgestritten wurde, an ihrem Dienstort rechtmäßig zu arbeiten. Da die Behörde nichts hiergegen unternahm, musste jeder glauben, Frau Sarrazin sei eben genauso wie in der Zeitung beschrieben, was sicher auch zu Frau Zimzinskys öffentlichen Hetzereien beitrug und was es Herrn Peiritsch so leicht machte, mich ungestraft in der Öffentlichkeit »fertig zu machen«. Ich will nicht so weit gehen zu behaupten, dass das im Sinne der Schulverwaltung gewesen sei. Aber hinter dem Zulassen und Akzeptieren der Veröffentlichung von persönlicher Lehrerschelte steckt eine bestimmte Einstellung. Hätte sie genau dieselben öffentlichen Schikanen einer Lehrkraft ihres Landes Berlin geduldet, wenn diese Lehrkraft nicht Sarrazin sondern Müller, Meyer oder Schmidt geheißen hätte? Ich glaube kaum. Hier wurden ganz offensichtlich andere Maßstäbe an mich angelegt als an andere Lehrkräfte. Ich wurde im Punkt Öffentlichkeit behandelt wie jemand, der ein öffentliches Amt innehat, wie jemand, der prominent ist. Für diesen Personenkreis gelten natürlich andere Regeln. Das traf zum Beispiel auf meinen Mann zu in seiner Rolle als Finanzsenator Berlins. Da durfte er selbstverständlich öffentlich kritisiert werden. Er hatte aber, als öffentliche Person, auch Möglichkeiten, sich öffentlich zu wehren und seine Positionen darzulegen. Und die hatte ich nicht, da ich eben keine öffentliche Person, sondern Beamtin war! Und genau hier hätte die Fürsorgepflicht der Schulverwaltung greifen und einsetzen müssen! Das passierte eben nicht. Das heißt, in Punkto Öffentlichkeit wurde ich von meiner eigenen Schulverwaltung wie eine öffentliche Person behandelt. Aber wehe, ich kam fünf Minuten zu spät in die Hofaufsicht … dann war ich auf einmal die ganz kleine Grundschullehrerin und es wurden absurd strenge Maßstäbe angelegt, wie sie sonst im Schuldienst nirgends üblich sind, nicht sein können, weil sie an der Praxis scheitern würden. Je nach Beliebigkeit, so wie es der Schulverwaltung gerade in den Kram passte oder wie es für sie am bequemsten war, wurde ich mal als öffentliche Person mit Prominenzcharakter oder als angeblich aufmüpfige Lehrerin, die es anscheinend in ihre Schranken zu weisen galt, behandelt. Offenbar hatte die Schulverwaltung hier ein Rollenproblem. Die Schulverwaltung behandelte mich als öffentliche Person in Bezug auf die Presse und glaubte offenbar, ich müsse die öffentlichen Schikanen einfach so aushalten, als sei ich eine öffentliche Person. Es gab keinerlei Gesprächsangebot, schon gar kein fürsorgliches Schreiben, niemand fragte auch nur, wie es mir dabei ginge, der Personalrat im Übrigen auch nicht. Da ich schon so behandelt wurde, habe ich eben genauso reagiert: nämlich für mich selbst gesorgt, wie es eben bei Inhabern öffentlicher Ämter üblich, sinnvoll und aus reinem Selbsterhaltungstrieb auch notwendig ist. Oder anders ausgedrückt: Da von der Schulverwaltung weder Hilfe noch Fürsorge für meinen guten Ruf zu erwarten waren, wie alles Bisherige zeigte, nahm ich meine Angelegenheiten im Januar 2011 selbst in die Hand. Ich bin nicht »in die Öffentlichkeit geflüchtet«, sondern habe mich gegen öffentliche Angriffe, Bloßstellungen und Verleumdungen gewehrt, weil mich meine eigenen Vorgesetzten im Stich ließen, ja, diese Unerhörtheiten noch unterstützten.

Auftakt durch Artikel im »Focus«

Am Freitag, dem 7. Januar 2011 rief eine Journalistin der Zeitschrift »Focus« bei mir zu Hause an. Es gebe gegen mich Beschwerden von Eltern und Schülern beim Schulamt. Ich möge doch dazu Stellung nehmen. Das ist an sich schon ungeheuerlich: Was ist daran für die bundesweite Öffentlichkeit von Interesse, dass es über eine Grundschullehrerin in Berlin Beschwerden beim zuständigen Schulamt gibt? Bei jedem Schulamt der gesamten Bundesrepublik gibt es ganze Aktenordner von Beschwerden über Lehrer, berechtigte und unberechtigte, ernstzunehmende und lächerliche. Die Untersuchungen und Prüfungen, worum es sich handelt, ob Konsequenzen nötig sind und wenn ja, welche, obliegen der Behörde und niemandem sonst. Die Öffentlichkeit hat damit mit guten Gründen nichts zu tun.

Diese Gedanken und einige andere schossen mir mit dem Telefonhörer am Ohr durch den Kopf. Ich zögerte. Einfach auflegen? Keine gute Reaktion bei Presseleuten! Unüberlegt spontan losreden? Kann gegenüber Journalisten sehr ins Auge gehen, als Laie zu riskant! Auf später vertrösten, um Zeit zum Nachdenken zu gewinnen? War nicht möglich und wohl auch nicht klug, denn die Drucklegung der Zeitschrift duldete keinen Aufschub. Außerdem war es nur gute Recherchearbeit der Journalistin, erst mal bei mir anzurufen und mir Gelegenheit zur Äußerung zu geben, bevor sie etwas schrieb. (Damit tat sie mehr als meine eigene Schulbehörde, die jahrelang wichtige Unterlagen, Aussagen, ja, ganze Akten meinem Anwalt und mir gegenüber leugnete und mir eben keine Möglichkeit zur Stellungnahme bot!)

Von Journalistenseite war alles in Ordnung. Bevor man etwas schreibt, hört man sich alle Seiten an. Ich zögerte immer noch als brave Beamtin. Mein Mann, der den Anruf und mein Zögern mitbekommen hatte, ergriff schließlich den Hörer.

Heraus kam der Artikel im *Focus* vom 10. Januar 2011 »Wird Frau Sarrazin gemobbt?«. Dieser Artikel wird mir nicht zum Vorwurf gemacht, wohl, weil darin nicht ich, sondern mein Mann zitiert wurde. Er enthält alle wichtigen Stichpunkte der folgenden öffentlichen Diskussion und hat es den »Drahtziehern« zumindest erschwert, meine »Vernichtung« als Lehrerin zu betreiben.

Der *Focus*-Artikel gab mir die entscheidende Information, wer da wohl meine öffentliche Demontage betrieb: Landeselternsprecher Günter Peiritsch, der Vorsitzende des Landeselternausschusses. Ich kannte und kenne den Herrn bis heute nicht. Ich hatte nie ein Kind von ihm unterrichtet. Er kannte und kennt mich auch nicht. Er kannte auch meinen Unterricht nicht. Wir hatten und haben noch nie ein Wort miteinander gewechselt. Er startete seine Kampagne gegen mich vom bloßen Hörensagen!

Reaktion meiner Vorgesetzten? Null!

Mein Entschluss stand fest: Ab jetzt verteidigte ich mich selbst in der Öffentlichkeit. Verschiedene Berliner Zeitungen, der *Spiegel*, ein Auftritt in der Talkshow *Menschen bei Maischberger* gaben mir Gelegenheit, mich gegen die öffentlichen Anwürfe genauso öffentlich zu wehren. Immerhin wagte anschließend niemand mehr, unter den wachsamen Augen der Öffentlichkeit meine Versetzung an eine andere Schule auch nur zu erwägen. Schulabteilungsleiter Laube gestand mir das Recht zu, mich zu allgemeinen Themen der Schule und Pädagogik zu äußern, versuchte aber, mir jede kritische Bemerkung zur Berliner Schulverwaltung zu verbieten.

Gerichtsverfahren – eine Geduldsprobe

Am 24. Juni 2011 teilte ich dem *Berliner Tagesspiegel* auf Anfrage Folgendes mit: »Nachdem die Verwaltung trotz mehrfacher Anmahnung durch meinen Rechtsanwalt nicht tätig wurde, habe ich am 19. Mai 2011 gegen die Schulverwaltung Untätigkeitsklage erhoben und auf die Abgabe einer öffentlichen Ehrenerklärung geklagt.« Die Schulverwaltung hatte nämlich seit einem halben Jahr überhaupt keine Anstalten gemacht, die gegen mich erhobenen Vorwürfe aufzuklären, sondern ließ sie im Raume stehen bzw. in der Öffentlichkeit wabern und wollte offenbar alles bis zum Sankt Nimmerleinstag ruhen lassen.

Ein Jahr verstrich nach Einreichung meiner Klage beim Verwaltungsgericht, ohne dass etwas geschah. Der Gang zum Gericht hatte sich in meinem Falle als einzige Möglichkeit erwiesen, überhaupt Bewegung in die Schulverwaltung zu bekommen, wobei auch hierbei der Ausgang durchaus offen ist. Das liegt in der Natur der Sache. Gerichte sind die einzigen Instanzen, die überhaupt Macht über die Verwaltung haben. Die Schulverwaltung selber hat offenbar keine im System eingebaute Selbstregulierung oder -kontrolle ihrer ethischen und bürokratischen Standards.

Verfahren vor dem Berliner Verwaltungsgericht setzen heute eine große Geduld voraus. Dauern sie zu lang, kann eine ordentliche Rechtsprechung schon durch den schieren Zeitablauf gefährdet werden. In meinem Fall hieß das konkret, dass die Schulverwaltung bloß im Nichtstun verharren musste. Damit wurde der zeitliche Abstand zu den Geschehnissen immer größer und die Rekonstruktion der Ereignisse immer schwieriger. Genau darauf setzte die Schulverwaltung in meinem Fall seit Januar 2011. Bis jetzt hat sie damit Erfolg.

Elf Monate nach der Klageerhebung lud das Gericht schließlich für den 19. April 2012 zu einem Erörterungstermin ein, um Vergleichsmöglichkeiten zwischen der Schulverwaltung und mir auszuloten. Aus dem Vergleich wurde nichts. Die Bildungsverwaltung war weiterhin weder gewillt, die Vorwürfe aufzuklären, noch wollte sie bestätigen, dass keine Vorwürfe bestünden.

Bis zu dem Tag des Erörterungstermins war mein Vertrauen in deutsche Gerichte recht hoch gewesen. Jetzt stellte ich mit ungläubigem Erstaunen fest, dass der vorsitzende Richter Weber die Akten offenbar gar nicht richtig kannte, sondern vor allem die Presse gelesen hatte. Der beisitzende berichterstattende Richter stellte mich in seiner Einführung als Ehefrau des ehemaligen Finanzsenators vor. Ab jetzt wusste ich Bescheid.

Am 30. Mai 2012 fand die mündliche Verhandlung statt. Sie sollte eigentlich klären, ob die Schulverwaltung mir eine Ehrenerklärung schuldig sei oder nicht. Es waren dieselben Richter wie bei dem Erörterungstermin. Meine Klage wurde abgelehnt. Wenn man der Begründung des Gerichtes folgt, heißt das, dass Lehrer sich öffentlich grob beleidigen lassen müssen, vorausgesetzt, Vorwürfe gegen sie werden von der Schulbehörde, aus welchen Gründen auch immer, als nicht aufklärungsbedürftig angesehen. Dabei spielt es offenbar keine Rolle, ob Vorwürfe oder Beschwerden fundiert sind oder ob sie ohne weiteres als üble Nachrede erkennbar sind.

Das Verhalten der Schulverwaltung war zumindest konsistent. Sie hatte mir bereits ein Jahr zuvor mit Schreiben vom 18. April 2011 erklärt, dass sie mir niemals eine Ehrenerklärung geben würde: »Die Abgabe der von Ihnen erbetenen Ehrenerklärung ist weder aus Fürsorgegründen noch aus disziplinarrechtlicher Sicht vorgesehen.« Das Verwaltungsgericht folgte dem ohne jede eigene Prüfung. Es hörte nicht einmal die von mir benannten vier Zeugen an und begründete dies damit, dass die Befragung den Schulfrieden stören würde. Von diesen Zeugen ist nur einer (noch) an der Schule tätig, und das nicht hauptamtlich. Wie sollte er den Schulfrieden stören? Wie kommt ein Verwaltungsrichter überhaupt auf dieses Argument? Fast könnte man glauben, es gab Verbindungen zwischen dem Gericht und der Schulverwaltung, die mir nicht offengelegt wurden. Die verdächtige Eile, mit der das Verfahren von einem Richter durchgepeitscht wurde, der einen Tag vor seiner Pensionierung stand und dem es damit so eilig war, dass er die Vernehmung aller von mir benannten Zeugen ablehnte, ist zumindest bemerkenswert. Diese jedenfalls zu spürende informelle Einigkeit zwischen Gericht und Verwaltung, den Sachverhalt nur ja nicht zu prüfen, nenne ich Berliner Sumpf.

Das Verwaltungsgericht übernahm unkritisch die Behauptungen der Schulverwaltung, nach der es »nach der Untersuchung sehr wohl Ansatzpunkte für Dienstpflichtverletzungen der Klägerin« gäbe. »Anlass, dies als nicht nachvollziehbar zu erachten, hat die Kammer nicht« heißt es in der Urteilsbegründung am 30. Mai 2012. Dabei sollte das Gericht durch Kenntnisnahme der Akten wohl wissen, dass es ja gerade gar keine Untersuchung gegeben hat!

Wie ist so etwas zu erklären? Die Berliner Schulverwaltung hat anscheinend einen großen Vertrauensvorschuss vor dem Berliner Verwaltungsgericht. Das Gericht geht offenbar davon aus, dass die Schulverwaltung grundsätzlich korrekt handelt. Diese Annahme ist für das Gericht auch sehr bequem, denn es befreit von der Notwendigkeit, sich mit dem Sachverhalt näher zu beschäftigen oder gar eigene Untersuchungen anzustellen. Das ist ja in Ordnung für alle Fälle, in denen die Schulverwaltung korrekt handelt, aber was ist mit dem Rest? Was ist ein solcher »Rechtsschutz« gegenüber der Willkür der Schulverwaltung wert?

Das Ausmaß an moralischer Teilnahmslosigkeit, das mir in der Berliner Schulverwaltung begegnet ist, konnte (oder wollte) sich das Verwaltungsgericht offenbar gar nicht vorstellen. Oder es machte lieber die Augen zu, weil es bequemer war. Vielleicht meinte es auch, die Ehefrau eines umstrittenen »Prominenten« wie Thilo Sarrazin sei des gerichtlichen Schutzes gar nicht bedürftig. Verräterisch ist der Satz in der Urteilsbegründung, der Klägerin sei es »anders als der überwiegenden Zahl der Beamten möglich« sich »pressewirksam« zu wehren. Den Versuch dazu hatte allerdings die Verwaltung als »Flucht in die Öffentlichkeit« kritisiert und machte diesen Versuch vor Gericht als »Dienstvergehen« geltend. Am 2. Juli 2012 habe ich beim Oberverwaltungsgericht die Zulassung der Berufung beantragt.

Ich habe gelernt: Zumindest in Berlin ist ein Lehrer, wenn es hart auf hart kommt, schutzlos den rechtswidrigen Machenschaften seiner Vorgesetzten ausgeliefert. Den meisten Lehrern ist das nicht bewusst, und das vorherrschende Klima eilfertiger Anpassung an noch so krause pädagogische Kapriolen von Politik und Bildungsbürokratie bringt sie meist auch nicht in Konflikte. Das wäre anders, wären die durchschnittlichen Lehrer so kritisch und selbstbewusst, wie ihre Rolle es theoretisch von ihnen verlangt.

Aber es gab einen Lichtblick: Die Verleumdungen meines früheren Schulleiters waren derart, dass ich mich entschlossen hatte, gegen ihn Strafantrag zu stellen. Ich hatte damit solange wie möglich gewartet, weil ich die Hoffnung, die Schulverwaltung würde selber disziplinarisch tätig werden, nicht aufgeben mochte. Aber weit gefehlt. Als ich der Schulverwaltung die Erwägung einer Strafanzeige mitteilte, »drohte« sie mit einer weiteren Verzögerung der Untersuchung der Vorwürfe gegen mich! Das war dreist. Im Dezember 2011, kurz vor der Verfristung, reichte meine Anwältin den Strafantrag bei der Staatsanwaltschaft ein. Die Prüfung dort brauchte Zeit. Mitte April 2012 nahm der mit dem Fall betraute Staatsanwalt die Ermittlungen gegen Schulleiter Syska auf. Zum Zeitpunkt der Drucklegung dieses Buches dauern sie noch an. Die Schulverwaltung legte entsprechend ihrer Ankündigung die Untersuchung der Vorwürfe auf Eis, was ja nicht weiter schwierig war, sie hatte ja – nach eineinhalb Jahren – noch gar nicht damit angefangen!

Der Staatsanwalt führte eine erste Vernehmung am 31. Mai 2012 durch. Das war nach anderthalb Jahren der erste staatliche Amtsträger, der sich in der Sache mit Schulleiter Syskas Beleidigungen und Verleumdungen auseinandersetzte und genau nachfragte.

Wie kann so etwas angehen? Ein Schulleiter denunziert mindestens ein halbes Jahr lang eine gestandene Lehrerin bei seinen Vorgesetzten – und nichts passiert, außer dass ein Oberschulrat alles illegal in einer Nebenakte sammelt. Eine Klage der betroffenen Lehrerin wird von Schulverwaltung und vom Gericht schlicht ignoriert, gar noch ihre Nichtbearbeitung von der Schulverwaltung als Drohmittel eingesetzt, als schließlich der Staatsanwalt eingeschaltet wird. Und um überhaupt so weit zu kommen, braucht man Zeit, genaue Unterlagen und Geld. All das hat ein Lehrer normalerweise nicht. Wenn er im aktiven Dienst ist, kann er nicht auch gleichzeitig gegen seine Vorgesetzten vorgehen.

Wie kann es sein, dass alle Instanzen versagen und erst ein Staatsanwalt die Akten liest, zuhört und Maßnahmen ergreift?

Abschied und Rückblick

Im Januar 2011 hatte ich nach langem Zögern den Antrag eingereicht, mich zum Ende des Schuljahres 2010/11 bis zum Eintritt des gesetzlichen Ruhestandes ohne Dienstbezüge zu beurlauben. Der Antrag wurde eilfertig positiv beschieden. Immerhin äußerte der Berliner Beamtenbund, es sei rechtswidrig, meinem Antrag zu entsprechen, aber das interessierte keinen.

Die Entscheidung, aus dem Dienst zu scheiden, war mir nicht leichtgefallen. Seit 1973 hatte ich (mit fünfjähriger Unterbrechung wegen der Erziehung meiner eigenen Kinder) Grundschulkinder unterrichtet. In der Summe sind es wohl etwa tausend Kinder gewesen, die für einige Zeit durch meine Hände gegangen waren. Der Umgang mit Kindern machte mir immer noch Freude und ihnen der Umgang mit mir.

Weshalb dann dieser Schritt? Es war recht einfach: Das andauernde Mobbing von Schulleiter Syska und der Schulbehörde, die mich gegen wenige verleumderische Eltern nicht verteidigten, das Verhalten meiner Kollegen, die schwiegen und mich nicht zu unterstützen wagten, machten mich zum Freiwild. Jeder, der wollte, durfte offenbar sein Mütchen an mir kühlen. Letztlich war ich gezwungen, meinen Beruf aufzugeben, weil drei wild gewordene Eltern (Nerner, Appel, Zimzinsky) von einer unfähigen oder unwilligen Verwaltung nicht rechtzeitig zur Räson gerufen wurden und weil vier Führungskräfte (Kuhring, Liebherr, Hartmann und Syska) sich darin einig schienen, eine Frau Sarrazin zu sanktionieren und zu mobben, selbst öffentlich in der Presse, auch mit Hilfe des Landeselternsprechers Peiritsch, statt mich davor zu schützen.

Als ich Abteilungsleiter Laube Ende Januar 2011 von meinem Antrag berichtete, war er sehr erfreut und bot mir an, mich gleich neun Tage später zum Beginn des zweiten Schulhalbjahres beurlauben zu lassen. Das wollte ich nicht. Das hätte noch mehr ausgesehen wie eine Flucht, und ich wollte meine Arbeit ordentlich zu Ende bringen.

Auch im letzten Halbjahr ging ich gern in meine Klassen und bereitete meinen Unterricht so sorgfältig vor wie eh und je. Ich ging allerdings in den Pausen nicht mehr ins Lehrerzimmer, dies war der einzige Weg, um mich vor weiterer übler Nachrede zu schützen. In dem bereits erwähnten Schreiben der Schulverwaltung vom 27. Januar 2011 hatten Schulleiter Syska und Oberschulrat Kuhring in den Anlagen zahlreiche völlig absurde Punkte aufgelistet. Schulleiter Syska und auch die Konrektorin Frau Hirt konnten offenbar straflos sogar Unwahrheiten bis hin zu Beleidigungen und Verleumdungen verbreiten. Von meinen Kollegen würde schon keiner widersprechen. Diese hatten sich, wie bei Mobbingfällen üblich, bis auf wenige Ausnahmen aus der ganzen Sache völlig zurückgezogen. Die Atmosphäre war neurotisch. Dazu ein Beispiel: Am 23. August 2010 begann in *BILD* und *Spiegel* der Vorabdruck des Buches meines Mannes »Deutschland schafft sich ab« und löste eine heftige öffentliche Diskussion aus. Am 26. August 2010 bestellte mich Schulleiter Syska zu sich und gab mir den absurden Hinweis, das Buch meines Mannes dürfe nicht für Unruhe sorgen, müsse auf dem Boden des Grundgesetzes stehen und müsse »demokratisch« sein. Ich antwortete ihm, wenn er einen Termin bei meinem Mann haben wolle, um mit ihm über sein Buch zu sprechen, könne ich ihm gerne einen solchen vermitteln. Ich sei da nicht der richtige Ansprechpartner. Dies schien er als Zumutung aufzufassen.

Drei Kollegen sprachen mich unter vier Augen auf das Buch an und lobten es sehr. Allen dreien besorgte ich auf ihren Wunsch eine Widmung meines Mannes in die von ihnen erworbenen Exemplare. Alle drei übergaben mir ihre Bücher nicht offen, sondern in Einkaufstüten, offenbar damit niemand sah, was geschah. Ansonsten sprach mich in den zehn Monaten, in denen ich seit Veröffentlichung des Buches noch an der Schule war, niemand von meinen zahlreichen (etwa dreißig) Kollegen auch nur mit einer Silbe auf das Buch an. Ich wäre nicht überrascht, wenn Schulleiter Syska untersagt hätte, über das Buch zu sprechen.

Was sagt dieser Vorgang über die Zivilcourage und die menschlichen Eigenschaften jedes Einzelnen dieser Kollegen, die solche Weisung zehn Monate lang befolgten? Ich überlasse das Urteil dem Leser.

Es ist schwer, gute Schule dort zu machen, wo ein großer Teil der Lehrer offenbar nicht aus eigenständigen Persönlichkeiten besteht. Neid mag auch eine Rolle gespielt haben: Zuerst war ich mit dem Berliner Finanzsenator verheiratet, der dafür sorgte, dass ihr Weihnachtsgeld gestrichen wurde und sie sieben Jahre lang keine Gehaltserhöhung bekamen. Dann wurde aus diesem Finanzsenator ein in ihren Augen viel zu gut bezahlter Vorstand bei der Bundesbank und dann ein Bestsellerautor, der Millionen damit verdiente, dass er in einem Buch u. a. Kritik am Berliner Bildungssystem übte. Das war wohl zu viel des Guten. Da lag es doch wohl nahe, dass die Frau so eines Mannes an ihrer Schule nichts zu suchen hatte – oder etwa nicht? Vielleicht aber dachten meine Kollegen ja gar nicht so. Vielleicht hatten sie nur Angst vor ihrem Schulleiter (und seiner Konrektorin) und wollten sich nicht exponieren. Wie es wirklich war – ich kann es nicht sagen. Es redete ja keiner mit mir über die Dinge, die alle anderen am meisten interessierten.

Vor diesem Hintergrund hielt ich es jedenfalls für besser, in meinem letzten Schulhalbjahr das Lehrerzimmer nur noch in dringenden Fällen aufzusuchen. Ich nahm regelmäßig meinen Kaffee in der Mensa der benachbarten Nelson-Mandela-Schule, und siehe da – der ein oder andere Kollege suchte mich dort sogar auf, um mir beim Kaffeetrinken Gesellschaft zu leisten. Bei der Schulleitung fiel meine Abwesenheit offenbar auf. Schulleiter Syska schrieb ins Mitteilungsbuch, jeder Kollege möchte doch bitte im Sekretariat angeben, wo er seine dienstfreie Zeit verbrächte. Er hatte wohl nicht damit gerechnet, dass ich mich seinen weiteren Nervereien in der unterrichtsfreien Zeit schlichtweg durch Nichtanwesenheit entziehen würde. So konnte er im letzten Schulhalbjahr auch nichts »Nachteiliges« mehr finden, das er an seine Vorgesetzten weiterberichten konnte.

Das Ende des Schuljahres nahte ohne weitere »Betriebsunfälle«. Zum Schuljahresende verließen neben mir einige weitere Kollegen die Schule. Auf Umwegen wurde an mich die Frage herangetragen, wie ich es denn mit der Verabschiedung halten wolle. Ich verbat mir den üblichen Blumenstrauß und eine Feier. Das löste bei den unbeteiligten Kollegen Betretenheit aus, führte aber auch nicht zu weiteren Nachfragen.

Wenige Tage vor Ende des Schuljahres erreichten mich einige Anfragen von Berliner Zeitungen. Sie wollten eine Äußerung von mir zum Ausscheiden aus dem Schuldienst. Ich antwortete, dass ich auf vollständiger Aufklärung der Vorwürfe um meine Person und auf einer Ehrenerklärung der Schulverwaltung, dass ich mir nichts hätte zuschulden kommen lassen, bestehen würde. Dazu würde ich auch den Rechtsweg beschreiten.

Bei all dem Unrecht, das mir geschehen ist, muss ich auch sehen, dass ich hinsichtlich meiner Möglichkeiten, mich zur Wehr zu setzen, in einer privilegierten Stellung bin. Meine Anwaltskosten haben das halbe Jahresgehalt einer Lehrerin verschlungen. In den unbezahlten Urlaub konnte ich nur gehen, weil mein Lebensunterhalt durch das Einkommen meines Mannes gesichert ist. Wundert es einen da noch, weshalb viele Lehrer so duckmäuserisch und leisetreterisch sind? Sie denken zunächst an ihr eigenes Geschick und machen wortlos den größten – vielleicht sogar rechtswidrigen – Unsinn mit, der von oben verordnet wird.

Wie kann es angehen, dass eine Lehrkraft, die sich nichts hat zuschulden kommen lassen, so behandelt wird, dass sie den Schuldienst verlassen muss? Was hätte ein Lehrer getan, der sich mit seinem Gehalt seinen Lebensunterhalt verdient oder seine Familie ernährt? Das ist doch der Normalfall. Eine Beurlaubung ohne alle Bezüge kann sich üblicherweise keiner leisten. Es bräche schlicht die Existenzgrundlage weg. An diesem Szenario muss man messen, was hier geschehen ist. Was bei mir möglich war, ist auch bei anderen möglich. Es gilt immer noch gleiches Recht für alle.

An meinem letzten Tag in der Schule erschien die Redakteurin des *Tagesspiegel* Susanne Vieth-Enthus, die schon verschiedene sachlich falsche oder tendenziöse Artikel über mich geschrieben hatte, in der Schule und verfasste darüber am 29. Juni 2011 unter der Überschrift »Der letzte Pausengong« einen unsäglichen Artikel. Schon der Anfang war falsch. Sie beschrieb nämlich, wie ich an meinem letzten Tag wie immer mit meinem Fahrrad zur Schule kam. Ich war aber gar nicht mit meinem Fahrrad zur Schule gekommen, schon gar nicht mit dem im Artikel genannten grünen Fahrrad, das hatte ich nämlich schon Wochen zuvor ausgetauscht. Aber was zählen schon

Tatsachen in einer bestimmten Art von Meinungspresse. Bei meiner Akteneinsicht im Mai 2012 kamen auch Mails von Susanne Vieth-Enthus an Abteilungsleiter Laube zum Vorschein. Diese waren sogar an seine private Mail-Adresse gerichtet. Wahrlich ein gutes Einvernehmen.

Wie bereits beschrieben, hatte ich das Schreiben der Schulverwaltung vom 27. Januar 2011, das die gesammelten Vorwürfe in umfangreichen Anlagen enthielt, wie erbeten pünktlich zum 18. Februar 2011 beantwortet. Darin hatte ich auch das kleinste und albernste Detail widerlegt bzw. richtiggestellt. Schulabteilungsleiter Laube hatte ja alles sehr dringlich gemacht und so erwartete ich, dass die Verwaltung innerhalb einiger Wochen antworten würde, um endlich eine sachliche Aufklärung zum Abschluss zu bringen. Die Wochen vergingen und nichts geschah. Am 25. März 2011 rief mein Rechtsanwalt schließlich bei der Schulverwaltung an. Der Leiter des Rechtsreferats war völlig erstaunt. »Wollen Sie wirklich, dass da noch etwas passiert?«, fragte er. Da ich den Schuldienst verlassen würde, sei die Sache doch wohl erledigt. Er hatte meine so dringlich gemachte Stellungnahme bis dahin noch nicht einmal im Hause zur Sachbearbeitung weitergeleitet. Es war einfach gar nichts geschehen! Mein Rechtsanwalt versuchte einige Wochen lang, Bewegung in die Tätigkeit der Verwaltung zu bringen. Das misslang. Am 19. Mai 2011 reichte ich schließlich die schon erwähnte Klage beim Verwaltungsgericht ein, weil die Verwaltung die Aufklärung der gegen mich erhobenen Vorwürfe offenbar verschleppte, und forderte die Abgabe der erbetenen Ehrenerklärung jetzt gerichtlich ein. Es geschah immer noch nichts. Immerhin gestattete die Verwaltung meinem Rechtsanwalt und mir als Reaktion auf die Klage die monatelang verweigerte Akteneinsicht.

Am 1. August 2011 äußerte sich die Verwaltung gegenüber

dem Gericht zu meiner Klage und beantragte deren Ablehnung, hilfsweise aber eine »geräumige« Fristverlängerung für eine Stellungnahme, »um den umfangreichen Vorgang sachgerecht abzuschließen«. Bei allem Ärger sprach dies meinen Sinn für Komik an. Jetzt endlich – fünf Monate nachdem meine in achtzehn Tagen gefertigte Stellungnahme zu den Vorwürfen vorlag – würde die Verwaltung sich nun endlich mit der Sache selbst befassen müssen. Aber das tat sie nicht.

Erst im November 2011 erhielt mein Anwalt einen Brief von Senator Zöllner. In diesem Schreiben gab der Senator wenige Tage vor seinem Ausscheiden aus dem Amt in gewundenen Sätzen zu, dass es sich in meinem Falle wohl doch um Mobbing gehandelt habe. Es hatte elf Monate Zeit, erhebliche Anwaltskosten und große moralische Kraft gekostet, bis sich der seit fünf Jahren zuständige Bildungssenator an Stelle seiner nach wie vor stummen Verwaltung äußerte. Doch kein Wort zur Ehrenerklärung oder zur Bestrafung der Schuldigen.

Parallel zum Brief des scheidenden Senators bekam ich vom Abteilungsleiter Laube folgendes Schreiben, das ich nachfolgend in Auszügen wiedergebe:

Die Einleitung eines Disziplinarverfahrens gem. § 17 Disziplinargesetz ist allerdings unverhältnismäßig, daher sehe ich hiervon ab. Es handelt sich ausschließlich um Vorwürfe Ihre innerdienstlichen Verpflichtungen betreffend, so dass – die Bestätigung der Ereignisse vorausgesetzt – in Anbetracht der ab 01.08.2011 bis zum Eintritt in den Ruhestand andauernden Beurlaubung eine Wiederholungsgefahr auszuschließen wäre und kein Pflichtermahnungsbedürfnis vorliegt. Eine endgültige Klärung ist mir also nicht möglich. Ich darf danach feststellen, dass keine disziplinarrechtlichen Vorwürfe mehr gegen Sie erhoben werden.

Über neunzig Prozent der ja in der Tat völlig absurden Beschwerdepunkte gegen mich waren stillschweigend fallengelassen worden. Die verbliebenen Punkte, allesamt mehr als lächerlich – ich sei einige Male zur Pausenaufsicht zu spät gekommen u. Ä. – konnten schon an Hand der Aktenlage widerlegt werden. Daran hatte die Schulverwaltung aber gar kein Interesse, vielmehr wollte sie dadurch, dass sie »großzügig« auf die disziplinarische Verfolgung der noch verbliebenen »Vorwürfe« verzichtete, die verhasste Ehrenerklärung für mich vermeiden. Das ist die ganze Pointe des Briefes des Schulabteilungsleiters Laube. Er brachte es nicht einmal über sich, mir zum Abschluss seines Briefes für die geleisteten Dienste zu danken und für die Zukunft alles Gute zu wünschen.

Ich habe natürlich darüber nachgedacht, weshalb die Berliner Schulverwaltung sich so strikt dagegen wehrt, Verschulden von Führungskräften zuzugeben, und stattdessen den Rufmord an einer einfachen Lehrerin billigend in Kauf nimmt. Meine Vermutung ist die folgende: Die Willkür, die ich am eigenen Leibe erfahren habe, ist in den Strukturen dieser Verwaltung eher die Regel als die Ausnahme. Bekäme ich recht, würde das ganze schuldhafte Handeln von Führungskräften offenbar. So fürchtet man anscheinend, dass die Autorität dieser Verwaltung generell in Frage gestellt wird. Man will die Büchse der Pandora nicht öffnen. Die Leidtragenden sind nicht nur die Lehrer, es sind vor allem die Kinder.

Nachwort

Schule kann nur so gut sein wie die dort tätigen Lehrer. Man sollte sie also so behandeln, dass sie ihrer Aufgabe, die nächste Generation zu bilden und zu erziehen, im Höchstmaß nachkommen können. Daran sind große Zweifel angebracht, denn in diesem Fadenkreuz steht der Lehrer heute:

- Er hat es mit Schülern zu tun, die seine ganze Kraft brauchen.
- Er muss sich mit Eltern auseinandersetzen, die sehr destruktiv sein können.
- Er ist abhängig vom Schulleiter, der für ihn unkontrollierbar ist.
- Er erlebt eine Schulbehörde, die sich oft genug als gleichgültig ihm gegenüber erweist.
- Er hat es mit einer Öffentlichkeit zu tun, die stets neue Anforderungen stellt.
- Er soll stets mit frischem Elan die nächste Reform umsetzen. (Man hält ihn für zu dumm, um Aufgeblähtheiten der Pädagogik auf die Schliche zu kommen.)

Kein Wunder, wenn sich Lehrer unter diesen Umständen über die Runden retten, indem sie willfährig sind. Es wäre schon viel gewonnen, wenn nicht das Appeasement der Eltern, sondern die Förderung der Kinder im Mittelpunkt der Schule stünde. Dazu gehört auch der Schutz des Lehrers durch seine Vorgesetzten – und vor der Öffentlichkeit.

Es mag ja sein, dass es für die Schulbehörde einfacher ist,

den Wünschen der Eltern nachzukommen, denn Eltern können im Falle der Ablehnung ihrer Vorstellungen eine Menge Schwierigkeiten machen, ohne dass die Behörde eingreifen kann. Gegenüber den Eltern sind sie ja keine Vorgesetzten. Das sieht bei der Lehrerschaft ganz anders aus, wie dieses Buch zeigt. Solange Schulämter und Schulleiter sich gegenüber Eltern opportunistisch verhalten, ihre Führungsaufgabe nicht verantwortlich wahrnehmen, Lehrer nicht nach ihrer Leistung wertschätzen, solange ist alles Gerede über Chancengleichheit, Ausbildung von Kompetenzen, über Lernziele, Projekte usw. nichts als genau das: dummes Gerede. Es wird folgenlos bleiben und nichts bewirken und voranbringen, solange man nicht die Mängel abstellt, die an den Problemen, die ich in diesem Buch geschildert habe, zum Ausdruck kommen.

Konkret heißt das, Lehrer sollten nach ihren Lehrergebnissen bewertet werden. Die müssen auf möglichst objektive Weise regelmäßig durch Schulleistungstests erhoben werden, die nach der sozio-ökonomischen Struktur der jeweiligen Klasse gewichtet und veröffentlicht werden. Dann macht die Suche nach den besten Methoden, neuen didaktischen Ansätzen, Projekten usw. Sinn, weil es über ein mehr oder weniger unverbindliches Ausprobieren hinausgeht und auch das schöne Gefühl, einen ganz tollen, modernen Unterricht zu machen, nicht ausreicht. Es muss dabei auch etwas für die Schüler herauskommen. Der Lehrer hat einen »Leistungsnachweis« vorzuweisen und ist nicht nur auf die gnadenvolle Anerkennung oder eben Nicht-Anerkennung durch seine Vorgesetzten angewiesen. Dann richtet sich auch sein Ansehen nicht mehr nach dem Grad der Liebedienerei gegenüber dem Schulleiter oder der Willfährigkeit gegenüber Eltern, sondern nach der erbrachten Leistung.

Auch die Führungsstruktur und das moralische Niveau der Führungskräfte wünscht man sich anders. So wie sich meine

Vorgesetzten mir gegenüber verhalten haben, werden bei den Lehrkräften Opportunismus und Duckmäusertum statt Lehrerpersönlichkeiten gefördert. Wer Maßstäbe hat und Leistungen einfordert, verunsichert die Kollegen, verärgert die Schulleitung und -aufsicht und setzt sich dem Druck einer aufgebrachten Elternschaft aus. Wenn dann, wie in meinem Falle, die Prominenz meines Mannes und der Bestsellererfolg eines kontroversen Buches hinzukommen, ist offenbar der Boden bereitet für ein hemmungsloses, bösartiges Mobbing.

Als die Spitzen der Verwaltung merkten, dass man mir entgegen allen Wünschen und Hoffnungen nichts am Zeuge flicken konnte, weigerten sie sich, den Fall aufzuklären, und ließen ihn fast ein Jahr unbearbeitet liegen. Erst als absehbar war, dass ich gegen Schulleiter Syska einen Strafantrag stellen würde, bequemten sie sich dazu, meine Disziplinarakte ohne jede Sachbearbeitung zu schließen.

Ich hätte nie geglaubt, dass in unserem Rechtsstaat ein öffentlich Bediensteter so schutzlos sein kann.

Für die Zukunft wünsche und hoffe ich, dass alle Beteiligten an der Schule wieder lernen, respektvoller miteinander umzugehen.

Ich habe mit diesem Buch versucht aufzuzeigen, in welchem Bedingungsfeld ein Lehrer heute arbeitet und wirkt. Ich habe an meinem persönlichen Fall eine zugegebenermaßen extreme Entwicklung dargestellt, die aber wie in einem Brennglas die Missstände so deutlich kristallisiert. Pädagogikprofessoren, Neurologen, Psychologen usw. haben über die Probleme von Lehrern mit ihren Schülern und deren Eltern geschrieben, auch viel Kluges zu Erziehung und Bildung wird ständig veröffentlicht. Auch Fehlentwicklungen werden immer wieder dargestellt. Da ist von Verwöhnung, Erfolgsdruck, Idealisierung des Kindes, narzisstischen Eltern usw. die Rede. Aber was geschieht konkret, täglich in den Schulen? Hier fehlt der Mut, das allgemein als richtig Erkannte auch umzusetzen, sobald es unbequem wird. Jeder möchte die Schüler zu starken, selbstbewussten, klugen Menschen heranbilden. Gar keine Frage. Wer stark ist, hat Kraft. Kräfte wachsen an Widerständen. Das erreicht man nicht durch Verwöhnung. Kinder brauchen die Chance zur – altersangemessenen – Eigenverantwortung, auch mit dem Risiko, dass mal etwas schiefgehen kann. Sie brauchen die Fähigkeit zur Resilienz, also die Fähigkeit, mit Niederlagen und Frustrationen umzugehen und an ihnen zu reifen. Die Lehrer müssen den Mut haben dürfen, auch dieses ihren Schülern und Eltern zu vermitteln.

Das wäre eine Aufgabe der Schulleitung und der Schulverwaltung, nämlich ihren Lehrern Mut zu machen, die nachfolgende Generation stark und fit für eine ungewisse Zukunft zu machen. Das setzt allerdings voraus, dass die Vorgesetzten selber ihr Handwerk verstehen.